江海年鉴

2015

江门市江海区地方志编纂委员会　编

方志出版社
Publishing House of Local Records

图书在版编目（C I P）数据

江海年鉴. 2015/江门市江海区地方志编纂委员会编. --北京:方志出版社, 2017.6

ISBN 978-7-5144-2444-7

Ⅰ. ①江… Ⅱ. ①江… Ⅲ. ①区(城市)-江门-2015-年鉴 Ⅳ. ①Z526.53

中国版本图书馆CIP数据核字(2017)第141951号

江海年鉴(2015)

编　　者:	江门市江海区地方志编纂委员会
责任编辑:	顾　洁
出 版 人:	冀祥德
出 版 者:	方志出版社
	地址:北京市朝阳区潘家园东里9号(国家方志馆四层)
	邮编　100021
	网址　http://www.fzph.org
发　　行:	方志出版社发行中心
	(010)67110500
经　　销:	各地新华书店
印　　刷:	江门市江海区艺朗彩色印艺有限公司
开　　本:	889x1194　　1/16
印　　张:	14.8
字　　数:	341千
版　　次:	2017年6月第1版　　2017年6月第1次印刷
印　　数:	001～600册

ISBN　978-7-5144-2444-7　　定价:180.00元

编辑说明

一、《江海年鉴》是中共江门高新区党工委、管委会和江海区委、区人民政府主持编纂的地方综合年鉴，作为记述高新区江海区行政区域政治、经济、文化和社会等方面情况的年度资料性文献，为社会各界了解和研究高新区、江海区提供基本资料。

二、《江海年鉴》以马克思列宁主义、毛泽东思想、邓小平理论、“三个代表”重要思想、科学发展观为指导，贯彻落实习近平总书记治国理政新理念新思想新战略，运用辩证唯物主义和历史唯物主义的立场、观点和方法，存真求实，全面客观反映高新区、江海区的政治、经济、文化及社会各项事业的发展和基本情况。

三、《江海年鉴·2015》为一年一鉴，记述时限为2014年1月1日至2014年12月31日。《江海年鉴·2015》由卷首、主体、卷末组成；采用分类编辑法，结构为篇目、类目、分目、条目4个层次。全书条目标题统一使用黑体字加【】标示。卷首设特载、专题、大事记；主体设概况、党政机关、人民团体、政法·军事、经济管理与监督、城乡建设、教文卫体、社会事务、街道；卷末设附录。

四、内文涉及国民经济和社会发展的统计数据，入书时以江门高新区、江海区发展改革和统计局公开发布的数据为准。条目中的数字由于统计口径和时限范围，或与统计部门数据不一致的地方，使用时应参照《江门市江海区统计年鉴》所示数据。有关数据中比照上年同期增加（减少），统一以增长（减少）表示，不使用“同比”字样。

2014年1月9日，江海区总工会在高新区宝源工业园举办江海区文化进企业暨宝源工业园职工活动中心揭牌仪式

2014年2月11日，江海区机关幼儿园通过省一级幼儿园评审

2014年2月20日，广东聚科照明股份有限公司（聚科照明）在“新三板”挂牌上市

2014年5月16日，江海区检察院“特邀代理人”聘任仪式

2014年5月20日，江海区通过“广东省推进教育现代化先进区暨义务教育发展基本均衡区”验收

2014年6月2日，五年一度的礼乐龙舟竞渡比赛在睦洲水道礼乐段举行，现场观看人数12万人

2014年6月7日，高新区江海区举办垃圾分类科普知识宣传活动启动仪式

2014年6月9日，江海区食品药品监督管理局挂牌成立

2014年6月29日，在江海区党员服务中心前举行“邻里守望”志愿服务行动启动仪式

2014年7月6日，“活力高新、魅力江海”万人游暨江海区首届“葡萄生态旅游节”开幕

2014年8月5日，江门高新区江海区举办道德模范与身边好人现场交流活动

2014年9月19日，江门高新区公共码头项目在西江石油油库码头平台动工建设

2014年10月10日至11日，2014年江海区“体彩杯”校园足球赛在礼乐中学开赛，是该区首次举办的全区性校园足球赛

2014年10月18日，江海区青少年宫对外开放

2014年10月27日，高新区江海区“体彩杯”JBA篮球争霸赛开幕

2014年10月30日，地尔汉宇股份有限公司（地尔汉宇，股票代码300403）在深圳证券交易所挂牌上市

2014年10月30日，江海区召开一村（社区）一法律顾问工作推进会，律师代表与村（社区）代表现场签订法律顾问合同

2014年11月8日，高新·江海美食节吸引不少游客

2014年11月30日始，江南街道于每个月最后一个周六，在社区的小广场开展“公益墟日”活动

2014年11月，江南街道江翠社区开展“430学堂”活动

2014年12月18日，广东省科技金融综合服务中心江门高新区分中心在（江门）港澳码头挂牌成立

2014年12日24日，江海区创建全国义务教育发展基本均衡县（市、区）顺利通过国务院教育督导委员会办公室督导检查

2014年12月，礼乐街道社会福利综合服务中心完成主体大楼装修工程

2014年12月，江南街道以新中社区、江翠社区为试点，组建志愿管家队伍，推行“志愿楼长”管理模式

目 录

特 载

专 题

大事记

概 况

党政机关

政法·军事

◆ 交通

◆ 消防

◆ 人民武装

经济管理与监督

◆ 发展规划和体制改革

◆ 统计工作

◆ 物价管理

◆ 经济和科技发展

□ 农业

□ 工业

□ 商贸

□ 招商引资

□ 对外经济贸易

教文体卫

◆ 教育

◆ 文化

□ 文化事业

□ 档案

□ 地方志

◆ 体育

◆卫生计生

社会事务

◆ 优抚安置救济和社会福利

◆ 劳动和社会保障

◆ 社会保险

◆ 外事侨务

◆ 民族宗教

街 道

◆ 外海街道

◆ 礼乐街道

◆ 江南街道

◆ 滘头街道

◆ 滘北街道

附 录

特载

TE ZAI

党委工作报告

在中共江门高新区工委2015年工作会议暨中共江门市江海区委八届五次全体会议上的报告

（2015年1月22日）

梁许赞

同志们：

我代表江门高新区党工委和江海区委常委会向全会作报告。

一、过去一年主要工作

2014年，在市委、市政府的正确领导下，高新区党工委和江海区委团结带领全区人民，开拓进取，真抓实干，坚定不移推进三大主要任务，较好完成了各项既定的目标，全区经济社会转入了快速发展的轨道。

*（一）党的建设全面加强。群众路线教育实践活动深入开展。*按照“照镜子、正衣冠、洗洗澡、治治病”的总要求，创新推出“一线工作法”、“1+4”分类指导等自选动作，广大党员领导干部普遍接受一次严格的党内政治生活锻炼，思想得到了升华，区委领导班子专题民主生活会得到省、市督导组充分肯定；做好三期问题清单54条意见的整改落实，“四风”问题得到明显整治，便民出行等群众利益问题得到有效解决。干部队伍建设成效明显。在市落实科学发展观指标体系考核中，区党政领导班子被市委、市政府评为优秀等次。全年新提拔区管干部115人，交流任职57人，轮岗36人。首次面向全国公开遴选29名公务员到高新区工作。基层组织建设得到加强。充分发挥基层党组织的领导核心作用，顺利完成村级换届。全面完成14个软弱涣散党组织的整顿。严格落实“两代表一委员”轮值接待群众制度。率先在全市建立社区党建经费保障机制。选聘9名“本土”大学生村官到村任职。党风廉政建设深入推进。严格执行“八项规定”，深入开展整治“庸懒散奢”、“吃拿卡要”两大专项行动。在全市率先规范街道案件办理工作流程，试点开展基层党组织负责人向街道纪工委述职述德述廉。农村集体资产资源通过“三资”平台交易5304万元，实现增值659万元。出台《关于鼓励党员干部担当创业的内部指引（试行）》，为全区干部敢于担当、勇于创新提供保障。依法治区扎实推进。大力开展法治惠民，全面铺开法治镇街创建活动。荣获国土资源部关于广东省市县人民政府土地执法检查考核二等奖。

*（二）深化改革取得新成效。体制改革继续深化。*成立区全面深化改革领导小组。市委、市政府高度重视高新区发展，出台了指导高新区发展的纲领性文件《关于进一步加快江门高新技术产业开发区发展的决定》，实现江门高新区的市级经济管理权限和相关行政管理职能在江海区域全覆盖。引导党政部门规范领导班子分工，逐步向高效扁平化转变。行政审批改革步伐加快。全面铺开商事登记制度改革，大力压减前置审批事项。公布第二批行政审批制度改革事项目录，取消和向社会组织转移事项共71项。事权承接有序推进。第一批市级经济管理权限和相关行政管理权限基本完成承接。城市建设管理、文化执法、卫生监督执

法等事权承接稳步推进。建立高新区一级财政体制。完善和深化第二轮“三保一激励一转移支付”财政管理体制，使事权财权更有机统一，更有效调动街道发展的积极性。

（三）经济发展实现争先进位。主要经济指标增幅排名全市前列。预计生产总值增长10.5%，全市排第二；规模以上工业增加值增长15%　，排名第二；固定资产投资增长23.21%，排名第二；地方公共财政预算收入增长15.19%，排名第二；社会消费品零售总额增长16.2%，排名第一。重点项目建设稳步推进。市重点项目投资完成率排名全市前三。先进制造业项目进展顺利，德力光电全面投产，量子高科微生态健康产业基地首期试产，路思拓一期试产、二期工程基本建成。现代服务业项目加快推进，1号工程高新区公共码头正式动工，光博汇加快建设。新业态招商取得新成绩。引进国内第三大B2B电商企业——中国网库，与阿里巴巴合作共建江门产业带平台项目，共同打造江门“电商谷”。

（四）城市化进程不断加快。基础设施投入创历年之最，年度投资总额19.7亿元。金瓯路改造工程基本完成，江睦路工程顺利推进，胜利南路延长线完成征地拆迁，连海北路、广中江高速（江门段）建设加快。高新区工业污水处理厂投入运营，江海生活污水处理厂二期截污工程、礼乐片区污水管网二期工程加快推进。完成3大公园、12个社区公园以及行政小区的绿化升级改造。核心区建设取得突破性进展。府西小区整合开发全面推进，中环广场二期、碧桂园凤凰酒店等商业配套建设进展加快。“三旧”改造力度空前。全面启动7个“三旧”改造项目，改造总面积838.8亩，总投资62.4亿元，年度投资8.2亿元。银星股份、兰花味精、春燕纺织“三旧”改造项目全面动工。

（五）科技金融实现融合发展。孵化器、加速器建设加快。科技创新创业园（二期）、科技创新创业服务中心建设成效明显，已建成孵化器、加速器7.1万平方米，在建12万平方米。企业上市队伍不断壮大。地尔汉宇、聚科照明分别在深交所和“新三板”成功挂牌上市，蒙德电气待批上市，储备了15家“新三板”拟挂牌上市企业。金融服务平台逐步完善。广东省科技金融综合服务中心江门高新区分中心筹备设立进展顺利，广东金融高新区股权交易中心、深圳前海股权交易中心和广州股权交易中心先后在我区设立江门分中心。建设银行高新支行、江门融和农商银行高新支行开展知识产权质押贷款服务。

（六）社会治理水平不断提升。大民政工作亮点纷呈。创新工作理念，整合社会资源，全面推进多元化养老体系建设，提升城乡社区服务水平。建设4H站残疾人服务站点，完善残疾人就业创业体系。大力培育社会组织，平均每万人拥有社会组织的比例保持全市之首。文教卫等事业全面发展。成功创建广东省推进教育现代化先进区，顺利通过国家义务教育发展基本均衡区督导验收。全力配合市迎接“创文”复检，建立“五个常态化”创文长效机制。建立平价医疗服务体系，基层医疗卫生机构实现基本药物制度全覆盖。坚持计划生育优质服务，全面推进幸福家庭创建活动。社会大局保持和谐稳定。推动平安创建十个专项行动，深入开展“社会矛盾化解年”、“信访积案化解年”活动，2件历时10年左右的信访积案得到圆满解决，信访工作连续三年获市一等奖。成功应对登革热疫情，迅速扑灭“5·26”晨采纸业仓库火灾，没有发生较大以上安全事故。

回顾2014年工作，在大环境困难的情况下，取得的成绩来之不易，主要体会有三点：第一，得益于发展思路的坚持和落实。区委对三大主要任务组织了专题学习、大讨论，大家对三大主要任务进一步形成了共识，入心入脑，并自觉地将各项工作置于三大主要任务的总体框架下谋划部署。实践证明，三大主要任务的发展思路是科学的、正确的，我们要坚持一张蓝图抓到底，认定了就绝不动摇。第二，得益于全体干部争先进位的决心和实干。我们的干部队伍是一支勇挑重担、敢于担当的队伍，是一支团结协作、锐意创新的队伍。2014年初，我们提出经济指标争先进位、增长排名全市前列的奋斗目标，主动自我加压，重要经济指标基本上比计划目标高1—5个百分点。面对困难和挑战，全体干部树信心、表决心，毫无怨言，全力以赴、攻坚克难，最终各项经济指标打了一场翻身仗，在全市排名创近年新高。第三，得益于坚持和创新行之有效的工作方法。我们坚持“四个一”机制，全力保障重点项目加快推进。在群众路线教育实践活动过程中，推出了“一线工作法”。区领导带头践行，带队分片督查，现场办公、现场拍板、现场解决问题，全力破解项目推进的难题。通过“四个一”机制、“一线工作法”带动全区干部工作作风转变，各项工作得到有效落实。

在肯定成绩的同时，我们也要清醒地看到，我区经济社会发展中还存在一些问题和不足：在体制机制方面，有些部门未能按扁平化高效模式运作，与加快国家级高新区发展的要求还不适应；在经济发展方面，大项目招商成效不明显，优势产业带动力不强，基础配套设施不够完善，区内企业科技创新能力不强；在社会治理方面，保障和改善民生的任务依然艰巨，劳资纠纷日益增多，火灾等安全隐患依然存在，农村历史留用地问题未能及时解决，违章建筑等一些基层反映的问题解决力度仍不够大。对此，必须高度重视，切实采取有效措施，认真加以解决。

二、今年工作的总体要求和目标任务

2015年是全区加速发展的攻坚之年，也是“十二五”规划的收官之年，我们具备了大干快上的有利条件：我们有珠江西岸区域联动发展的机遇。江顺大桥、港珠澳大桥即将开通，迎来了“大桥”时代。江门正全力推进先进装备制造业发展，出台了一系列产业政策。以上的交通优势、产业政策为我们带来了重要的发展机遇。我们有三大体制的优势。有国家级高新区的产业政策优势，有市辖区的市级资源支持优势，有县级行政区的行政资源优势。这三大体制优势的叠加，为我们加速发展提供了得天独厚的支撑。我们有一批成长性强的企业。经过多年的培育，辖区企业不断做强做大，企业增资扩产需求强劲，一批企业实现了上市，一批企业正排队上市。产业链条不断延伸和完善，初步形成了特色产业集群。这些企业成了支撑我们产业发展的主心骨。我们有一批效益好、带动力强的项目。2015年全区重点项目计划安排70项，总投资额为360亿元，年度计划投资额80亿元。2014年一批重点项目开工建设，全年在建工程面积达385万平方米，是2010年的2.5倍。随着这些重点项目的落地，全区的经济社会发展将迈上一个新的台阶。

为此，实现全区经济社会更好更快发展，我们充满着自信，要树立更高的目标，当好全市园区建设的标杆。

2015年工作的总体要求是：全面贯彻落实党的十八届四中全会、中央经济工作会议、省委十一届四次全会和市委十二届五次全会精神，按照市委“东提西进、同城共融”以及“区域协同、经济蓄势、城市振兴、民生保障、政府提效”的部署，主动把握经济发展新常态，突出以高新区发展为主导，全面加强党的建设，推进依法治区，探索高新区去行政化改革，狠抓三大主要任务，建设现代科技新城。

2015年主要经济预期目标是：地区生产总值增长8%，规模以上工业增加值增长12%，固定资产投资增长17%，地方公共财政预算收入增长10%，社会消费品零售总额增长12%，外贸进出口总额增长4%。奋斗目标是：地区生产总值增长9.5%，规模以上工业增加值增长14.5%，固定资产投资增长21%，地方公共财政预算收入增长11.5%。

围绕上述目标要求，必须全力做好以下工作：

（一）深化体制机制改革。坚定不移地推进改革，构建科学、规范、高效的运行机制。扎实推进机构改革。成立区委改革办，全面协调全区改革工作。推进工商管理体制调整，加快区食品药品监管体制改革，做好环保等事权下放的承接。加快审批制度改革。简政放权，尽快出台职权清单、审批清单和监管清单。加大向社会购买服务的力度，尽量将公共服务转给社会组织、企事业单位履行。探索高新区去行政化改革。用高新区去行政化理念，打破行政区思维模式束缚，推进办文办会等政务工作流程再造。强化大部门职责，加强部门自身建设。探索PPP融资模式的投融资改革，推动国有大资产整合增值。

（二）加速经济发展。在新常态下，要牢牢把握经济建设这个中心，密切关注国内外经济发展新动态，抓住时机发展新业态。大力发展三大主打产业。抓特色产业集群建设。坚持不懈抓LED产业。主攻发展LED中高端封装产品及芯片、外延片、照明应用等，力促光博汇投入运营。贯彻省委、市委打造珠江西岸先进装备制造产业带的部署，加强区域产业联动，以省市共建汽车零部件产业基地为基础，发展壮大汽车零部件及相关产业，积极引入为新会区的广东轨道交通项目上下游产业提供制造、研发、物流等服务的配套型企业。推动电子信息、精细化工、机电等传统优势产业转型升级。大力发展现代物流业，推进高新区公共码头和港口物流园区建设，打造成为轨道交通车辆出口基地。抓大平台建设和大项目招商。通过盘活存量土地、整理储备土地和盘活闲置厂房，为引进大项目提供大面积载体。推进园区扩能增效，出台闲置土地清理整顿措施，加强闲置土地处置工作和防范新增闲置土地。加快闲置厂房整合升级，加强对旧村级工业园改造。加大农村自留用地历史遗留问题解决力度，引导村级自留用地建设高标准厂房，承接引进符合产业规划的优质项目。加强招商队伍建设，增强招商工作的针对性，集中优势加强重点产业对口招商，重点跟进农副产品（冷链）配送中心项目和江门高新区分布式能源站项目。推进工业南拓，高标准做好礼乐产业载体配套。落实“一区多园”机制，发挥高新区辐射带动作用。抓重点项目和重点工作。坚持重点项目“四个一”机制，对2015年全区重点项目，特别是亿元项目，按照责任分工和具体工作目标要求，及时摸清节点时间和关键环节，切实做好任务分解，加强督查督办。对一些影响深远的重点工作，提前进行谋划。完善重点项目考核激励机制，充分调动推进重点项目建设的积极性。抓营商环境优化。坚持非禁即可，扶持民营经济发展。探索建设智慧园区，借助信息技术，为企业提供智能化园区配套功能服务。强化服务意识，整治“庸懒散奢”，坚决杜绝“吃拿卡要”、推诿塞责等行为。制订区领导对口联系企业制度，解决企业生产经营困难。做好上市企业跟踪服务，帮扶企业增资扩产。落实优惠政策，减轻中小微企业负担。

（三）加快产城融合发展。在大力发展三大主打产业的同时，完善城市功能配套，打造宜业宜居的现代科技新城。加快完善基础配套设施。增强城市综合现代服务功能，加快基础设施建设向礼乐片区拓展。加强区域内联外通，完善城市路网，推动市区交通一体化。完成金瓯路改造、胜利南路（五邑路—金瓯路）工程，加快推进南山路、连海南路、江睦路、礼睦路扩宽、胜利南路延长线、高新区公共码头疏港公路等工程建设，全面推动五邑路扩宽工程建设。加强内涝问题整治，加快南冲电排站等项目建设，完善辖区水利网。加快江海污水处理厂配套截污网工程（二期）、礼乐片区污水管网、礼乐中心河综合整治工程建设。推进公交一体化，着力增加辖区公交首末站。注重提升大公园内涵，推进景观路建设。加快一个核心区、两个副中心建设。核心区争取中环广场二期、碧桂园凤凰酒店正式开业，完成府西小区地块整合，推动明泰城开发，做好胜利南路两旁升级改造。外海副中心做好高新区2、3、4号地的收地、整合、开发和出让工作。礼乐副中心加快礼乐汽车文化广场建设，完善文昌新民片区商业开发。加快实现城市精细化管理。坚持城市规划建设“一张蓝图”抓到底，完善优化产业园区与城市功能区布局。加强城市软件管理，初步构建城市管理数字指挥系统。加大对区内违章建筑的监督检查力度，依法处置违章建筑和乱搭乱建行为。加快推进“三旧”改造。加快春燕纺织、兰花味精等地块改造建设，推动江门纸厂、沙津横头股围、泛油湾片区等项目尽快动工。

（四）提升科技创新能力。落实《江门高新区科技创新能力战略提升行动纲要》，以创新驱动促进产业转型升级，主要做到三个结合。推动科技与新型产业开发模式结合。充分发挥工业园公司融资平台作用，由政府出地、向银行融资建设标准厂房等物业，由工业园公司统一经营运作，为优质企业进驻高新区提供载体和配套，有效筹集园区基础设施建设资金，做大做强国有资产，缩短项目在园区落地、投产的时间，打造合法合规、高效集约利用土地的典范。继续按照五年建100万平方米的目标，年内完成科技孵化器、加速器建设30万平方米。加快科技创新创业园二期建设，推动三期工程动工；加快高新区科技创新创业服务中心建设，力促尽快投入使用。加快推进总部科技园建设，鼓励区内企业建设区域性总部，吸引区外大中型企业将总部迁入高新区。推动科技与电子商务的结合。把握互联互通的新业态，加快推进电子商务产业园区建设，引进海关清关分拣中心，争取“江门电商谷”尽早运营。推进阿里巴巴江门产业带平台项目建设，改善中小微企业服务软环境。推动科技与金融的结合。加快江门高新区科技和金融结合示范区建设，推广科技企业股权质押贷款、知识产权质押贷款等服务。继续发挥全省首个园区企业信用评价体系和广东省科技金融综合服务中心江门分中心的作用，拓宽中小微企业融资渠道。加大扶持优质企业上市工作力度，鼓励企业通过资本市场融资，支持科技型中小企业进入“新三板”。同时，加强科技创新人才队伍建设。创新人才引进机制，围绕三大主打产业领域，大力引进掌握产业核心关键技术的科研创新人才和团队，尽快实现“千人计划”人才和广东省创新科研团队“零”的突破。进一步健全高技能人才引进措施，改善人才引进的配套环境。进一步鼓励区内企业采取兼职、咨询、技术合作、技术入股等方式，吸引高层次科技人才到高新区进行研发、技术创新和项目合作。

（五）提高民生保障水平。推进城乡基本公共服务均等化，让发展成果惠及全社会，不断提高人民群众的幸福感。大力改善和保障民生。落实就业再就业各项优惠扶持政策，重点对就业困难人员实施就业援助。落实城乡养老、低保、五保户、残疾人保障、城乡医疗救助提标工作，大力推进全征地社保政策贯彻实施，加快社保一站式服务大厅建设。深入推进大民政体系建设，重点做好养老、助残、社会组织培育等工作。继续开展公益创投活动，推动养老助残服务转型升级。探索医养结合，将江海区社会福利综合服务中心打造成政府购买服务与市场运营相结合的养老助残示范点，加快农村幸福院建设。加快推进区人民医院创“二甲”和区中西医结合医院体制改革工作，整合河南片区基层医疗机构现有资源，建设规范化社区卫生服务中心。积极防控H7N9禽流感、登革热、诺如病毒等突发传染病疫情。完善三级慈善网络建设，大力发展村（居）慈善事业。力推精准扶贫，建立统筹城乡贫困户帮扶的工作机制。大力提升社会文明水平。进一步落实创建文明城市常态化机制，弘扬社会主义核心价值观，加强未成年人思想道德建设。做好学校规划布局，谋划引入优质民办教育资源。推行社区网格化管理，推动社区社工岗位设置，加快家庭服务中心建设。完善宣传工作机制，牢牢掌握对外宣传主动权。大力维护社会和谐稳定。加强劳动人事争议调解体系建设，加强矛盾纠纷排查化解，继续推进平安江海创建十个专项行动，重点抓好十七个“平安细胞”创建工作。加强安全生产、消防、“三防”、森林防火、食品安全工作，重点加强交通安全整治，有效防范和遏制各类较大以上安全事故的发生。

（六）坚持加强党的建设。切实增强抓党建的主业意识，坚持党要管党、从严治党，从思想、干部、组织、制度、党风廉政等方面全面加强党的建设。加强民主法治建设。坚决落实《中共中央关于全面推进依法治国若干重大问题的决定》，大力加强依法治区，深入开展依法行政工作，协调落实司法改革各项措施，加强行政执法监督。切实加强党对人大、政协工作的领导，支持人大、政协依法履行职责。巩固和发展统一战线，发挥好工会、共青团、妇联、残联、工商联等人民团体的桥梁纽带作用，做好民族、宗教、外事、侨务、港澳、对台工作。加强党管武装工作。加强干部队伍建设。强化干部教育培训的针对性和实效性，用急难险重岗位锻炼选拔干部。坚持正确的用人导向，使想干事的干部有机会，能干事的干部有舞台。改进街道和区直部门领导班子和领导干部政绩考核工作，完善政绩考核评价体系。继续创新机关干部引进和使用机制，继续探索从全国范围内公开遴选公务员工作。加强基层组织建设。做好群众路线教育实践活动的整改落实工作。落实街道领导干部驻点普遍联系群众制度，制定联系工作流程和固定联系时间。抓好农村的党组织书记队伍建设，加强基层干部轮训工作，继续选聘本土大学生村官。加强“两新”组织党建工作，全面打造基层组织建设“五好”示范点，以及非公企业和社会组织党建示范点。加强党风廉政建设。落实党风廉政建设党委主体责任和纪委监督责任，进一步加强反腐倡廉工作。强化对权力运行的监督和制约，坚持暗访、曝光、查处、追责“四管齐下”，从严查处顶风违纪问题。深化廉洁村居建设，健全民主管理、村务公开和村民议事等制度，继续完善农村“三资”管理。全面开展公车改革工作。

三、把握2015年工作的两个关键

（一）强化高新区的主导地位。要突出高新区为主的运作理念。办文、办会、议事决策等按高新区机制去运行，干部队伍建设、整体规划、体制机制、产业布局和公共服务都要围绕高新区来开展。要突出高新区运作精简高效的要求。充分体现国家级高新区机构精简、人员精干、行政依法、服务高效的特点，为投资者、企业和人民群众提供“一站式”管理和“一条龙”服务，打造“高效率、零障碍、低成本”的良好环境。要突出高新区引领创新的使命。创新是高新区的灵魂。在未来的发展大潮中要始终保持改革永不停步的信念，解放思想，锐意改革，敢闯敢试，在经济体制、行政体制等重要领域和关键环节取得突破。只要对党的事业有利、对全区发展有利、对全区人民有利的事情，看准了就要坚定不移地干，一抓到底、抓出成效，绝不动摇。

（二）强化担当抓落实。目标和任务都已经确定，关键是“拼”字当头抓落实。我区的发展不容懈怠，要拿出“拼”的勇气和智谋，才能在工作中“拼”出成效。要增强意识抓落实。时刻保持“时不我待、只争朝夕”的紧迫感、危机感和争创标杆的使命感，牢牢盯住国内一流高新区不放，以超常的气魄、超常的力度、超常的措施，快干事干成事。要创新方法抓落实。办法总比困难多，关键是要发扬“逢山开路，遇水搭桥”的精神。继续倡导“一线工作法”，坚持现场办公、现场拍板、现场解决问题。倡导向书本学习，向群众学习，向实践学习。要明确责任抓落实。各司其职，各尽其责，形成抓落实的合力。党政领导要带头示范，充分发挥“第一责任人”的作用。每个部门都要按照自己的工作职能，围绕目标任务制订“任务分解表”，继续按照“四个一”的要求推进重点项目和重点工作。发挥人大、政协等机关部门监督作用，坚持纪委约谈制度，对重点工作、重点项目、民生实事的进展情况进行约谈督办。区委坚决为敢于担当的领导干部保驾护航，凝聚改革发展正能量。

同志们，新年要有新气象，新常态要有新发展。让我们团结一致，开拓奋进，创新实干，为实现全年各项目标任务而努力奋斗！

有关用语说明：

1．三大主要任务：加速经济发展，加快城市化进程，提升科技创新能力。

2．一线工作法：到一线学习教育、到一线听取意见、到一线调查研究、到一线解决问题、到一线督查整改。

3．“1+4”分类指导：“1”是指两区党委开展党的群众路线教育实践活动的总方案；“4”是指街道（区直）机关、村（居）、（企）事业单位、“两新”组织4个党的群众路线教育实践活动重点领域。

4．“四风”：即形式主义、官僚主义、享乐主义、奢靡之风。

5．农村“三资”：即农村集体的资金、资产、资源。

6．三保一激励一转移支付：区街财政管理体制的原则，“三保”即保运作、保民生和保增长。

7．B2B（Business-to-Business）:是指企业对企业之间的营销关系，它将企业内部网，通过 B2B 网站与客户紧密结合起来，通过网络的快速反应，为客户提供更好的服务，从而促进企业的业务发展。

8．江门电商谷：江门实体企业电子商务产业园。

9．“三旧”：即旧城镇、旧厂房、旧村庄。

10．科技企业孵化器：以促进科技成果转化、培养高新技术企业和企业家为宗旨的科技创业服务机构。

11．科技企业加速器：以快速成长企业为

主要服务对象，通过服务模式创新充分满足企业对于空间、管理、服务、合作等方面个性化需求的新型空间载体和服务网络，具有较强的集群吸引力。

12．新三板：全国性的非上市股份有限公司股权交易平台，主要针对的是中小微型企业。

13．大民政：大民政是市委市政府于2013年提出的有关民生工作的一个概念，主要包括“四个体系”（多元化养老服务体系、社会组织参与社会管理工作体系、社区服务体系、综合型社会救助体系）和“两个项目”（政府购买服务制度化建设项目、“大民政”信息化建设项目）。目前，该项工作的重点集中于“养老、助残、社会组织培育”三大方面。

14．4H站：以“帮助（help）•希望（hope）•家庭（home）•和谐（harmony）”理念，通过政府购买服务，发挥社会组织在沟通企业、协调社会资源方面的优势，为有创业意愿的残疾人创业扶持的服务站点。

15．五个常态化：集贸市场评比常态化、卫生环境明查暗访常态化、一线督查督办常态化、文明共建常态化、实绩考核常态化。

16．经济发展新常态：速度——“从高速增长转为中高速增长”，结构——“经济结构不断优化升级”，动力——“从要素驱动、投资驱动转向创新驱动”。

17．重点项目“四个一”机制：按照“一个项目、一个责任领导、带一套人马、一抓到底”的原则推进重点项目建设。

18．去行政化：淡化行业、职业或某项工作的行政色彩，尽可能地突破行政的束缚，突出行业、职业的主导地位。

19．三大主打产业：以LED绿色光源产业和生物技术为主的战略性新兴产业，以电子信息、机电制造、汽车零部件、精细化工等为主的高附加值先进制造业，以现代物流、电子商务、总部经济、科技服务、商住配套及金融服务等为主的现代服务业。

20．一区多园：以江门高新区原所辖区域为核心园区，将江门市条件成熟的工业园区纳入江门高新区的分园区，将各分园区以拓展区委托管理的形式整合在一起，并针对不同园区的实际情况实行不同的政策，保障市本级、各园区的原有利益不变，形成“一区多园”的共赢发展模式。

21．海关分拣中心：属于海关机构，凡寄往境外和由境外寄来的邮包必须经过该机构检验。目前江门海关分拣中心位于外海邮政局。

22．PPP融资模式：英文Public-Private-Partnership的缩写，指政府与私人组织之间为了合作建设城市基础设施项目，或是为了提供某种公共物品和服务，以特许权协议为基础，通过签署合同来明确双方的权利和义务，建立起“利益共享、风险共担、全程合作”的共同体关系。

23．千人计划：全称为“海外高层次人才引进计划”，主要是围绕国家发展战略目标，从2008年开始，在国家重点创新项目、学科、实验室以及中央企业和国有商业金融机构、以高新技术产业开发区为主的各类园区等，引进2000名左右人才并有重点地支持一批能够突破关键技术、发展高新产业、带动新兴学科的战略科学家和领军人才来华创新创业。

24．17个平安细胞：平安镇街、平安村居、平安交通、平安金融、平安校园、平安家庭、平安电网、平安行业等17项平安示范点。

25．两新组织：非公有制经济组织和社会组织。

26．“五好”：领导班子好、党员队伍好、工作机制好、工作业绩好、群众反映好。

政府工作报告

——2015年1月29日在江门市江海区第九届人民代表大会第五次会议上

江门市江海区区长　周惠红

各位代表：

我代表江海区人民政府向大会作工作报告，请予审议，并请政协委员和其他列席人员提出意见。

2014年工作回顾

2014年，《关于进一步加快江门高新技术产业开发区发展的决定》出台，明确了高新区市级管理权限在江海区区域内全覆盖，区域实现一体发展。一年来，我区认真落实市委、市政府及高新区党工委、江海区委的决策部署，紧紧围绕三大主要任务，狠抓重点项目建设，加快核心区开发，加强优势产业的培育发展，落实各项普惠民生工作，各项主要经济指标增幅实现争先进位，经济社会持续稳步发展。预计完成：地区生产总值137亿元，增长10.5%；规模以上工业增加值73.74亿元，增长15%；固定资产投资74.58亿元，增长23.21%；社会消费品零售总额36.86亿元，增长16.2%；外贸进出口总额25.26亿美元，增长13.55%。实现地方公共财政预算收入9.01亿元，增长15.19%。预计单位GDP能耗下降3.51%。较好地完成了区九届人大四次会议确定的各项目标任务。

——抓项目、推创新、强产业，区域经济实现融合发展

*一是经济提速提质发展。*合署办公以来经济增速逐季加快，主要经济指标重新跨入全市先进行列，预计社会消费品零售总额、外贸进出口总额增幅排全市第1，地区生产总值、规模以上工业增加值、固定资产投资和地方公共财政预算收入增幅排全市第2。新增规模以上工业企业22家。落实中央、省、市稳增长促改革调结构惠民生政策措施，全年累计拨付各项财政扶持资金9239万元，重点抓好产业培育及发展壮大。LED产业基本形成完整产业链，新增投产MOCVD机10台，LED博览交易中心C、D区基本完工。绿色光源产业产值增长9.6%，增幅同比提高23个百分点。电子信息、机电、精细化工三大支柱产业稳步发展，实现产值255亿元，同比增长13.96%。五邑路沿线汽贸布局进一步完善，汽车销售额首破10亿元。

*二是项目引进和推进步伐加快。*出台进一步深化四个一机制提高重点项目建设效能的意见，推动重点项目建设提速，60项区重点项目累计完成投资65.26亿元，其中28项市级重点项目投资完成率111.5%，排全市前列。区一号工程高新区公共码头首期水工已动工。实体经济投资加快，全年完成工业项目投资28.43亿元，增长49.79%，增幅同比提高70个百分点。德力光电、量子高科微生态健康产业基地首期、路思拓一期及宇辉西厨增资扩产项目投产；银帆—巴斯夫环保汽车涂料、一诠科技等项目即将试产。新业态招商取得突破性进展，中国网库“江门电商谷”、阿里巴巴江门产业带平台等两个国内前三强电商企业项目落户高新区电

子商务产业园。累计盘活闲置厂房超过16万平方米，成功引进投资额超5000万元的项目6个。全区10宗共248.5亩闲置土地已进入全面动工建设阶段。统筹“一区多园”发展工作稳步推进，出台“一区多园”建设工作实施方案、认定与管理办法和考核办法，完成各分园统计衔接，促进高新区与各分园区协同发展。

三是科技金融结合示范区建设加快。企业上市再创佳绩，地尔汉宇在A股上市，聚科照明成为全市首家挂牌“新三板”的LED企业，区内培育上市企业上升到6家，居全市首位。区域性股权交易市场有新突破，引进了广东金融高新区股权交易中心、深圳前海股权交易中心和广州股权交易中心在我区设立江门分中心，年内共有6家企业成功在交易中心挂牌。科技金融综合服务水平有新提高，出台“政银保”合作方案，通过政府投入超赔风险资金，撬动银行20倍的企业贷款额。新增1家科技小额贷款公司，融和农商行和建行高新科技支行成功办理首笔知识产权质押贷款。科技载体建设加快，加速器、孵化器在建12万平方米，科技创新创业园一期已完工、二期完成基础建设，火炬大厦顺利竣工。自主创新能力不断增强，建立企业与高校产学研合作战略联盟，新增1家博士后创新实践基地。全年申请专利1138件，其中发明专利申请量和拥有量分别为428件、313件，居全市前列。市科技杯创新创业大赛成绩喜人，优巨新材料公司获全市唯一金奖，2家公司获银奖和铜奖。新增国家高新技术企业7家。

——重基建、造新城、优环境，城市化步伐加快

一是基础设施建设进展顺利。在成功发行一期9.5亿元企业城投债基础上，积极采取二期发债等多种渠道加大基建资金筹集力度。区域“十纵六横”路网顺利推进，胜利南路延长线、广中江高速江海段加紧施工，金瓯路改造工程基本完成，江睦路、连海北路推进顺利。高新区工业污水处理厂投入运营，江海生活污水处理厂二期截污工程及礼乐片区污水管网二期工程建设加快。园区公共交通进一步优化，新增2个临时公交首末站，新增、调整、延伸公交线路15条，较好地解决了高新区企业反映出行难问题。

二是城市建设加快。府西小区整合开发工作全面启动，部分项目已动工。碧桂园凤凰酒店、中环商业广场二期建设超时间进度，海逸酒店、江中珠游艇会项目及江门演艺中心A、B区主体工程封顶。“三旧”改造取得突破，全面启动7个“三旧”改造项目，银星经济社“三旧”改造项目即将销售，兰花味精、春燕纺织“三旧”改造项目已动工，沙津横头股围、江门纸厂等项目正办理供地、规划设计等手续，2015年上半年将启动工程建设。

三是城乡环境明显改善。投入超3000万元开展生态绿化工程，加强6条景观路及9条主次干道的绿化改造，完成南调蓄湖绿化面积近10万平方米，完成白水带茶花园二期、江海绿化广场改造工程及12个社区公园绿化升级。成功创建1个市级生态园示范镇，10条市级生态园示范村。大力创建宜居城乡，累计完成36条村庄整治规划编制和27条村庄整治工作，新增省、市宜居示范村庄5条，宜居社区4个。推广垃圾分类，实现城乡垃圾收集、运输、处理全覆盖。成立区文明城市工作局，大力推进创文“五个常态化”建设，顺利完成创文迎检工作。改善农业生产环境，完成2013年度1100亩高标准基本农田建设任务，完成礼乐东岸堤加高加固工程、中沙围机耕路整治工程，发放支农惠农资金超600万元。

——提标准、重均衡、保平安，社会民生

事业呈现新气象

一是“大民政”工作全面推进。基本公共服务均等化工作全面启动，年内投入民生资金达5.82亿元，占地方公共财政预算支出51.01%。顺利完成十项民生实事。多元化立体养老服务体系逐步完善，区社会福利综合服务中心完成公益创投并即将运营。建成5个街道级居家养老中心、12个农村幸福院，率先实现“10分钟养老生活圈”。社会组织培育和管理亮点纷呈，全市率先实行“志愿服务积分银行”制度，平均每万人拥有社会组织9.2家，比例全市最高。全市首创残疾人“点餐式”居家服务、“残疾人家属支持”和特殊儿童“送教上门”等服务，创新建设“五位一体”康园中心。出台购买社会服务实施办法和操作规程等规范化制度，促进政府购买服务良性发展。社区服务水平不断提升，与五邑大学合作开发江海区网格化智慧社区服务管理平台，启动滘北两个社区的网格化管理试点。

二是社会保障标准不断提高。城乡居民、职工基本医疗保险年度累计最高支付限额分别提高到30万元、60万元。城乡居民养老保险基础养老金人均标准提高到80元/月，城乡医保补助标准提高到320元。城乡低保标准、重度残疾人护理补贴标准、五保户及孤儿供养标准均稳步提高。底线民生保障更加有力，率先建立医疗救助和医疗保险同步结算平台，实行城乡特困居民医疗救助“一站式”结算服务。对农村五保供养对象和城镇“三无”人员实行门诊或住院费用全额资助。完成新建公租房92套，解决81户中低收入家庭住房困难问题。

三是文教体卫工作全面发展。顺利通过省推进教育现代化先进区和全国义务教育发展基本均衡区督导验收，投入1300多万元加快学校教学楼、图书馆、宿舍楼建设，完成5所中小学的食堂改造、21所公办中小学的校园监控工程。加大校长轮岗、教师交流力度，成立3个省级名师工作室江海分站。免费义务教育公用经费补助标准提高到小学950元、初中1550元，义务教育学校招收外来人口子女占招生人数达52%。医疗卫生计生工作稳步开展，推进平价医疗服务，基层医疗卫生机构实现基本药物制度全覆盖。开展家庭病床服务，签订家庭医生协议165户。建立区、街、村三级联防机制，积极应对登革热、人感染H7N9禽流感等急性和季节性传染病。顺利通过省、市计生考核。文体旅游事业有新成绩，首次开展“陈少白”文学艺术奖评选，全年文艺精品获省级奖项8个，市级奖项23个。新增25间公共电子阅览室，完成61个文体广场升级改造，提前一年实现文体设施乡村全覆盖目标。大力发展节庆经济，举办“活力高新、魅力江海”万人游暨礼乐首届“葡萄生态旅游节”，旅游收入增长21.5%。

四是社会各项事业稳步发展。积极推进就业，新增高技能人才1019人，城镇登记失业率2.34%。出台防范和打击企业欠薪逃匿行为实施意见，深入创建和谐劳动关系，参加和谐劳动关系创建工程企业2089家。推动平安江海十大工程建设，永康社区创建“全国综合减灾示范社区”获省民政厅肯定。推进社会矛盾化解年工作，落实诉访分离制度，多个历史遗留信访问题得到解决。消防安全整治初战告捷，六大专项打击行动成效显著，刑事治安有效警情明显下降。没有发生较大以上安全事故，全区保持大局安全稳定。继续抓好民兵预备役建设，大学生新兵比例再创新高，达到65%。做好优抚双拥工作，深化退役士兵安置模式改革，区复退军人服务管理建设试点挂牌运作。完成第三次全国经济普查。江海区首部地方综合年鉴正式出版。审计、物价、民族、宗教、外侨、对台、食安、人防、扶贫、档案、妇女儿童等各项工作都取得新进步。

——接事权、重法治、转作风，政府自身建设有新进步

一是体制机制改革不断深化。顺利承接市赋予高新区第一批市级管理权限，建立高新区一级财政。完成市下放江海区事权承接，成立食品药品监督管理局，重新设置监察、审计部门。结合事权调整，及时调整优化区街财政管理体制，激发基层工作活力。二是行政效率不断提高。累计公布两批区级行政审批制度改革事项目录共202项，压减率达40%。网上办事大厅建设实现街道、村（社区）全覆盖。全面铺开商事登记制度改革，前置审批事项压减率达89%，全区新发展市场主体3470户，增长29%。修订高新区、江海区政府投资项目、政府采购、中介咨询造价服务等管理办法，将工程预、结算缩减到四个审批环节。三是法治建设不断深化。成立区重大决策专家咨询论证委员会，出台区重大行政决策程序规定。自觉接受人大、政协监督，认真落实人大的决议和决定，人大代表建议、政协提案办理满意率（含基本满意）达100%。全面铺开一村（社区）一法律顾问工作，对外来务工人员等特殊人群开通法律援助 “绿色通道”。荣获国土资源部2013年度市县人民政府土地执法监察考核二等奖。四是机关作风建设取得新成效。认真开展党的群众路线教育实践活动，集中解决“四风”突出问题，落实完成“两项整治任务”、“三个突出问题”和“三期清单”问题整治，出台预算绩效管理及财政支出绩效评价管理办法，践行“一线工作法”在全区蔚然成风，惩防腐败体系不断完善。

各位代表，过去一年，我们以创新和实干精神，抓住了新机遇、实现了新发展。成绩的取得，是全区人民同心同德、攻坚克难的结果，是社会各界和衷共济、奋力拼搏的结果。在此，我代表高新区管委会、江海区政府，向广大干部群众，向所有关心支持我区经济社会发展的同志们、朋友们、港澳台同胞和海外乡亲表示衷心的感谢！

同时，我们也清醒地认识到发展中亟待解决的问题，主要表现在：区域经济总量较小，高新区综合考核排名靠后，高新区品牌提升需要突破；新增大项目少，缺乏龙头企业带动，科技创新能力不够强；基础设施建设和城市管理水平不够高；农村历史留用地、违章建筑等遗留问题解决成效未达理想；行政审批流程有待进一步优化等。对于这些问题，我们要高度重视，采取有力措施加以解决。

2015年工作安排

2015年是全区加快发展的攻坚年，也是全面实现“十二五”规划目标的收官之年。今年高新区管委会、江海区政府工作基本思路是：全面贯彻党的十八届四中全会、中央经济工作会议、省委十一届四次全会、市委十二届五次、区委八届五次全会精神，牢牢把握经济发展新常态，落实全市“东提西进、同城共融”以及“区域协同、经济蓄势、城市振兴、民生保障、政府提效”的部署，突出以高新区发展为主导，紧紧围绕“加速经济发展、加快城市化进程、提升科技创新能力”三大主要任务，坚定并优化发展思路，坚持抓产业提质、创新驱动、产城振兴、民生保障和政府提效不动摇，加快建设现代科技新城。

2015年全区经济社会发展的主要预期目标是：地区生产总值增长8%，规模以上工业增加值增长12%，固定资产投资增长17%，地方公共财政预算收入增长10%，社会消费品零售总额增长12%，外贸进出口总额增长4%，城乡居民收入增长11%，单位生产总值能耗下降和主要污染物减排控制在市下达指标范围内。为实现上述目标，我们必须“拼”字当头，敢担当，有作为，奋力拼搏攻坚，扎实推动落实五方面工作：

一、产业提质

——抓特色产业集群建设。落实发展先进装备制造业工作纲要，坚定不移发展三大主打产业。围绕珠西行动，在推动电子信息、精细化工、机电、食品等传统优势产业加快转型发展的同时，落实全市节能减排低碳发展行动计划，加快发展节能环保产业，严格淘汰落后和过剩产能，实现绿色发展。重点推进区域特色产业集群发展。坚持不懈抓LED产业发展，主攻发展LED中高端封装产品、照明应用及芯片、外延片，促光博汇专业交易市场尽早开业。推进汽车零配件、卫星应用产业发展，以省市共建汽车零部件产业专业园为平台，配套广州、深圳、佛山等地的汽车整车基地，重点引入汽车新能源、电子系统、线束、照明、车载信息系统等汽车零配件企业，跟进落实好江门北斗卫星应用技术产业基地项目。提速发展现代服务业，加快江门高新区公共码头和港口物流园区建设，打造现代国际货运物流基地，全力推动农副产品配送中心项目动工建设。大力发展总部经济，推进中国网库、阿里巴巴两个电商项目运营，引进海关清关分拣中心，全力建设高新区电子商务产业园。依托利生车城，加快礼乐汽车文化广场建设。推动落实“一区多园”机制，充分发挥高新区辐射带动作用。

——突出园区扩能增效发展。实行精准招商，组建专业招商队伍，围绕三大主打产业以及新业态项目开展精准招商、服务招商、环境招商，瞄准世界500强、央企、上市公司开展靶向招商。支持企业升级发展，加快推动崇达电路二期、信义玻璃二期、长优扩产项目等一批投资超亿元的项目建设，加强上市企业募投增资项目的引导落户，采取多种方式加快优化提升核心园区低效企业，争取实现工业技改投资8亿元。加快重点项目建设，对年度计划投资约80亿元的70项区级重点项目，瞄准关键环节和亿元项目，统筹出台提速增效措施，攻克项目用地、融资、手续办理等难关，促项目加快建设。

——优化营商环境。加强低效产业载体的升级改造，组织力量全面清理闲置土地和低效厂房，利用自有资源加大对闲置或低效资源的收购、清理、重建力度，为进一步发展预留空间。特别要加强旧村级工业区改造提升，按计划逐步解决农村自留用地历史遗留问题，引导村级自留用地建设高标准厂房。突出高效服务，尽快出台行政权力总清单、审批清单和监管清单，简化审批环节，规范审批标准，搭建与权责清单相适应的政务服务平台，让权责可查、可监督。持续开展“庸懒散奢”“吃拿卡要”专项整治行动，杜绝乱收费、乱检查，营造良好的生产运营环境。完善区领导对口联系企业制度，发挥商会、协会的桥梁纽带作用，及时了解项目动态和企业发展需求，积极协助解决实际困难和问题，及时落实相关优惠政策，切实减轻企业负担。

二、创新驱动

——加快孵化器、加速器建设。以政府为主体，启动总部科技园建设，高标准完成火炬大厦建设，积极申报认定国家级孵化器。完善“融资—代建—租赁—再融资”开发模式，加快科技创新创业园二、三期工程建设。以企业为主体，引进专业开发商建设“绿色光源”

“新材料”专业型孵化器，支持科恒实业等区内龙头企业投资建设专业孵化载体。利用三旧改造、闲置厂房和楼宇，改扩建企业加速器。年内建设孵化器、加速器30万平方米。

——启动科技企业培育计划。筛选辖区内龙头企业、成长期企业及创业初期企业等不同对象，分别实行“巨人计划”“瞪羚计划”和“五邑之星计划”，助力企业腾飞。大力推动企业引资、引技、引智相结合，新增高新技术企业和民营科技企业5家、市级以上工程技术研究开发中心4家，高新技术产品产值占全区工业总产值比重38%以上。进一步完善高层次人才引进政策，支持企业采取兼职、咨询、科研技术合作、技术入股等方式，吸引高层次人才到高新区发展，加快高新区45号地科技创新创业配套区建设，尽快实现“千人计划”人才和广东省创新科研团队“零”的突破。

——强化科技与金融相结合。突出科技金融综合服务，启用广东省科技金融综合服务中心江门高新区分中心，建立高新区产业导向基金，落实 “政银保”合作方案，加强信用评级结果应用，助力科技中小企业融资“最后一公里”。继续扶持和推进优质企业上市，研究推动扶持企业上市政策，建立专责服务上市团队，实施“一条龙”服务机制，做好蒙德电器、新时代、君盛等10多家拟挂牌、上市企业的跟踪服务，推动更多企业进入股权融资市场，不断壮大上市后备企业梯队。

三、产城振兴

——落实全市交通建设大会战。配合市加快推动线路总长33.6公里，总投资50.83亿元的7项重点交通项目建设，加快广中江高速、胜利南路延长线、连海路（新港路—南环路）、礼睦路扩建、南山路（江海路—五邑路）、一行路、高新区公共码头疏港公路建设，基本完成江门河南岸道路工程，确保金瓯路、江睦路（五邑路—金瓯路）等道路按期通车。加快优化完善园区内交通路网，促进公交一体化对接，主动融入东部三区一市加快发展。

——落实全市产城融合振兴行动。落实全市“七个一”专项行动要求，完善城区与产业区市政设施、信息网络、电网、能源网等基础设施配套，逐步把文化、教育、医疗、社会服务等覆盖到园区，促进产业与城市功能融合。加快核心区和外海、礼乐两个副中心建设，完成府西小区整合，加快高新区2、3、4号地开发，力促中环商业广场二期、碧桂园凤凰酒店开业。优化宜居环境，推动“三旧”改造项目江门纸厂、沙津横头股围尽快动工，春燕棉纺厂、兰花味精年内开售。

——统筹城乡发展。继续深化农村综合改革，严格实施农村“三资”管理，稳妥推进农村土地承包经营权确权登记工作。开展“美丽乡村”工程和宜居城镇（村庄）创建工作，完成2条村的村庄整治。落实精准扶贫措施，实现城乡贫困人群帮扶全覆盖。加强水利水网建设，启动高新区北调蓄湖工程和南冲电排站的前期工作，加快完成截污管网和礼乐中心河综合整治工程，专项补助农村基层小型农田水利基础设施建设。建设公园城市，抓好龙头公园及社区公园改造，按照每年打造1—2条高标准示范路的计划，重点完成金瓯路绿化改造，做好园林绿地市场化承包管养工作。推行网格化城市综合管理模式，初步构建城市管理数字指挥系统，强化市容市貌专项整治，开展违法建筑整治，依法查控违法用地行为。

四、民生保障

——大力改善民生。加大财政对民生的投入，办好10项民生实事。继续提高保障水平，城乡居民社会养老保险基础养老金提高到每月

100元。落实低保五保标准自然增长机制，拟定年标准不低于11520元。新增保障性住房92套，完成危房改造12间。加大促进就业力度，重点跟踪帮扶应届高校毕业生就业创业，困难家庭就业率达100%。加快社保一站式服务大厅建设，年度城镇登记失业率控制在3.2%以内。扎实推进“大民政”体系建设，积极创建残疾人“人人享有康复服务”先行先创区，把江海区社会福利综合服务中心打造成为探索医养结合、政府购买服务与市场运营相结合的养老助残示范点，全区农村幸福院增加至19个。

——*发展社会事业*。推动教育均衡向优质发展，巩固“创均”成果，谋划引入优质民办教育资源，积极改善办学条件，筹建江海一幼，推进华兴小学、礼乐中心小学教学楼建设，确保滘头小学和礼乐二中教学楼、礼乐中学图书馆年内投入使用。深化医药卫生体制改革，推进河南片区医疗单位的资源整合，规范建设江海区社区卫生服务中心，推进区人民医院创“二甲”工作，新创建1个国家卫生镇。建立区、街、村防控登革热等传染病有效模式，减少疾病传播。积极创建省级计划生育基层群众自治示范县（区），力争全区计生工作达到省先进水平。抓好文化惠民工程，进一步完善创文长效机制，加快江门演艺中心项目建设，力争区文化馆达国家级、80%街道文化站达省一级。

——*加强社会治理*。推行社区网格化管理，推动社区社工岗位设置，加快家庭服务中心建设，推广慈善组织成立社工机构参与居家养老、助残等社会服务模式，稳步扩展政府购买服务范围。加强劳动人事争议调解体系建设，创新劳动执法模式，构建和谐劳动关系。加强矛盾纠纷排查化解，维护社会稳定。加强基层应急救援和保障能力，健全应对突发事件的工作机制。落实安全生产“一岗双责”，坚持抓好“三防”、森林防火、食品药品安全、“两建”、打假、打私、打传、查无等工作。进一步做好统计、物价、外侨、对台、档案、方志、国防、双拥、民族宗教、妇女儿童等工作。支持工会、共青团、妇联、工商联等人民团体工作。

五、政府提效

——*深化体制机制改革*。完善运行体制，做好工商管理体制调整，做好食品药品监管、环保等职能承接。探索建立高新区国资委并管理工业园公司，实行现代企业制度。加强国有资产的运营，探索PPP融资模式的投融资改革。实施清单管理，全面公布“1+3”清单，全面公布涉企收费目录清单，全面公布行政审批过程，促进权力运行公开透明。厘清区、街、村居责权利关系，充分发挥好街道一站式服务中心、村（居）公共服务站作用。推行信息公开改革，落实街道领导干部驻点普遍直接联系群众制度，加强政务网站、微博群和微信公众号建设，扩大公众知晓权和参与权。

——*加快转变政府职能*。自觉接受区人大及其常委会、区政协的监督，认真办理人大代表建议与政协委员提案。继续发挥决咨委的作用，实行科学决策。坚持依法行政，强化法治思维，大力整治行政“不作为、慢作为、乱作为”现象。全面落实行政执法责任制，避免多头执法、交叉执法。创新普法宣传形式，推进司法公开，维护社会公平正义。突出精简高效，探索高新区去行政化改革，打破行政区思维模式束缚。科学划分区领导、部门领导的职责范围和审批权限，对办文、办事进行重新梳理、流程再造，提高工作落实效率。进一步完善行政审批电子监察系统和网上办事大厅江海分厅建设，推进一网式审批和信息资源整合共享，利用互联网、大数据等信息化手段提升服务时效。

——加强廉政作风建设。巩固党的群众路线教育实践活动成果，坚决抵制“四风”，按要求落实好公车改革。严格落实“八项规定”，坚持暗访、曝光、查处、追责“四管齐下”，从严从快查处顶风违纪问题。强化现场督查和定期督查通报制度，落实“一线工作法”，提高执行力。做好科技、水利、国土资源、民生等方面经济责任审计，加强 “三公经费”监督检查，提高财政性资金使用绩效。加强公务员队伍教育、管理和监督，建设一支为民、务实、高效、廉洁的公务员队伍。

各位代表！新的一年，推动全区新一轮大发展的重任考验着我们。让我们以更坚定的信心、更振奋的精神、更务实的作风，全力以赴抓落实，确保完成全年各项目标任务。

有关用语说明：

1. B2B（Business-to-Business）： 企业对企业之间的营销关系，它将企业内部网，通过 B2B 网站与客户紧密结合起来，通过网络的快速反应，为客户提供更好的服务，从而促进企业的业务发展。

2. 一区多园：以江门高新区原所辖区域为核心园区，将江门市条件成熟的工业园区纳入江门高新区的分园区，将各分园区以拓展区委托管理的形式整合在一起，并针对不同园区的实际情况实行不同的政策，保障市本级、各园区的原有利益不变，形成“一区多园”的共赢发展模式。

3. 新三板：全国性的非上市股份有限公司股权交易平台，主要针对的是中小微型企业。

4. 政银保：一种以政府财政投入的基金做担保、银行为符合贷款条件的担保对象提供贷款、保险公司对上述贷款本金提供保证保险的中小企业、农业贷款模式。

5. 科技企业孵化器：以促进科技成果转化、培养高新技术企业和企业家为宗旨的科技创业服务机构。

6. 科技企业加速器：以快速成长企业为主要服务对象，通过服务模式创新充分满足企业对于空间、管理、服务、合作等方面个性化需求的新型空间载体和服务网络，具有较强的集群吸引力和创新网络形态。

7. 城投债：又称“准市政债”，是地方投融资平台作为发行主体，公开发行企业债和中期票据，其主业多为地方基础设施建设或公益性项目。

8. 十纵六横：“十纵”：礼西路、胜利南路、南山路、江睦路、永康路、金星路扩建、得发路、东宁路、连海北路、礼睦路；“六横”：江南路西段、江门河南岸道路（天骄半岛）、滘头东路、五邑路扩宽、金瓯路扩建、南环路延长线。

9. 三旧：旧城镇、旧厂房、旧村庄。

10. 创文五个常态化：集贸市场评比常态化、卫生环境明查暗访常态化、一线督查督办常态化、文明共建常态化、实绩考核常态化。

11. 大民政：大民政是市委市政府于2013年提出的有关民生工作的一个概念，主要包括“四个体系”（多元化养老服务体系、社会组织参与社会管理工作体系、社区服务体系、综合型社会救助体系）和“两个项目”（政府购买服务制度化建设项目、“大民政”信息化建设项目）。目前，该项工作的重点集中于“养老、助残、社会组织培育”三大方面。

12. “五位一体”康园中心：江海区残联在原有康园中心基础上创新建设的，集日间照料、辅助性就业、康复功能训练、技能训练、康乐文体活动等五个功能于一体的综合性服务平台。

13．“三无”人员：无生活来源、无劳动能力、无法定抚养义务人的公民。

14．平安创建“十大工程”：法治建设工程、民生保障工程、群众权益保障工程、社会矛盾化解工程、公共安全防控工程、人口服务管理工程、“两新”组织建设工程、信息网络服务保障工程、基层基础建设工程、平安文化。

15．四风：形式主义、官僚主义、享乐主义、奢靡之风。

16．两项整治任务：一是提升科技创新能力；二是便民出行，重点建设好胜利南路延长线、金溪方涵、雪峰寺前道路、连海北路、富民路东段、麻园路（麻二段）、金瓯路等7条道路。

17．三个突出问题：一是落实好创文工作；二是解决拖欠农民自留用地的历史问题；三是整治外海和滘头村民住宅违规建筑问题。

18．一线工作法：到一线学习教育、到一线听取意见、到一线调查研究、到一线解决问题、到一线督查整改。

19．三大主打产业：以LED绿色光源产业和生物技术为主的战略性新兴产业，以电子信息、机电制造、汽车零部件、精细化工等为主的高附加值先进制造业，以现代物流、电子商务、总部经济、科技服务、商住配套及金融服务等为主的现代服务业。

20．巨人计划：重点扶持发展一批具备高细分市场占有率、强科技创新能力、高成长性的“小巨人”企业。

21．瞪羚计划：瞪羚是一种善于跳跃和奔跑的羚羊，业界通常将高成长中小企业形象地称为“瞪羚企业”。 瞪羚计划指引导瞪羚企业加快制定企业发展战略，将政策资源逐步向瞪羚企业倾斜，根据企业所处阶段的特点和发展需求，重点解决企业在发展用地、投融资、科技创新、人才引进、市场开拓等领域面临的难题，帮助他们跳的更高，跑的更快。

22．五邑之星计划：对在技术水平、商业模式、创新能力、创业团队和治理结构等方面表现出较强发展潜力的初创企业，予以重点培养，提供全方位发展服务。

23．千人计划：全称为“海外高层次人才引进计划”，主要是围绕国家发展战略目标，从2008年开始，在国家重点创新项目、学科、实验室以及中央企业和国有商业金融机构、以高新技术产业开发区为主的各类园区等，引进2000名左右人才并有重点地支持一批能够突破关键技术、发展高新产业、带动新兴学科的战略科学家和领军人才来华创新创业。

24．东部三区一市：蓬江区、高新区江海区、新会区、鹤山市。

25．“七个一”专项行动：清理一批土地（项目）、规划“一张蓝图”、配建一套标准设施、推行“一条龙”服务、建设一批重点项目、打造一支专业队伍、实施一套分类考核办法。

26．三资：农村集体的资金、资产、资源。

27．创均：全国义务教育发展基本均衡区。

28．一岗双责：国家各级政府机关党员干部履行本职岗位管理职责的同时，还要对社会安定、安全生产工作负责（预防事故灾害发生，避免人员伤亡事故，减少社会治安案件）。

29．三防：在农业领域特指“防旱、防

涝、防风”。

30．两建：建设社会信用体系、建设市场监管体系。

31．打假、打私、打传、查无：“打假”即保护知识产权，打击制贩假和惩处制假售假违法行为；“打私”即打击走私、贩私商品行为和活动；“打传”即打击和惩处非法传销行为；“查无”即查处取缔无证无照经营行为。

32．PPP融资模式：英文Public-Private-Partnership的缩写，指政府与私人组织之间为了合作建设城市基础设施项目，或是为了提供某种公共物品和服务，以特许权协议为基础，通过签署合同来明确双方的权利和义务，建立起“利益共享、风险共担、全程合作”的共同体关系。

33．“1+3”清单：行政权力总清单及禁限清单、审批清单、监管清单。

34．三公经费：因公出国（境）经费、公务车购置及运行费、公务招待费。

35．八项规定：习近平总书记于2012年12月4日召开的中共中央政治局会议，审议通过的中央政治局关于改进工作作风、密切联系群众的一项决议。主要内容为：一要改进调查研究作风；二要精简会议活动；三要精简文件简报；四要规范出访活动；五要改进警卫工作；六要改进新闻报道；七要严格文稿发表；八要厉行勤俭节约。

专题

ZHUAN TI

2014年高新区江海区十大亮点工程

为展示高新区江海区在经济、社会、文化、生态等方面的建设成就，2014年12月，区委宣传部启动“2014年高新区江海区十大亮点工程评选活动”，由区直部门和街道各推荐10项工程共计60项。通过现场投票、网上投票与专家评议相结合的方式，评选出2014年高新区江海区十大亮点工程，并在《江门日报》、江门高新区江海区政务信息网等媒介上公布。

一、江门高新区公共码头破土动工

2014年9月19日，江门高新区公共码头项目在西江石油油库码头平台动工建设。公共码头位于高新区9、18号地，总投资25亿元，初步规划为公共码头和物流园区两大部分。其中公共码头占地943亩，拟建11个3000吨多用途泊位，预留5000吨多用途泊位，岸线总长1332米，设计年通过能力为集装箱67.3万标准箱。首期项目用地面积600亩，岸线700米，拟建6个泊位。首期项目2016年底前建成。全部建成后将成为江门地区最大的内河港码头。

二、火炬大厦封顶

2014年11月，江门高新区科技创新创业服务中心(即火炬大厦)主体结构封顶。该项目位于原高新区管委会大楼东边，主楼高16层，总建筑面积5.68万平方米，总投资1.89亿元，其中2014年计划投资9436万元，作为高新区科技型中小企业孵化基地，建设成一个高标准、现代化、崭新的工业设计产业孵化园。

三、首次电视直播礼乐龙舟赛

2014年端午节，五年一届的礼乐龙舟赛成功举办，参赛队员560多人，现场观众超10万人，均为历年之最。为提升礼乐龙舟文化底蕴和扩大礼乐龙舟的影响力，江门电视台首次对赛事进行直播，赛前在全球进行龙舟楹联征集和赛后进行龙舟摄影展览，以弘扬团结拼搏的龙舟精神。

四、江海康城广场项目启动

作为滘头街道银星经济社“三旧”改造项目，位于五邑路城际轻轨江门站以南、东海路以西，改造面积47.34亩。项目改造主体为滘头街道银星经济社，改造以后土地用途为商住用地，项目以商业及房地产开发为主，容积率3.5，拟建设30层高的公寓楼1幢和23层高的住宅楼3幢，住宅建设总套数600套，总建筑面积65000平方米，项目总投资额3亿元，预计2016年完成。

五、地尔汉宇在深交所上市

2014年10月30日，地尔汉宇股份有限公司在深圳证券交易所挂牌上市。该公司成立于2002年，是中国排名第一、世界排名第二的洗衣机、洗碗机专用排水泵供应商，是国家首批高新技术企业，为全球领先的家电企业提供优质电器配件。

六、高新区生活垃圾压缩中转站完成主体工程

作为BOT项目，位于高新区42号地江海污水处理厂西南侧，规划用地面积12874平方米，建设用地面积7955平方米，建筑面积2237.6平方米，主要建设包括物资储藏室、压缩站房、控制室、办公楼、员工宿舍及值班室等，并配套垃圾压缩机、水电设施、进场道路及环境保护设施等，日转运垃圾能力200—600吨。2014年8月25日项目土建工程动工并完成主体工程建设，2015年完成设备安装调试并投入使用。

七、江门演艺中心封顶

2014年7月，江门演艺中心主体工程封顶并进行外装饰工程。项目位于滘北街道良化围，

东靠白水带风景区，西临蓬江河，占地面积4.13万平方米，总建筑面积6万平方米，总投资4亿元，集演艺、文化、广场等三大功能于一体，主建筑综合性剧院和专业音乐厅供大型音乐、舞蹈、戏曲和小型剧目演出以及会议、活动使用。

八、礼乐片区污水管网一期工程施工

礼乐片区污水管网一期工程总投资6151万元，项目截污管的服务城区包括礼乐街道街区和文昌沙片区，总汇水面积1.97平方公里。首期工程2013年9月铺开，其中一标段于2014年6月完工，二标段于7月初完成招标工作，年内完成工程量的75%。工程全部完成后，有效解决辖区生活污水直排入河涌造成污染河道问题。

九、江海区首家“广东省一级幼儿园”挂牌

2013－2014年，江海区机关幼儿园(原滘北街道中心幼儿园)投入80多万元，进一步完善园内规划设置，改善教学设施设备，改造户外活动场地，充实优质师资力量。2014年2月11日，通过省一级幼儿园评估组评估验收，被授予广东省一级幼儿园称号；7月17日举行揭牌仪式。

十、江南街道定期举办“公益墟日”活动

每个月最后一个周六上午，在江南街道社区的小广场摆放摊位，组成爱心联盟，开展义剪、义卖、义诊、书画“公益墟日”活动。活动现场有不少社区老人登台献艺。

大事记

DA SHI JI

2014年江海区大事记

1月17日，广东金融高新区股权交易中心江门运营中心挂牌成立。该中心是服务全省的区域性股权交易市场，旨在为中小微企业等提供一体化综合金融服务。江门高新区管委会与广东金融高新区股权交易中心签订战略合作协议；广东金融高新区股权交易中心与江门地区会员机构和意向挂牌企业签约。

1月，区经济科技局牵头组织有关单位对2013年度名村、示范村创建对象进行验收和评定。根据评定结果，区委、区政府决定命名礼乐街道武东村为“江海区名村”；外海街道七西村、前进村，礼乐街道威西村、乌纱村为“江海区示范村”。

3月5日，江海区国税局高新技术产业开发区税务分局成立暨揭牌仪式在该局办公大楼前举行。江门市国税局局长林家庆，江门高新区管委会常务副主任、江海区区长周惠红等参加仪式。

3月10日，江门海关驻外海办事处与区经济科技局联合举行加工贸易监管业务通报会，介绍无纸通关作业、“三检合一”（进出口商品检验、出入境动植物检疫和卫生检疫）改革试点情况和新出台的加工贸易监管政策措施。是日起，江门海关驻外海办事处受理企业加工贸易监管业务。

3月25日，高新区管委会常务副主任、江海区区长周惠红出席广东聚科照明股份有限公司在江门逸豪酒店举行的“新三板”挂牌上市答谢会暨新品发布会，并向该公司颁发120万元奖励支票。

3月，经市工商局批复同意，由国务院国资委直属特大型国有企业中国海洋石油总公司全资投资的子公司江门天然气有限公司成立。

4月8日，江门市巨峰葡萄协会举行揭牌仪式，随后举办葡萄种植技术培训班。江门市科协、江海区科协和礼乐街道科协等负责人出席揭牌仪式；中国农学会葡萄分会理事、农艺师曾彦粤，广东杰士农业科技有限公司董事长、农艺师吴家强为协会会员、种植专业户130多人授课。

4月12日，由江海区科协、全球邑商社团联盟联合主办，主题为“大愿成就幸福企业”的沙龙活动在奕聪花园会所举行，区内外知名企业的负责人60多人出席。

4月24日，召开江海区游泳协会成立大会，胡宗钦当选为会长，江门市体育局体育总会秘书长黄安祺出席大会并为该协会颁发牌匾。

4月28日，江门国家高新区光电行业协会成立，德力光电集团总裁施永晨任首届理事会会长，高新区工业园公司副总经理林树荣任监事，朗天照明姚玉民等13人任副会长。

4月29日，在江门市庆祝“五一”国际劳动节大会上，广东恒健制药有限公司科研开发部获全国“工人先锋号”称号，为江海区首家荣获全国“工人先锋号”称号的单位；江门市安诺特炊具制造有限公司荣获广东省“五一劳动奖状”称号。

4月，根据国家科技部公布入选2013年创新人才推进计划名单，江门高新区企业广东普加福光电科技有限公司总经理、海归博士李阳成为全国242名“科技创新创业人才”之一，为江门市唯一入选者。2012年2月，李阳回国在香港风险投资资金的协助下，以主要股东身份发起成立普加福公司并负责公司的研发、市场和生产等工作，为普加福申请发明9项、实用发明2项，获得一批发明专利和一项实用新型专利授权。

5月2日，在佛山市三水区明富昌体育馆举

办的2014年广东省智信会跆拳道邀请赛暨武警广东省总队特中队选拔赛，全省共有30支参赛队伍500名选手参加，江海区跆拳道协会获广东省优秀道馆奖和2金4银6铜的成绩。

5月，根据江门市经信局通报，金羚电器、谦信化工和信义玻璃荣膺“诚信绿卡骨干企业”称号。

5月，根据广东省科技厅公布2013年第二批高新技术企业名单，区内8家企业上榜，分别为大冶摩托、信义玻璃、君盛实业、兆业科技、阪桥电子、朗天照明、聚科照明和科裕智能科技。

6月2日，礼乐街道8支龙舟队进行龙舟大赛，观赏群众10万人次，江门电视台全程直播。比赛单程距离1.5公里，全程5圈，各条龙舟要完成15公里的比赛。南桥坊（九社）、东门坊（黄桡）、联捷坊（桃果红）分别获得龙舟竞赛第一、二、三名。

6月9日，区领导梁许赞、周惠红和市食药监局局长、党组书记方国平等为江海区食药监局揭牌。该局为江海区政府工作部门，与高新区江海区市场安监局合署办公。高新区市场安监局副局长、江海区市场安监局党组成员、副局长谢党恩兼任首任局长。

7月6日，2014年“活力高新、魅力江海”万人游暨江海区首届“葡萄生态旅游节”开幕。主办方与一些酒店合作推出“葡萄宴”，以江门市汇侨旅行社为依托，吸引游客前来旅游，对前来体验亲子乐的自驾游客出售套票的方式以满足需求。

7月17日，滘北街道为江海区首家“广东省一级幼儿园”江海区机关幼儿园（滘北中心幼儿园）举行揭牌仪式。2012年4月，该园创建成为市一级幼儿园以来，先后投入80多万元，完善园内设施设备、改造户外活动场地和充实优质师资力量。2014年2月，该园通过省一级幼儿园评估组评估验收，成为江海区第一家省一级幼儿园。

7月，江门演艺中心主体工程封顶并进入外装饰工程施工。该工程项目与釜山公园毗邻，占地面积4.13万平方米，建筑面积6万平方米，投资4亿元，集演艺、文化、广场三大功能于一体。

7月，落户礼乐街道的江门农副产品（冷链）配送中心全面铺开征地工作。该项目计划总投资14.8亿元，建成后将成为华南地区最大的农副产品（冷链）物流企业之一。

9月13日，外海街道中东村“联和”杯五人龙舟邀请赛在南调蓄湖启动，佛山市、中山市、江门市共42支龙舟队参与。比赛分公开组和街道组同时进行，奖金总额11.43万元。联和集团有限公司2号龙舟队夺得冠军，外海中路市场龙舟队获街道组比赛冠军。

9月19日，高新区公共码头动工建设。码头位于高新区9、18号地，总投资25亿元，初步规划公共码头和物流园区两大部分。其中公共码头占地62.87万平方米，拟建11个3000吨多用途泊位，预留5000吨多用途泊位，岸线总长1332米，设计年通过能力为集装箱67.3万标准箱。首期项目用地面积40万平方米，岸线700米，拟建6个泊位。首期项目将于2016年年底前建成。公共码头建成后将成为江门地区最大的内河港码头。

9月24日，第三届广东省曲艺大赛总决赛在南海影剧院开赛。来自全省600人次100多个节目，分为职业组、非职业组和说唱类、地方曲唱类、粤曲类比赛，争夺节目奖、表演奖、乐队奖、乐师奖和组织奖5大奖项。江海区参赛的表演唱原创作品《老年乐》荣获节目奖金奖。

10月10日至11日，2014年江海区“体彩杯”校园足球赛在礼乐中学开赛，是该区首次举办的全区性校园足球赛。比赛分为小学组和初中组，共有11支队伍参赛。最终外海中心小学夺得小学组冠军，礼乐中学夺得初中组冠军。小组冠军将参加市级中小学足球比赛。

10月18日，江海区青少年宫举行互动开放日暨启用揭牌仪式，标志着该区区一级公益性青少年校外教育培训基地实现“零的突破”。江海区青少年宫属于公办公益性事业单位，是江海区首家县级校外培训机构，占地面积3000平方米，主体建筑面积2000平方米，有教学楼2座、功能课室20间，可同时满足2000人次开展校外教育培训。

10月27日，2014年高新区、江海区“体彩杯”JBA篮球争霸赛开幕，政府机关、企事业单位、街道商会等29支队伍参加。比赛历时2个月，通过小组循环赛、16强赛、8强赛、4强赛的方式，决出冠亚季军，并分别给予20000元、15000元、10000元奖励。

10月30日，江门高新区企业地尔汉宇在深交所创业板挂牌，成为江门A股第9家上市公司，股票代码300403。该公司成立于2002年，是中国排名第一、世界排名第二的洗衣机、洗碗机专用排水泵供应商，是国家首批高新技术企业，为全球领先的家电企业提供优质电器配件。

10月31日，由区委宣传部、区文体广电旅游局和区文联联合举办2014年高新区·江海区第三届文化艺术节闭幕式暨颁奖晚会，该活动首次引进比赛方式，以街道为单位组织参赛。比赛内容包括音乐舞蹈、曲艺小品、未成年人表演、书法作品、美术作品、摄影作品和诗歌作品等7项。2个多月内，共收到作品300多件，其中32件获得金奖。

10月31日，由江门国家高新区光电行业协会和高新区员工服务中心主办，7天连锁酒店高新区员工服务中心分店和惠群购物中心等单位协办的高新区“企业最强音”K歌大赛十强总决赛暨颁奖晚会在高新区员工服务中心大舞台举行。高新派出所李锴、健威家具公司左敏和优克莱汽车服务中心阮丽莎经现场35位大众评审投票，分别获得冠、亚、季军。72家单位的260名选手参赛，历经海选、初赛、复赛、半决赛、决赛5个阶段。晚会为骏达光电等8家企业颁发企业最佳组织奖，为中港宝田公司选手闭静洁和荣信电路板公司选手刘西山颁发最佳人气歌手奖，为荣信电路板公司何杰洪和信义玻璃公司陈洁冰颁发最佳原创歌手奖。

10月，江海区机构编制委员会印发通知，江海区外事侨务局（江海区台湾事务办公室）由江海区委统战部挂牌调整为与江海区委统战部合署办公。

10月，外海街道被广东省科技厅认定为“广东省技术创新专业镇”。

11月8日，在礼东街道礼东美食街的奇石农庄举行主题为“体验休闲生活，品尝健康美食”的2014年高新·江海美食节开幕式。现场展示参评江海区十大特色菜的候选菜式，邀请嘉宾试食和点评，由奇石农庄现场烹调特色菜演示，并举行互动问答抽奖活动。11月8日至12月6日，在区内酒家（楼）、旅游景点、旅行社举行系列特色美食活动和宣传推广活动，江海区餐饮协会组织9家美食商家以实惠价格，主推“色、香、味”为标准的围餐。江海区十大特色菜分别为明记酒楼的“麒麟金柚皮”、味道坊的“黄金风沙鸡”、第一城渔村的“用心良苦汤”和“金牌芝麻鸡”、财记农庄的“招牌海盐鸽”、顺德渔村的“双味鳜鱼卷”、南海渔村的“粉葛鲮鱼赤小豆汤”、和苑农庄的“鲟鱼乐颜”、杨桃园农庄的“豉油皇五花肉”、奇石农庄的“汽锅天然野生菌”。

11月，江海区卫生计生局通报，10月的最后一周，全区新增登革热病例8例，其中10月26日和29日均为0例，较上周新增24例，降幅66.67%。8月28日确诊首例登革热病例以来，病例数攀升。采取有针对性的措施，每天通报疫情，各级投入防控经费368.92万元，用于防控工作及购买灭蚊药物。8月28日以来，出动人员2.02万人次，入户宣传、清查12.15万户次；培训医务人员552人次；开展灭蚊除病专项行动42次，清理卫生死角1.56万个，投放打蚊药10650千克。10月，开展全区性爱国卫生大行动4次。

11月，江门高新区科技创新创业服务中心（火炬大厦）主体结构封顶。该中心位于原高新区管委会大楼东边，主楼高16层，建筑面积5.68万平方米，投资1.89亿元，其中2014年计划投资9436万元，为高新区重要的科技型中小企业孵化基地。

12月18日，广东省科技金融综合服务中心江门高新区分中心在（江门）港澳码头挂牌成立。分中心为企业提供科技金融服务，包括政策服务、科技投融资服务、股权交易及上市辅导、中介服务、担保保险及知识产权服务、信用评级服务等，区内科技资源和金融资源的对接和共享。

12月22日，中国网库与江门高新区管委会、市商务局签订三方合作协议书，计划与江门市共同建设“江门电商谷”，即江门实体企业电子商务产业园。该项目初步选址在江门高新区总部科技园内，总投资2.5亿元。

12月，江门市科技局公布2014年度江门市高新技术企业认定及其复审结果，江海区5家企业获得认定，4家企业通过复审。至此，全区拥有各类高新技术企业85家，数量位居全市前列，其中国家级47家、市级38家。

12月，江海区创建全国义务教育发展基本均衡县（市、区）顺利通过国务院教育督导委员会办公室督导检查。全区公办中小学校21所，在校学生24235人、教职工1347人；另有九年一贯制民办学校4所，在校学生5763人、教职工299人。专任教师专业对口比例88.7%。

12月，江中珠游船有限公司项目会所主体工程封顶。该项目位于国家一级口岸（江门）港澳码头，是江门市首个大型游艇会项目工程，投资3亿元，使用岸线总长310米，建设游艇泊位80个，计划新建5000平方米，用于游艇会所和开辟水上绿色旅游通道。

概况

GAI KUANG

基本情况

【位置·面积】 高新区、江海区地处江门市东南部，东邻中山，南接新会区，北连蓬江区，面积109.16平方千米。

【气候】 江海区位于北回归线以南，近临南海，属亚热带海洋性季风气候，夏季常吹西南季风，冬季以东北季风居多。全年气候温和，夏无酷暑，冬无严寒，夏长冬短，阳光充足，雨量充沛，无霜期长，四季常青。日平均气温21.8℃～23.2℃，年降雨量1600～2700毫米之间。

【人口·民族】 常住人口260200人，户籍人口161203人；出生人口1710人，人口出生率10.63‰；自然增长人口716人，自然增长率4.45‰。大部分为汉族。

【行政区划】 江海区是江门市辖县级建制区，与江门高新区合署办公。下辖外海、礼乐、江南、滘头和滘北5个街道，设社区居民委员会26个、村民委员会36个。其中，礼乐街道中福社区于今年成立。

江海区行政区划设置表

表1

街道	行政村	社区
外海街道	麻一、麻二、麻三、南山、中东、东南、东升、七东、七西、直冲、东宁、前进	墟镇、金溪、清兰、四大、沙津横、石鹤利、银泉、彩虹、永康
礼乐街道	英北、英南、东红、跨龙、东仁、雄乡、敬和、雄光、威西、五四、威东、向前、武东、乌纱、新民、新创、向民、新丰、向荣、新兴、向东、新华、丰盛、镇龙	墟镇、文苑、文昌沙、中福
江南街道	—	桥南、蓬苑、江翠、新中、竹苑、中沙
滘头街道	—	仁美、建联、银城、正南、永明
滘北街道	—	北湾、富横

【地名管理】 为加强全区地名的日常管理，规范工作流程，发挥专家组的作用，2014年12月成立高新区江海区地名咨询专家组，并印发《高新区、江海区地名咨询专家组工作规则》。2014年，外海、礼乐、滘头、滘北街道分别新建横海路、胜利南路、站前一路、沿江路。

江海区新建道路命名表

表2 单位：人

名称	所在街道	起止点	长（米）	宽（米）	命名年月
横海路	外海	彩虹路－西江大堤	480	12	2014.11.4
胜利南路	礼乐、滘头	胜利大桥－新乐路	5708	40	2014.12.15
站前一路	滘头	胜利南路－东海路	940	30	2014.11.24
沿江路	滘北	江海一路－江门大桥	1344.544	30	2014.12.15

江门高新区发展概述

【经济发展】 全年地区生产总值137亿元，增长10.5%；规模以上工业增加值73.74亿元，增长15%；固定资产投资74.58亿元，增长23.21%；社会消费品零售总额36.86亿元，增长16.2%；外贸进出口总额25.26亿美元，增长13.55%。实现地方公共财政预算收入9.01亿元，增长15.19%。落实中央、省、市稳增长促改革调结构惠民生政策措施，全年拨付各项财政扶持资金9239万元，重点抓好产业培育及发展壮大。LED产业基本形成完整产业链，新增投产MOCVD机10台，LED博览交易中心C、D区基本完工。绿色光源产业产值增长9.6%，增幅提高23个百分点。电子信息、机电、精细化工三大支柱产业稳步发展，实现产值255亿元，增长13.96%。五邑路沿线汽贸布局进一步完善，汽车销售额首破10亿元。

【招商引资】 年内引进企业超过700家，引进一批优质项目，包括投资额超2亿元的项目3个——计划总投资2.5亿元的中国网库“江门电商谷”项目、投资3.3亿元的高新区科技创新创业园三期和投资3.2亿元的量子高科微生态健康产业基地二期项目；投资额5000万元项目4个——韶钢焊材、朗天照明、致升照明和高新区科技创新创业园一期扩建项目；争取中海油集团落户并成立中海油江门天然气有限责任公司。通过项目用地准入评审项目有板桥电子、君盛实业、春燕纺织、精美特机电、朗天照明、致升照明、珠峰摩托、现代电子、高新区科技创新创业园一、三期。盘活闲置厂房16万平方米，引进投资额超5000万元的项目6个。全区10宗共248.5亩闲置土地进入动工建设阶段。年内成立江门国家高新区光电行业协会，通过协会平台服务园区内LED企业，拓展招商渠道，加快LED产业基地发展。通过定期进行出租厂房和出租厂房情况的统计，及时掌握园区厂房招商情况。创业园招商工作完成孵化器日常的租金收缴工作，全年租金收入70万元。

【科技创新】 加速器、孵化器在建12万平方米，科技创新创业园一期竣工、二期完成基础建设，火炬大厦竣工。建立企业与高校产学研合作战略联盟，新增1家博士后创新实践基地。全年申请专利1138件，其中发明专利申请量和拥有量分别为428件、313件。优巨新材料公司获市科技杯创新创业大赛唯一金奖，2家公司获银奖和铜奖。新增国家高新技术企业7家。推动产学研合作模式由短期合作、松散合作、单向合作向长期合作、紧密合作、系统合作转变，加快建立企业与高校产学研合作战略联盟，加快建设一批产学研联合基地。鼓励有条件的企业与高等院校联合建立博士、硕士工作站等形式的产学研合作基地。推荐市产学研结合项目10个，包括广东恒健制药有限公司、广东药学院的中药抗感染5类新药香蕨乳膏的研究开发；励福实业（江门）贵金属有限公司、广东华科新材料研究院有限公司、五邑大学的应用于LED芯片的贵金属功能材料开发；量子高科(中国)生物股份有限公司、山东省分析测试中心的益生元低聚果糖国家标准样品分离与制备等项目。江门高新区科技创新创业服务中心全年计划投资9436万元，累计完成投资8210万元，完成目标进度87.01%；完成至16层楼面结构施工，进行屋面模板安装和钢筋绑扎施工并完成主体结构封顶，进入2至11楼的砌体工程施工和大楼管道安装施工。

【推进科技金融结合】 向市科技局分别以工业园公司、创业中心的名义申请并获专项资金100万元；分别以管委会、创业中心名义向省科技厅申报科技专项资金500万元，加强绿色光源产业集群建设并争取立项。完成管委会、工业园公司、创业中心所承担的省科技厅、市科技局共7项科技专项的绩效考核；完成2个科技项目的结题报告并开展项目验收。落实高新区二期10亿元发债工作，申报材料分别报国家和省发改委。创业服务中心开展科技金融综合服务中心位于港澳码头孵化器的建设工作，引入小贷公司、股权交易所等金融机构，建设高新区科技金融展厅。

【园区建设】 推进统筹“一区多园”发展，出台《江门高新区“一区多园”建设工作实施方案》《江门高新区“一区多园”认定与管理办法》《江门高新区“一区多园”推进工作考核办法》等相关管理文件，完善园区管理机制，申报建设“创新型特色园区”，开展《江门高新区建设创新型特色园区研究》项目。印发实施《江门高新区科技创新能力战略提升行动纲要（2015—2020）》《江门高新区创新型特色园区建设方案》。

全年计划投资3.677亿元，累计完成投资3.19亿元。南山路跨麻园河工程、横海南道路排水工程、清兰路（46号地）道路排水工程竣工；42号地麻园河东侧道路排水工程完成招标工作；创业园一期工程3号厂房和9号宿舍楼交付德国线束项目使用，1、2、3、7、8号宿舍楼完成验收，其中7、8号宿舍楼交付景诚公司使用；创业园二期完成工程招标、监理招标、设计、预算和报建等工作。江门高新区科技创新创业服务中心全年计划投资9436万元，累计完成投资8210万元。连海路（金瓯路—连港路）道路工程计划投资5300万元，完成道路建设并通车，累计完成投资4320万元；金瓯路—科苑路段1号箱涵和道路排水工程基本完成；科苑路平交口2号箱涵搅拌桩及钢板桩施工基本完成，箱涵主体完成60%。高新区45号地配套区办理地块注入新公司手续，完成与合作商签订合作开发高新区企业生活配套区（45号地）商住楼项目合同以及成立项目公司、土地分立工作。

完成基础设施建设投资3.7亿元，水电工程项目累计完成投资1120万元，其他小型工程项目累计完成投资65万元。小型工程及零星工程等基础配套设施投资超1200万元。南湖市政道路、公共设施配套建设完成北岸的人行道、机动车道的建设，基本完成南岸广场、人行道、机动车车道的路基石渣层施工以及管理用房的建设；工业园服务中心项目完成施工招标工作并组织施工单位进场；42号地麻园河东侧道路排水工程完成路基石渣层和排水管道工程并通车；35号地规划一、二、三路等道路排水工程编制可行性研究报告；彩虹路（创业园段）道路排水工程完成施工图设计；府西小区道路配套工程进行可研报告编制。

全年完成绿化工程479万元、养护工程186万元。计划建设400亩南湖周边配套绿化工程(含绿化、排水、喷灌)绿化面积10万平方米，完成北岸排水、喷淋安装和乔木种植，完成南岸部分地形整理并对南岸及东岸的绿化配套；南湖（企业林）植树工程、完成南山路（高新西路—清兰路）东边人行道至企业围墙绿地绿化工程、清兰路（46号地）绿化工程和彩虹路（龙溪路—江睦路）绿化工程。高新区绿化总体规划初稿完成并报批。

江门高新区公共码头配套服务设施建设完成联检大楼初步设计方案、可行性报告及节能报告，首期项目9月19日启动动工仪式；安全预评价报告待专家评审会专家意见修改并完善；完成西江电厂设备拍卖并实施西油公司设备拍卖工作。

江海区社会经济发展概况

【国民经济综述】 全年生产总值134.33亿元，增长10.5%。其中第一产业增加值4.28亿元，增长5.48%；第二产业增加值84.29亿元，增长12.69%；第三产业增加值45.75亿元，增长5.96%。在第三产业中，交通运输、仓储和邮政业增长9.18%，批发和零售业增长2.63%，住宿和餐饮业增长1.82%，金融业增长8.98%，房地产业增长8.35%，营利性服务业增长6.09%，非营利性服务业增长5.05%。人均GDP52325元，增长9.84%。三次产业结构比例3.19∶62.75∶34.06。

【制定和实施重点产业发展规划】 2014年，是深入实施《珠三角规划纲要》“九年大跨越”、加快全区融合发展的关键一年。市委、市政府出台《关于进一步加快江门高新技术产业开发区发展的决定》，明确高新区市级管理权限在江海区区域内全覆盖，区域实现一体发展；围绕“提升科技创新能力、加速经济发展、加快城市化进程”三大主要任务，推进重点项目建设，加快核心区开发，加强优势产业的培育发展，落实各项普惠民生工作，完成各项主要经济指标。

【农村经济建设】 大力创建宜居城乡，累计完成36条村庄整治规划编制和27条村庄整治工作，新增省和市宜居示范村庄5条、宜居社区4个。创建市级生态园示范镇1个、市级生态园示范村10条。完成2013年度1100亩高标准基本农田建设任务，完成礼乐街道东岸堤加高加固工程、中沙围机耕路整治工程，发放支农惠农资金600万元。

【固定资产投资】 全年固定资产投资74.58亿元，增长23.21%。分经济类型看，国有经济投资8.31亿元，下降5.78%；港澳台、外商经济投资19.77亿元，增长29.81%；民营经济投资41.09亿元，增长33.02%。分产业看，第二产业投资28.44亿元，增长49.84%；第三产业投资46.14亿元，增长9.05%。分类别看，工业项目投资28.44亿元，增长49.84%，占全区固定资产投资的38.13%；房地产开发投资26.2亿元，增长2.18%，占全区固定资产投资的35.13%；基础设施投资12.43亿元，增长31.67%，占全区固定资产投资的16.67%。商品房施工面积242.75万平方米，下降2.03%；商品房竣工面积31.36万平方米，增长156.84%；商品房销售面积35.18万平方米，增长13.3%；商品房销售额20.43亿元，增长6.8%。

【基础设施建设】 加大基础设施建设资金筹集力度，在发行第一期9.5亿元企业城投债基础上，推进第二期发债等多渠道、多形式筹集资金。全区1号工程高新区公共码头动工。推进区域“十纵六横”路网建设，胜利南路延长线、广中江高速江海段加紧施工，金瓯路改造工程基本完成，推进江睦路（五邑路—金瓯路）、连海北路工程。高新区工业污水处理厂投入运营，江海生活污水处理厂第二期截污工程及礼乐片区污水管网工程建设加快，提高城市内涝防御能力。公共交通进一步优化，新增临时公交首末站2个，新增、调整、延伸公交线路15条。

【农业生产】 全年粮食作物播种面积3585亩，增长2.78%；果蔗种植面积8450亩，下降9.09%；蔬菜种植面积32234亩，下降2.89%。粮食产量1199吨，下降6.62%；果蔗产量60840吨，增长12%；蔬菜产量34526吨，增长0.83%。

【工业生产】 全年规模以上工业增加值增长13.3%，其中轻工业增长15.6%、重工业增长11.7%。分经济类型看，国有及国有控股企业增长12.6%，集体企业增长6.1%，股份制企业增长14.9%，外商及港澳台投资企业增长12.6%，民营企业增长13%。

【国内贸易】 全年实现社会消费品零售总额36.86亿元，增长16.2%。分行业看，批发零售业实现零售额32.75亿元，增长18.18%；住宿餐饮业实现零售额4.11亿元，增长2.51%。分商品类别看，在限额以上批发零售业零售额中，粮油、食品类增长11.41%，文化办公用品类增长24.31%，汽车类增长38.42%，石油及制品类增长7.78%。

【对外经济贸易】 全年进出口总额26.00亿美元，增长16.87%。其中进口总额7.49亿美元，下降1.35%；出口总额18.51亿美元，增长26.32%。分贸易方式看，一般贸易出口11.14亿美元，增长36.16%；加工贸易出口6.85亿美元，增长7.87%。分企业性质看，国有企业出口0.09亿美元，下降6.68%；三资企业出口9.24亿美元，增长5.08%；私营企业出口9.19亿美元，增长59.2%。外商直接投资0.59亿美元，下降50.64%；合同利用外资额2.2亿美元，增长1.79%。

【财政收入与支出】 全年累计完成地方公共财政预算收入9.01亿元，增长15.19%，其中税收收入7.72亿元，增长16.12%。财政增收进一步促进基本公共服务均等化，提高民生保障水平。地方公共财政预算支出11.42亿元，增长32.18%，其中城乡社区事务、文化体育与传媒、社会保障和就业及教育等领域分别增长338.13%、85.74%、56%、12.36%。

【社会事业与人民生活】 全年地方公共财政预算教育支出2.09亿元，增长12.36%。全区拥有普通中学12所、小学15所、幼儿园39所。普通高中招生2171人，在校生6889人，毕业生2434人；初中招生2590人，在校生7591人，毕业生2554人；小学招生3990人，在校生20234人，毕业生2824人。幼儿园入园儿童3020人，在园幼儿7743人。小学学龄儿童入学率、小学升学率、初中适龄少年入学率和初中升学率均为100%，普通高中升学率96.01%。地方公共财政预算科学技术支出0.37亿元，增长116.02%。国家级高新技术企业41家；新增国家级高新技术企业5家。申请专利1138件，增长3.64%；专利授权量772件，增长21.38%。申请发明专利428件，增长2.64%；发明专利授权量94件，增长34.29%。有效发明专利313件，增长29.34%。组织申报省级科技项目23个；申报市级科技项目40个，获得市级立项17个；申报区级科技项目26个，获得区级立项23个。

全区文体服务中心5个、文化馆1个、综合档案馆1个。建有礼乐街道图书馆和市五邑图书馆外海、滘头街道分馆，图书总藏量3.1万册。广播人口综合覆盖率和电视人口综合覆盖率均达100%。全区体育公园1个、文体广场52个，其中全民健身广场7个、文体小广场45个。公共体育场所总面积38.2万平方米，人均公共体育场所面积1.47平方米。

文艺类获省级集体奖项3个、市级集体奖项11个；获省级个人奖项5个、市级个人奖项12个。其中原创曲艺表演唱《老年乐》获广东省第3届曲艺大赛金奖，群舞《木棉花开》获广东省第6届群众音乐舞蹈花会总决赛铜奖和首届广东省中老年舞蹈大赛银奖。

全区各类卫生机构57个，其中医院2个。各类卫生技术人员556人，其中执业（含助理）医师200人、执业护士222人，床位289张。医院卫生技术人员381人，其中执业（含助理）医师143人，床位数249张。

【城乡居民人均可支配收入】 全年居民人均可支配收入28190元，增长10.1%。居民家庭恩格尔系数36.9%，生活消费支出中教育文化娱乐服务所占比重10.02%，住房总建筑面积人均34.4 平方米。

【存在问题】 主要包括区域经济总量较小，高新区（江海区）综合考核排名靠后，高新区品牌提升需要突破；新增大项目偏少，缺乏龙头企业带动，科技创新能力不够强；基础设施建设与经济社会发展不相适应；农村历史留用地、违章建筑等遗留问题有待进一步解决；行政审批流程有待进一步优化等。

党政机关

DANG ZHENG JI GUAN

中共江门高新区工作委员会
中共江海区委员会

□ 党委工作

【党政领导班子联席会议】 1月20日召开，会议研究审定《江门市江海区预防化解处置劳资纠纷工作实施方案》《江门市江海区防范和打击企业欠薪逃匿行为的实施意见》； 2013年度区综治暨平安创建工作考核结果问题；研究落实高新区江海区科学发展观考核评价结果；通报信义玻璃协议书调整有关情况；通报江门市人民政府关于印发《关于进一步理顺江门高新技术产业开发区管理权限的实施方案》《赋予江门高新区市级经济管理和相关行政管理权限事项目录（第一批）》通知精神。

1月27日召开,会议研究审定高新区江海区推进城市化进程城建工作方案；通报广东省科学技术厅关于反馈高新区发展情况分析及对策建议的报告； 传达贯彻市有关外事工作文件精神、江门市第十四届人民代表大会第四次会议精神和中国人民政治协商会议第十二届江门市委员会第三次会议精神。

2月24日召开，会议通报2014年高新区江海区赴港开展招商活动有关事项；研究审定《2014年江门高新区管委会江海区人民政府主要工作考核目标（送审稿）》。

3月26日召开，会议研究审议《高新区江海区“大民政”工作方案（送审稿）》等7个文件； 通报推荐评选2014年全国“工人先锋号”和省五一劳动奖状候选单位；通报安全生产工作情况和高新区13个党政部门领导及有关负责人分工指引； 研究部署进一步深入推进全区党的群众路线教育实践活动；传达市委常委邹家军到江海区督查指导教育实践活动专题座谈会精神；通报挂职领导分工情况。

4月10日召开，会议传达市委书记刘海到江海区调研的讲话精神；通报广东省“社会矛盾化解年”工作推进会议有关精神。

5月5日召开，会议研究审议高新区、江海区公共码头征地拆迁补偿及土地整理方案和高新区35号地征地填土工作方案；通报创文上阶段工作情况及下阶段工作要求； 研究审议关于进一步深化四个一机制提高重点项目建设效能的意见和2014年全区性会议计划；通报接待管理有关事项；书面传达全省科技创新大会精神；通报职务任免情况。

6月10日召开，会议通报《江海区人民政府职能转变和机构改革方案》；传达江门市推进“九年大跨越”暨重点项目建设工作会议精神。

8月19日召开，会议研究审议全区重点项目中期评估和调整建议方案；传达贯彻全市“社会矛盾化解年”工作推进会议精神；通报安全生产工作情况；传达贯彻庞国梅市长到江海区调研指示精神和研究部署下半年工作。

12月11日召开，会议通报《高新区江海区2015年市重点项目计划申请表（报送稿）》和公开选调公务员情况。

12月31日召开，会议研究审议《高新区江海区党政机关和事业单位会议费管理办法》；传达贯彻《江门市先进（装备）制造业工作纲要及行动方案》精神；通报审计工作情况和省委办有关通知精神；传达代市长邓伟根有关工作指示精神。

【党委会议】 1月20日召开，会议学习习近平总书记在教育实践活动开展以来的一系列重要讲话精神；传达省委全会精神；研究人事问题。

3月26日召开，会议研究人事问题。

4月10日召开，会议研究人事问题。

7月28日召开，会议研究增加区政协委员、常委名额的有关事项；研究人事问题。

10月11日召开，会议研究审定《江门市江海区人民政府职能转变和机构改革方案实施意见》《江门市江海区人民政府职能转变和机构改革方案》《高新区江海区群众路线教育实践活动工作总结（送审稿）》。

11月17日召开，会议研究人事问题。

12月11日召开，会议通报省委组织部《电话通知》要求；通报关于印发《江门高新区江海区开展街道领导干部驻点普通直接联系群众工作的实施方案》通知；研究江门市江海区第九届人民代表大会第五次会议有关事项、研究中国人民政治协商会议江门市江海区第三届委员会第五次会议有关事项和增补江海区政协常委、委员名单问题；研究人事问题。

12月31日召开，会议研究《江门高新区江海区社区党建工作经费管理暂行办法》；研究人事问题。

【党委工作会议】 7月29日召开，会议总结上半年工作，部署下半年工作。

【党委扩大会议】 7月10日召开，会议研究江门高新区党工委、江海区委领导班子和江海区政府党组班子群众路线教育实践活动专题民主生活会有关事宜。

9月11日召开，会议传达贯彻市委书记刘海到江海区调研工作精神，部署下阶段目标工作。

【高新区党工委2014年工作会议暨江海区委八届四次全体会议】 12月31日召开，会议贯彻中共十八届三中全会、中央经济工作会议、市委十二届四次全会精神，总结2013年工作。

【重要决策】 1月1日，高新区江海区在全市首创设计“点餐式”居家托养服务项目，作为政府购买服务形式向社工机构签订服务合同，为残疾人提供家政服务、康复护理、生活照料、情感调适等5类17项服务项目菜单，残疾人每个星期自助点餐，预约社工上门服务。

1月28日，印发《江门市江海区防范和打击企业欠薪逃匿行为实施意见》，完善防范和处置企业欠薪问题的长效机制和综合治理机制，深化企业欠薪问题源头治理，建立欠薪应对机制。

2月12日，印发《高新区江海区推进城市化城建工作方案》，提出加快核心区建设和外海、礼乐副中心建设，加快两区城市化进程，推进经济发展。

2月14日，印发《关于加快高新区及江海区征地拆迁工作操作办法的指导意见（试行）》，简化征地拆迁工作程序，明确监管责任。

3月31日，印发《江门高新区江海区实施〈珠江三角洲地区改革发展规划纲要〉实现“九年大跨越”工作方案》，提出到2017年率先全面建成小康社会、基本实现社会主义现代化；地区生产总值年均增长10%，人均地区生产总值65400元（2010年价）以上，服务业增加值比重30%，城乡居民人均收入比2010年翻一番。

4月28日，成立江门高新区江海区全面深化改革领导小组，负责全区改革的总体设计、统筹协调、整体推进、督促落实。9月5日，出台《江门高新区江海区2014年重要改革任务要点》发至各街道、区直各部门贯彻执行；改革任务要点涵盖“深化合署办公体制机制、加速经济发展、加快城市化进程、提升科技创新能力、加强和创新社会管理”5大方面共40条改革举措。

5月6日，印发《江门高新区管委会 江海区人民政府关于进一步深化四个一机制 提高重点项目建设效能的意见》。遵循依法、精简、高效原则，适度授权予各重点项目建设领导小组，通过合理简化行政环节、科学压缩审批时限，确保各重点项目建设职责明确、主动作为、运转协调、便捷高效，适用于国家、省、市在辖区内实施的重大项目和区级重点项目。

5月7日，印发《江门市江海区2014年度社会抚养费征收标准》，对不符合政策生育子女的公民，按照2013年江海区城镇居民人均可支配收入27642元，农村居民人均年纯收入外海街道16469元、礼乐街道14975元为基数，计算社会抚养费征收标准。

6月10日，批准并公布《江门市江海区第二批区级非物质文化遗产名录》，其中江海区佛庄狮艺列入名录。

6月24日，出台《高新区江海区免除殡葬基本服务费用实施办法》，对全区户籍人口免除5项总额不超过1300元殡葬基本服务费，为市辖区减免群众殡葬基本服务费用最高区。

7月1日起，根据市政府文件精神，城镇低保标准由每人每月380元提高至500元，农村低保标准由每人每月300元提高至400元，城乡低保月人均补差分别提高371元和189元，均已超过2014年省、市要求城镇月人均补助343元和农村月人均补助158元的任务水平。五保户分散、集中供养标准分别提高至每人每月790元、810元，孤儿分散、集中供养最低标准分别提高至每人每月700元、1150元。共发放困难群体临时救助金87.2万元，发放救助物资折款36.3万元。

7月17日，市委市政府作出《关于进一步加快江门高新技术产业开发区发展的决定》。明确高新区是促进江门市技术进步和增强自主创新能力的重要载体，是江门市高新技术企业参与国际竞争的服务平台和前沿阵地，是带动全市经济发展的强大引擎，提出高新区分2个阶段实现跨越式发展。到2018年，实现总产值1000亿元，其中工业总产值超过800亿元；到2023年，实现总产值2000亿元，建设成为自主创新的战略高地、战略性新兴产业的核心载体和实现创新驱动、科学发展的示范区，建成具有较大影响力的珠三角西部科技新城。建立科学高效的管理模式，明确支持高新区江海区深化党政内设机构合署办公改革的探索，并明确赋予高新区市级经济管理权限和相关行政管理职能，建立一级财政管理体制，创新土地开发及管理模式。高新区一级财政管理权限限于高新区现规划范围，市级经济管理权限和相关行政管理职能扩大至江海区全区范围，意味着将江海区其余区域全部纳入高新区发展规划范围，高新区实现江海区区域全覆盖。

8月12日，印发《江门高新区江海区大气重污染应急分预案（试行）》，通过采用购买服务形式，与市气象局共建高新区（江海区）突发事件预警信息发布中心。

8月29日，印发《江门高新区江海区商事登记制度改革后续市场监管实施方案（暂行）》，明确商事登记制度改革后各商事登记许可审批部门的市场监管职责和各商事登记许可审批部门对改为后置许可审批事项的监管职责，落实监管责任，建立依法、有效、规范的监管机制，推进行业自律和社会监督。

10月17日，印发《高新区江海区全面深化基本公共服务均等化综合改革试点方案（2014—2015年）》，按照省、市深化和扩大基本公共服务均等化试点综合改革的部署要求，以“守住底线、突出重点、覆盖城乡、标准提高、差距缩小、机制创新”为总体要求，结合“十二五”规划，根据市和江海区《推进基本公共服务均等化实施方案（2009-2020年）》要求，到2015年年底，全面完成省、市规划纲要第一阶段的目标任务，各项指标达到全市平均水平，为下一阶段基本公共服务均等化改革任务打下基础。

11月26日，印发《江门高新区“一区多园”建设工作实施方案》《江门高新区“一区多园”认定与管理办法》《江门高新区“一区多园”推进工作考核办法》等文件，实施“一区多园”的发展模式，完善园区管理机制，优化要素配置，提高资源利用水平，推进产业集聚，积极构建资源共享、优势互补、协调发展的园区联动发展新格局。到2017年，把江门高新区“一区多园”打造成为全市培育发展战略性新兴产业和高新技术产业的核心载体和引领产业转型升级的重要引擎。

11月27日，为规范高新区江海区的地名管理工作，增强区内地名文化内涵，营造有特色的地名文化，成立高新区江海区地名咨询专家组。12月3日，印发《高新区、江海区地名咨询专家组工作规则》。

12月16日，印发《江门高新区科技创新能力战略提升行动纲要（2015—2020）》。提出至2020年，江门高新区力争完成以下“个、十、百、千”的创新指标包括①“个”：全社会研发投入占地区生产总值的比重达到5%；国家级科技企业孵化器超过2个；“千人计划”人才、广东省创新科研团队实现“零”的突破，分别超过5个。②“十”：万人年新增发明专利授权超过10件；上市企业数量超过10家，新三板企业超过20家；认定企业技术中心、工程（技术）研究中心、重点实验室等国家、省级级研发机构达到20家以上。③“百”：高新技术企业数量超过100家；孵化器、加速器建筑面积达到200万平方米以上；在孵企业数量达到500家以上；高新技术产业产值突破500亿元。④“千”：“科技型小微企业”“瞪羚企业”总数超过1000家，工业总产值突破1000亿元，即实施“创新提升、创业孵化、全球链接、环境再造”四大工程。

12月19日，印发《高新区管委会江海区政府重大行政决策程序规（试行）》。

2014年，根据《江门市人民政府关于印发〈关于进一步理顺江门高新技术产业开发区管理权限的实施方案〉和〈赋予江门高新区市级经济管理和相关行政管理权限事项目录（第一批）〉的通知》精神，市政府赋予高新区第一批市级经济管理和相关行政管理权限43项。全年承接市赋予的43项权限，业务申请量总数1305宗，审批1305宗，办结率100%。

【重大活动】 5月22日，通过省教育厅对江海区申报广东省推进教育现代化先进区的综合督导验收。6月13日，省教育厅授予江门市江海区“广东省推进教育现代化先进区”称号。江海区创建广东省推进教育现代化先进区以来，坚持教育优先发展的执政理念，4年共计投入资金6.57亿元，实现教育经费“三个增长”，全面落实教师收入“两相当”政策，全区新增教育用地共计4.35万平方米，新增校舍建筑面积共计2.97万平方米。

7月26日，印发《高新区江海区承接市城管局和园林局事权财权下放工作方案》。8月1日，接管白水带风景管理处、绿化管理所、市政维修处共3个事业单位，接收人员194人，其中在编人员28名，编外人员166名。

8月28日，发生全区首例本地登革热病例，至11月17日，共发生登革热病例265例，占全市病例的46.57%，5个街道均出现疫情，没有重症病例。所有接诊的疑似病例，全部得到及时和有效的治疗。开展灭蚊专项行动596次，登革热防控知识宣传教育活动31场次，培训医务人员622人次。

9月19日，举行江门高新区公共码头动工仪式，市政府及市直部门、中外运公司、国信招标集团、中铁建公司等有关领导参加。省重点项目的江门高新区公共码头项目在西江石油油库码头平台建设水工正式动工。公共码头位于高新区9、18号地，总投资25亿元，初步规划为公共码头和物流园区。其中公共码头占地943亩，拟建11个3000吨多用途泊位，预留5000吨多用途泊位，岸线总长1332米，设计年通过能力为集装箱67.3万标准箱。首期项目用地面积600亩，岸线700米，拟建6个泊位。首期项目2016年底建成，全部建成后将成为江门地区最大的内河港码头，码头货运业务辐射高新区、新会区、江门市乃至珠三角地区；为外海及高沙码头作业区搬迁或整合提供可能，同时拆除西江石油油库码头有利于改善西江河道环境、促进港口与城市协调发展。

2014年，发动昌兴基金为我区身患重疾的61位残疾人，提供慈善捐款61000元，五邑慈善会为39位一级低保重度残疾人捐赠春节慰问金19500元。2012年4月以来，区民政、残联部门与五邑慈善会、昌兴基金建立起长期合作关系。

【调研工作】 为盘活资源，鼓励辖区企业增资扩产，引导企业购买厂房和租赁厂房，组织开展以“盘活资源促进企业扩能增效”为主题的调研，形成《江门高新区江海区盘活闲置资源促进企业扩能增效调研报告》。为在“大桥时代”到来之际，发挥区位优势，整合物流资源，合理布局物流产业，加快发展现代物流业，组织开展高新区港口物流园发展规划调研，形成《江门高新区港口物流园发展规划调研报告》。组织各街道和区直各部门开展专题调研活动，形成《关于高新区江海区民办中小学教育发展情况的调研报告》《高新区、江海区中小微企业“融资难、用工难”问题调研报告》《关于高新区、江海区社区矫正工作情况的调研报告》《关于高新区、江海区固定资产投资形式分析的调研报告》《关于高新区、江海区档案管理工作情况的调研报告》《关于江门市江海区老年人养老状况的调研分析报告》《关于江门市江海区残疾人生活状况的调研分析报告》等调研报告。

【保密工作】 以问题为导向开展宣传教育，做好监督服务，不断提升技术防范。党委会议听取“8•19”网上泄密等三起泄密事件查处情况通报；召开专题学习会，组织学习《中华人民共和国保守国家秘密法》《中华人民共和国保守国家秘密法实施条例》，增强依法保守国家秘密的能力；组织120多人参加江门市保密局主办、高新区江海区承办的“全国保密干部全员培训高新区、江海区、蓬江区培训班”。开展保密知识讲学活动和保密常态化检查服务工作。包括检查各项保密制度的贯彻情况、工作流程规范情况、涉密计算机和非涉密计算机存储文件情况等，对全区27个单位检查涉密计算机25台，互联网计算机68台，对存在问题提出整改意见。联合区教育局开展教育系统保密管理情况检查，对外海中学、礼乐中学进行保密安全隐患现场抽查。邀请市公安局职能科室并带备专业检测器材，对信息安全防护设施进行检查，并对要害部位和重要办公区、会议室域进行窃听信号扫描，以保障政府信息安全。出台《关于规范我区纸质文件资料销毁工作的通知》，进一步加强涉密载体的销毁监管工作。

【中共江门高新区工作委员会领导名录】

书　记：梁许赞

副书记：周惠红(女)、颜强

委　员：庞正华、刘兵、周婉玲(女)、何腾、李欣立、黄伟权、郑耀强、吴旭、曾计开

【中共江海区委员会领导名录】

书　记：梁许赞

副书记：周惠红(女)、颜强

常　委：庞正华、刘兵、周婉玲(女)、李欣立、郑耀强、吴旭、张凡华（2014.4-）

□　纪检监察

【纪委全体成员会议】　2月18日，中共江门高新区纪工委2014年工作会议暨江海区纪委八届四次全体会议召开。全会传达学习习近平总书记在十八届中央纪委三次全会上的重要讲话、十八届中央纪委三次全会、十一届省纪委三次全会以及市纪委十二届四次全会精神，审议通过高新区党工委委员、区委常委、纪委书记刘兵代表高新区纪工委、江海区纪委常委会所作的《开创反腐倡廉建设新局面，为加快两区融合发展扛起纪律保障大旗》工作报告，总结2013年纪检监察审计工作，全面部署2014年的工作任务。

【专项会议】　4月16日，召开高新区江海区2014年党风廉政建设责任制分工会议，研究部署党风廉政建设工作，重点推进“三述”（述职、述学、述廉）工作向街道和村（居）延伸，巩固廉洁村（居）建设示范点成果，大力开展“会所腐败”专项整治等工作。

【纪律教育学习月活动】　纪律教育学习月活动从8月上旬开始至9月30日，按照省、市开展纪律教育学习月活动的部署，精心部署以“严明组织纪律、锻造优良作风”为主题的纪律教育学习月活动，分思想动员、学习教育、查摆问题、整改总结4个阶段进行。包括举办全区领导干部党纪政纪法纪教育培训班，组织观看省纪委拍摄暗访片和根据区住建系统腐败案制成的警示教育专题片《危局》。在教育学习活动中，各街道、区直各部门查摆问题，开展专题培训109次，参加学习4200多人次。

【惩治和预防腐败体系构建】　组织各村（社区）新当选的书记、主任，到开平市荻海风采堂廉政教育基地参观学习。对64名新任和调整岗位的科级干部采用体验式教育方式进行集体廉政教育及任前谈话。以开展街道纪工委规范化建设年活动为契机，组织街道纪工委书记、副书记参加全省乡镇（街）纪委书记培训班。首次向社会公开遴选特邀监察员13名。发放《反腐倡廉教育读本（2014）》等资料800本，发出廉政短信1500多条。连续10年来被公安部命名为全国一级公安派出所的滘头派出所被评为全市“五邑廉洁清风” 勤廉兼优先进集体。

【领导干部廉洁自律】　对各单位落实党风廉

政建设情况进行考评，作为领导班子和领导干部业绩评定、奖励惩处、选拔任用的重要依据。开展江海区村居（站、所）党组织主要负责人向街道纪工委述责述廉述德工作对“三述”对象履行责廉德情况进行调查了解，并召开“三述”专题会议现场述评。加强对党员领导干部操办婚丧喜庆事宜监督，根据省纪委、省监察厅《关于印发〈加强对党员领导干部操办婚丧喜庆事宜监督的暂行规定〉的通知》要求，严格履行申报、备案制度。年内，收到领导干部操办婚丧喜庆事宜报告14人次，没有发现有违纪情况。

【纠正不正之风】 春秋两季联合区教育、财政、物价等部门对中小学收费、涉农领域行业收费问题进行检查。继续整治“四风”，开展明查暗访，全年通报庸懒散作风问题2批次，开展明查暗访9次、发现问题8个，全部督促落实整改选取5个街道基层站所作为开展民主评议政风行风活动的单位，并对街道政务服务中心进行“回头查”，所有被评单位获“满意”等次。

【源头治腐】 完善农村“三资”（资金、资产、资源）监督管理。联合区财政局和区经济科技局对4个涉农街道进行农村“三资”交易、管理全覆盖检查。这次检查，发现问题10个，收集反馈意见2条，并加以督促整改。在外海中学举办农村集体“三资”交易平台操作管理培训班，由广州市贝佳软件开发有限公司专业技术人员授课，解决平台操作员在实际操作中遇到的问题。加强村（社）务监督委员会规范化建设，各涉农街道选取1个村（社）务监督委员会作为示范点，以点带面逐步推进全区村（社）务监督委员会的规范化建设工作。全年全区农村集体“三资”交易554宗，交易额5303.88万元，增加集体收入657.29万元，成交价比原价合同年收入增长32.07%。

【金溪廉政公园】 把金溪廉政公园进行升级改造，作为村（居）廉洁文化宣传示范阵地，金溪廉政公园分为“石、栏、林、木、书、台、竹、凳”8大宣传载体，以廉政文化建设与本地人文文化相结合、与基层党建工作相结合、与社会主义核心价值观相结合的形式突显廉政主题。市纪委肯定金溪廉政公园升级改造工作，定为全市村（居）廉洁教育示范阵地。

【查处违法违纪案件】 全年立案查处违纪违法案件25件，增长38.89%，其中区直部门自办案件8件、街道立案案件17件，涉案金额278.07万元。涉及党员23人，监察对象11人；科级干部3人，一般干部4人，其他人员16人。属贪污贿赂案件9件、9人，占立案总数36%；失职渎职案件3件、3人，占立案总数12%；违反计生政策案件11件、11人，占立案总数44%；违反八项规定案件1件、1人，占立案总数4%；赌博案件1件、1人，占立案总数4%。

【信访检查】 全年接受来信来访举报58件，其中上级机关转来22件、本级受理34件、重复件14件（占总量24.14%）；属纪检监察范围内44件、范围外的14件；通过网络举报23件、电话举报3件、来信的32件。应办信访举报件44件，按期应办34件、实办34件；实名举报6件，已核5件；直办信访举报件14件、转立案1件、信访约谈1件、信访函询2件。清理2013年信访暂存件1件。通过信访核查，对1名科级干部进行诫勉谈话，为12名党员干部澄清事非，为355名干部提供廉政信息。上报信访信息12篇、信访分析7篇。

【案件审理】 全年审结案件28件，上升133%。其中给予党纪政纪处分21人、免予党纪处分6人、取消预备党员资格1人；回访教育6人；解除行政处分1人。推行“先预审、后移送”制度，预审案件28件，提出意见175条。率先在全市规范街道案件办理工作流程。全面实行案件检查与审理分类立卷归档制度。开展纪律处分决定执行情况检查。

【执法监察】 开展节能减排、保护环境专项执法监察，确保主要污染物排放控制在市下达的指标内。参与区安委会组织的安全生产考核，对街道、区直有关部门安全生产责任人履职情况进行检查考核，被考单位和责任人全部取得优秀等次。督促落实土地和矿产资源保护责任目标，对2013年度全区21处违法违规用地（共41.29亩，其中耕地9.19亩）情况,督促有关单位开展整改工作，对5处进度慢的单位督促其按时完成拆违复耕任务。对管理督促不善和实施前考虑不周的8个全区重点项目实施约谈，涉及6个部门8个责任领导。对4个部门发出《约谈提醒通知书》，有效推动区重点项目工作落实。对辖区防控人感染H7N9禽流感工作开展监督检查。建立完善公共资源交易管理体制和监管机制，把小型建设工程交易平台整合到区政府采购中心。全年监督建设工程招标投标项目19项，涉及金额2.4亿元，节约资金635万元；监督政府采购项目113次，涉及实际采购金额2566万元，节约资金393万元。参与全区行政执法案卷评查暨行政执法质量检查活动，进一步规范基层行政执法行为。

【行政效能监察】 举办全区重点岗位廉政勤政建设之廉政风险防控工作培训班。开展专项效能监察，重点对网上办事大厅建设情况进行专项效能监察。加大投诉的查办、督办和联办力度，共接到和处理投诉件10件，群众对处理结果表示满意；查处违反中央八项规定精神案件的外海街道沙津横村委会陈永安违反规定案件。

【小汽车定编】 从严控制公务用车编制和公务用车标准，除了批准公安、法院、检察院3个单位更新购买专业用车及执法执勤车以外，没有新增小汽车定编指标和新购一般公务用车。按照省财政厅文件要求，对各街道区直各部门进行监督，做好登记自查和审查核实工作，做好党政机关公务用车问题专项治理工作，把区政府办公室2辆超编超标公务用车调配为应急指挥车，由市公车治理办集中处理。根据中央和省、市党政机关公务用车配备使用管理的有关规定出台《关于进一步规范公务用车管理的通知》。

□ 组织工作

【优化人才配备和干部队伍结构】 以选好配强各级领导班子为目标，按照德才兼备、人岗相适的原则配备干部，进一步理顺合署办公管理架构，实现大科室管理。大力提拔使用后备干部，恰当使用竞争选拔方式选任优秀干部，进一步优化干部队伍结构。通过从市级部门调任、省市干部挂职、全国范围内遴选等方式吸引和挖掘人才。全年讨论干部9批、307人次，提拔区管干部115人，交流区管干部57人次，轮岗区管干部36人次。

【干部管理监督】 制订《科级领导干部转任非领导职务试行办法》，改善区管科级领导干部的结构。执行领导干部报告个人有关事项制度，开展2014年干部报告个人有关事项工作。

出台因私出国境监督管理相关文件，进一步规范干部出国境管理。清查配偶子女移居国境外情况，对发现的配偶子女移居国境外的领导干部转任非领导职务14人（其中科级6人、股级8人），科级干部1名选择让其配偶放弃外国国籍。落实领导干部在企业和社会团体兼职的摸底和清退工作。印发《关于进一步加强干部档案管理工作的通知》，完成区级干部人事档案的改版升级工作。

【干部教育培训】 组织实施主体班培训、干部赴外培训、远程教育培训、干部学历教育、省市调训等干部教育培训工作，落实“大规模培训干部、大幅度提高干部队伍素质”工作任务。其中十八大专题研讨班10场、5000多人次，正科级领导干部和副科级中青年干部赴外培训2场、100人，远程教育培训8场、5000多人次，干部学历教育64人，省市调训16人。

【人才发展体系建设】 落实人才引进政策，优化人才引进环境。继续做好人才公寓建设，高层次人才财政补贴和优惠政策保障。深化产学研合作，制造人才高地。鼓励有条件的企业与高等院校联合建立博士、硕士工作站等形式的产学研合作基地。年内，励福实业（江门）贵金属有限公司成立博士后创新实践基地。加快孵化器建设，搭建人才创业阵地。至此，全区人才孵化器面积7.1万平方米，在孵企业79家。在建的火炬创新创业大厦，建成5.6万平方米的孵化场地。

【开展党的群众路线教育实践活动】 按照中央、省委、市委的统一部署，以“为民、务实、清廉”为主题，开展教育实践活动。全区421个基层党组织全部参加教育实践活动。活动“规定动作做到位，自选动作有特色”，“五个一线工作法”、“1+4”分类指导模式、“四帮一收”等特色活动得到省、市委督导组的充分肯定。通过组织观看专题片、区委中心组学习、专题辅导学习会等形式，广泛开展学习教育。活动期间收集意见 1320条，梳理汇总形成“两份问题清单”，其中涉及“四风”问题18条、涉及群众切身利益问题35条，通过“立行立改”，推进建章立制，各级党组织坚持边查边改，落实“两个问题清单”的整改。全区成立督导组5个， 5个街道成立督导组22个，督促、指导各基层党组织开展活动。完成各村的清产核资工作并制订“三资”管理制度。加快实施大学生村官“本土化”培养工程，加强党员发展工作。对排查出的5个问题村、8个难点村进行问题分析和矛盾化解。举办9场巡回宣传活动，实现对各村、社区宣传教育全覆盖。率先在全市推行民警进村、社区“两委”班子制度，共有43名民警挂任43个村、社区党（委）支部副书记或主任助理。至1月15日，全区59个村、社区“两委”换届选举工作全面完成，产生“两委”成员267名，其中党员成员227名，并有效实现书记主任“一肩挑”比率91.53%，“两委”成员交叉任职比率91.02%，10名大学生村官当选“两委”委员，占工作一年以上在岗大学生村官的40%，其中有1人当选村党组织书记。

【大学生村官】 选聘9名具有选聘本村户籍的“本土”大学生村官到村任职，组织大学生村官培训班，根据《江海区大学生村官量化考核管理办法》加强大学生村官的抽调跟班学习。

【基层组织党建工作】 全面整顿软弱涣散村、社区、“两新”（新经济组织、新社会组织）党组织。把排查出的6个软弱涣散村、社区党组织建立区党政领导班子挂点联系制度，组织区直部门进行结对，组建工作组进村、社区进行帮扶。把排查出31个软弱涣散“两新”党组织，提出整改方案，建立台账，开展整顿工作。“两新”党组织整顿工作完成。30个区直机关党组织完成换届选举。全年发展党员126名，处理不合格党员19名。全面推行党员义工“双发展”，组织党员义工活动8场，参加活动6300余人次。制订《江门高新区、江海区开展从严治党主题教育活动实施方案》，借助远程教育平台组织全区党员开展从严治党主题教育活动。

【党代表履职工作】 依托各级党代表工作室，打造群众路线教育实践活动学习阵地。设置宣传栏、宣传画报，购置红色革命书籍，对党员干部开放远程教育平台。落实“两代表一委员”轮值接待群众工作，开展党代表履职活动，通过党代表带头上党课、带头收集意见、带头开展“四风”调研，发挥党代表示范引领作用。全年开展讲党课活动35场，收集各类意见建议92条；党代表联系困难党员群众191人，走访慰问群众103人，为群众办好事93件；开展专项调研11次。

【“两新”党建】 加强礼乐腊味协会（社会组织）“两新”示范点建设，着力打造成为协会党群活动综合场地。举办全区 “两新”组织党组织书记培训班，做好每季度一期的“两新”组织党建工作画报的编印工作。推荐2个企业党支部和6名人员参加市“两新”组织党建评选活动。按照省、市工作部署，开展“两新”组织党组织“扩面提质”行动。

【推进政府职能转变和机构改革工作】 基本完成政府机构改革任务，出台《江门市江海区人民政府职能转变和机构改革方案》《江门市江海区人民政府职能转变和机构改革方案实施意见》，完成部门机构编制方案工作。基本完成食品药品监督管理体制改革，印发食品药品监管局“三定”规定，组建江海区食品药品监督管理局，并设置外海、礼乐食品药品监督管理所2个派出机构。

【推进行政审批制度改革】 出台《江门市江海区人民政府行政审批制度改革事项目录（第二批）》，涉及改革事项71项。两批目录共调整202项，完成比2012年年底全区区级行政审批事项压减40 %的目标。推动全区商事登记制度改革工作，出台《江门高新区江海区商事登记制度改革后续市场监管实施方案（暂行）》，对商事登记改革后市场监管责任进行分工并提出系列监管措施。出台《关于做好江海区行政审批制度改革事项目录实施工作的通知》，对取消、委托下放和转移事项的时限、手续、监管等工作提出的要求，进一步梳理行政审批改革事项，为制定和公布区政府保留的事项目录打下基础。

【编制工作】 做好机构和人员编制核查工作，对全区党政群机关以及属下事业单位共157个单位进行核查，重点加强联合审核的力度，并组织对不同单位性质的63个单位进行实地核查。开展控编减编工作，按照财政供养人员只减不增的要求，坚持严控总量、盘活存量、优化结构、增减平衡的原则，制订控编减编的工作方案，超额完成控编减编任务，全区事业编制总量低于2012年的水平。进一步规范编制使用流程，印发《关于规范高新（江海）

区机关、事业单位编制使用手续的通知》，把编制管理关口前移。

【事业单位法人治理结构试点工作】 推进事业单位法人治理结构建设试点工作，以外海中心小学为试点单位，探索管办分离管理模式。9月18日，召开外海中心小学法人治理机构第一届理事会会议，选举第一届理事会成员11人。

【承接市事权财权下放】 为做好市政设施管养、园林绿化管理等职能事权财权下移承接工作，按照精简统一效能原则做好事业单位组建工作。印发区市政维修处、区绿化管理所、白水带风景名胜区管理处机构编制方案，办理事业单位人员入编手续。

【首次面向全国遴选公务员】 首次面向全国公开选调26名公务员。此次选调工作时间跨度长、标准要求高，选拔的26名公务员整体素质较高，平均年龄28.6岁。作为高新区江海区合署以后第一次集中大规模的选调，一次性集中29个岗位并面向全国公开招考，吸引全国308名考生报名，通过初审276人，平均10人竞争1个职位。针对全区食品药品执法检查、园林绿化设计施工等专业性人才缺乏的现状，主要面向医学、食品药品、土木工程、园艺等专业，报名考生具有大学本科以上学历，其中25人具有硕士研究生学历，部分为副主任科员、主任科员。

【公务员管理和培训】 全年全区考试录用公务员19人，办理公务员区内转任49人，从区外转任 14人。年内通过面试、专业技能测试、政审考察等方式，继续探索从区外转任公务员。委托市行政学院举办公务员初任培训班，共有16名2013年录用的公务员参加初任培训。针对股级干部任职审核程序繁琐、办理时间较长的问题，制定股级职务任职审查流程、股级任职工作流程和行文指引，从而规范股级职务的任免程序。

【公务员年度考核】 全年机关单位参加考核人数1009人，评定优秀等次146人，占14.47%。其中科级人员421人，占科级人员总数的15.91%；科级以下588人，优秀等次79人，占该层次人数的13.44%；称职等次841人；没有基本称职和不称职人员；不定等次人员22人，其中刑拘3人，其他为试用期人员；1人请病假超过半年没有参加考核。

【军队转业干部安置】 全年全区接收安置3名军队转业干部，均安置到机关单位工作；安排随军家属1名和转业干部随调家属1名就业。

【人事工资】 从2014年1月起，为全区1011名机关工作人员和1348名学校教职工购买工伤保险，以保障全区公务员的工伤权益，扩大工伤保险覆盖面，减少公务员发生工伤事故的政府财政支出。

【事业单位人事管理】 组织实施事业单位公开招聘5次，发布招聘岗位131个，1100人次报考，招聘87人。年度事业单位招聘平均11人竞争1个职位，其中江南街道人口和计生服务中心职员岗位竞争66比1，为历年之最；聘用人员66人为本科以上学历，其中11人为研究生以上学历；平均年龄26岁，30岁以下78人，占聘用人数的89.6%。鼓励事业单位人才的合理流动，共办理区内事业单位工作人员调动49人。 在教育系统探索通过结对指教、挂职锻炼、走教等方式促进专业技术交流。加强乡镇卫生院人才引进工作，继续落实省的相关政策，组织基层卫生院卫技人员专场招聘；引进医技人才3名，其中外海医院引进1名主任医师（正高职称），为全区医疗单位唯一的主任医师、事业单位中唯一的正高级专业技术人员。

【关心下一代工作】 搭建离退休干部发挥余热的平台，发动离退休干部参与关心下一代工作。整合区"五老"（老党员、老专家、老教师、老战士、老模范）资源成立的江海区老年书画研究会，区委老干部局、区关工委坚持每月组织书画会开展活动1次，先后开展"书画进社区、进农村、进学校、进企业"活动；区老干局、区工商联、区关工委、区书法家协会和部分中小学校在江门市五邑图书馆联合举办"大手拉小手，共筑'中国梦'——江海区书画作品展览"，展出书画精品90幅。利生车城等企业印制作业本5万多册发至10所中小学校；广东江粉磁材股份有限公司赠送10把风扇支持农家书屋建设；江门市广悦电化有限公司赠送3台电脑充实青少年校外活动阵地。

□ 宣传工作

【宣传舆论引导】 利用一阵地、两载体和多专题策划，搭建全区理论宣传新平台，开辟《江门日报—高新·江海新闻》，每周刊登两刊高新·江海新闻，成立采编团队主动策划专题。开通"江海微学堂"和"文明江海"微信、微博公众账号，定期发布全区舆论动态和民生实事；创新新闻专题策划，结合时政热点，策划《江门高新区专版》（纪念火炬计划实施二十五周年特刊）、十大亮点工程、"大干快上看高新"和"名牌名企风采"等58个新闻专题，覆盖全区宣传重点。在《信息时报—珠中江新闻》印发48版报道合署一周年建设发展情况，发至企、事业单位。全年省、市、区多级媒体刊登全区新闻3000条次，包括编印《全区每月宣传口径提要》6期58个专题121条，并发至各街道、区直各部门；制作大型宣传栏并出刊12期；定期每月制作1期《高新、江海新闻每月综述》短片，外海、礼乐2个广播电视站播出2700条次。协助处理负面新闻报道7起，创新区委中心组的学习方式、内容，采取部门"一把手"专题发言、专家授课、交流讨论等形式，围绕合署办公后的"三大任务"进行深层次的集中学习，举办"坚定不移地抓紧抓好重点项目建设，加速经济发展""抓好城市规划和建设，加速城市化进程"等主题的中心学习；采取参观学习、实地调研、研究讨论、观看记录影片等形式，开展党的群众路线教育实践活动专题学习。

【文明城市创建】 围绕全国文明城市建设基本测评指标要求，结合实际制订并实施专项督办制度，开展廉洁高效的政务环境、公平公正的法治环境、规范守信的市场环境、健康向上的人文环境、安居乐业的生活环境、可持续发展的生态环境六大环境整治行动，开展志愿服务制度化、常态化发展活动。召开工作会议和迎检动员大会，出台《高新区江海区2014年创建全国文明城市工作方案》《高新区江海区文明城市建设工作问责实施办法》《2014年精神文明重点工作安排任务分解表》等一系列文件，分别对创建环境、政务环境、法治环境、市场环境、生活环境、安全环境、志愿服务、未成年人思想道德建设等创文迎检重点工作开展专项督办，围绕创文测评体系查漏补缺，共开展专项督办116次。以联合暗访的形式对全区的创文备检点进行5次城市公共文明指数测评，通报测评结果，处理媒体曝光与市民投诉

19件。发动区内企业“精神文明共建单位”参与文明创建活动，带动社会资金400万元支持创文工作。利用手机微信公众账号“文明江海”、QQ群等，发布创文信息，与市民互动，提升群众对创文的知晓度与参与度。开展诚实守信、“道德模范和身边好人”推荐交流、走访“老模范”、文明旅游、文明餐桌、“我们的节日”等主题宣传活动700多场次。开展“社区志愿文化节”“邻里守望”社区活动、“志愿在康园”助残活动等精神文明建设活动350多场次。

□ 统战工作

【海外统战工作】 全年赴港澳拜访港澳社团首领、知名人士、政协委员26人次，应邀参加港澳社团等重大庆典活动22人次，接待香港外海同乡会、香港礼乐同乡会、区海外联谊会等社团回乡旅游观光、探亲访友、祭祖等活动的海境外乡亲5批262人次。通过走访辖区港澳企业和召开港澳企业代表座谈会，听取意见，协调有关部门帮助解决港澳企业反映的问题；开展香港社团发展情况调研，指导帮助香港社团加强自身建设，筹备成立澳门礼乐同乡会；充实完善港澳乡情数据库。

【参政议政协商】 根据区委和区政协关于增补区政协第三届委员、常委的精神，推荐一批党外人士进入区政协、区工商联，包括发展高新区骨干企业主和高级管理人才为政协委员、常委；发展港澳“新生代”人士为港澳特邀委员。全年增补区政协委员34名、常委12名，其中党外人士委员20名、常委7名；港澳“新生代”委员5名。增补第三届区工商联（总商会）副主席14名、执委13名。

表3　　江海区民主党派情况表

名　称	成立年月	人数	负责人
中国国民党革命委员会江海区支部	2004.8	32	臧立新
中国民主同盟江海区总支部	2004.12	17	曾小洁
中国民主建国会江海区总支部	2005	33	李光明
中国民主促进会江海区支部	1996.7	28	陈昌钢
中国农工民主党江海区总支部	2004.6	40	罗政权
中国致公党江海区支部	2003.12	9	黄俊杰
九三学社江海区支社	2006.8	24	黄家河
合　　计	—	183	—

江海区人民代表大会

【区九届人大四次会议】 1月16—17日，召开区第九届人民代表大会第四次会议，会议听取和审议《江门市江海区人民政府工作报告》《江门市江海区人民代表大会常务委员会工作报告》《江门市江海区人民法院工作报告》《江门市江海区人民检察院工作报告》；依法选举陈全学为江门市江海区第九届人民代表大会常务委员会副主任；选举马锦德、刘伯基、赵群笑（女）等为江门市江海区第九届人民代表大会常务委员会委员。

【区人大常委会会议】 是年，区九届人大常委会共举行6次会议。听取和审议区政府工作报告9项，组织开展检查7项、调研和视察活动。补选市人大代表2名、区人大代表4名。

【审议决定重大事项】 是年，区九届人大常委会对重大事项作出决定、决议12项包括《江门市江海区第九届人民代表大会常务委员会关于接受曾宪经同志请辞报告的决定》《江门市江海区第九届人民代表大会常务委员会关于接受郑顺涛同志请辞报告的决定》《江门市江海区第九届人民代表大会常务委员会关于接受陈洽棠辞职请求的决定》《江门市江海区第九届人民代表大会常务委员会关于接受陈洽棠辞职请求的决定》《江门市江海区第九届人民代表大会常务委员会关于推选高和庆代理江门市江海区人大常委会主任职务的决定》《江门市江海区第九届人民代表大会常务委员会关于推选高和庆代理江门市江海区人大常委会主任职务的决定》《江门市江海区人大常委会关于确定江门市江海区人民法院人民陪审员增选名额的决定》《江海区人民代表大会常务委员会关于批准2014年高新区、江海区财政预算调整方案的决议》《江门市江海区第九届人民代表大会常务委员会关于接受陈长华辞职请求的决定》《江门市江海区人民代表大会常务委员会关于补选江海区第九届人民代表大会代表的决定》《江门市江海区人民代表大会常务委员会关于高新（江海）区新增债务项目议案的决议》和《江门市江海区人民代表大会常务委员会关于接受杨海泉辞职请求的决定》。

【监督工作】 区人大常委会采取听取汇报、开展专题调研和组织视察等方式，把监督与支持结合起来，加强和改进监督工作，促进“一府两院”依法行政、公正司法。组织常委会组成人员和人大代表对全区落实归侨侨眷政策工作、发展多元化社会养老服务情况的调查和科技进步法专项执法检查；开展对区上半年国民经济和社会发展计划执行情况、区上半年财政预算执行情况、以及2013年度本级财政预算执行情况和其他财政资金收支情况审计工作情况的调查。开展法制宣传工作专题调查，并现场督办重点的代表建议。

【代表工作】 召开B类代表建议办理情况工作会议，提出建议承办单位要加强协调统筹，加快办理落实进度。加强代表重点建议督办力度，就《关于尽快建设南冲电排站的建议》听取各方意见并组织主任会议现场督办。闭会期间，共有代表74人次受邀参加常委会组织的各项活动。参与区长约见代表活动，围绕“如何做好大民政工作”主题，让代表与区长沟通并提出意见和建议。组织市代表集中视察江门高新区国家实验室。结合市政道路改造建设问题，视察滘头东路、麻园路。围绕“环境保护治理”专题，视察并了解麻园河整治情况等。

举办以“如何提出提好代表建议”为主题举办代表培训班。开展走访代表月活动，常委会负责人带领分管委室分片走访辖区的人大代表，梳理归纳意见和建议5类44条；完成人大代表与人大常委会在线交流平台建设。对九届人大四次会议及闭会期间代表提出的31件建议进行跟踪督办，代表对答复的满意（基本满意）率100%。

【任免工作】 全年区人大常委会依法任免国家机关工作人员87人次。

【依法治区工作】 实施法治惠民实事项目，组织实施“法院对涉民生案件专项执行”“建立健全全区司法救助机制”“放心农资示范店建设”等21项法治惠民实事项目，其中区委政法委“建立和健全我区司法救助机制”的实事项目被纳入市重点项目。开展系列法治创建和文化活动，各街道按照省的创建标准全面开展法治镇（街）创建工作，围绕依法执政、依法行政、基层民主、社会治安综合治理、法治惠民、法治文化建设、组织保障等7个方面推进法治街道建设。以“知识产权保护与社会发展”为主题，组织全区股级以上干部200多人开展法制培训教育。以全国第一个宪法日和“12•4”法制宣传周为契机，开展一系列普法宣传活动，包括在外海街道文化中心举办高新区江海区“12•4”国家宪法日文艺晚会暨法治江海宣传教育周启动仪式、十八届四中全会重要精神集中宣传活动和法制漫画巡回展览活动等。

【江海区人大常委会领导名录】
代理主任：高和庆
副主任：周明、胡影儿(女)、黄卫明、陆润球、陈全学

江门高新区管理委员会
江海区人民政府

【管委会主任暨区政府常务会议】 1月27日，会议同意监察审计局《关于给予何根耀行政开除处分的请示》、食品安全委员会办公室《关于审核〈2013年度江海区食品安全责任目标考核情况通报〉的请示》、住建水务局《关于批转实施〈高新区江海区2014年深入推进“森林围城、树林进城”绿色行动实施方案〉的请示》。会议研究外海街道《关于申请江门国家高新技术产业开发区3号地路名命名的请示》，同意把奕聪花园项目所在地规划中的路段全长170米、宽6米，东起临江路，西止奕聪花园前规划路中的二路止命名为港建路；全长600米、宽24米，东起奕聪花园项目前规划中的二路，西止连海路命名为奕聪路；原则同意区经济科技局《关于审定〈江门高新•江海区工业项目用地准入评审实施细则（代拟稿）〉的请示》，要求根据提出意见修改完善以区党政办公室名义印发。同意《高新技术工业园公司申报发行二期债券有关问题的请示》，提出有关部门配合做好发债申报工作，第一期发债资金用好，并用到实处，财政部门要着手研究借、管、用、还等环节，关注政府举债的额度。原则同意《关于加快高新区及江海区征地拆迁工作操作办法的指导意见（试行）》，要求根据会议意见进一步征求意见并修改完善后印发。

2月24日，会议同意2014年江门高新区管委会全体会议暨江海区政府九届三次全体会议有关事项、区党政办公室《2014年江门高新区江海区民生实事计划》、区发改统计局《江海区2014年各街道办事处经济和社会发展工作目标》。原则同意区委组织部、区财政局《江门

市江海区其他事业单位绩效工资实施办法》，要求区委组织部和区财政局加强沟通，确保资金来源；并研究实施时间和工作步骤。

3月26日，会议同意工业园公司《江门高新区45号地企业生活配套区房地产合作建设方案》，并就合法合规和经济效益等问题进行讨论，要求工业园公司加快做好有关工作；同意区司法局《2014年度江海区政府规范性文件制定计划》，同意把制定鼓励企业扩能增效优惠政策纳入2014年度区政府规范性文件制定计划；同意区司法局《2014年江门高新区管委会主任会议、江海区人民政府常务会议学法计划》，要求补充有关知识产权法学习内容。

4月10日，会议同意《江门高新区、江海区实施〈珠江三角洲地区改革发展规划纲要〉“九年大跨越”工作方案》、区财政局《关于向区人大上报2013年财政预备费使用情况的请示》《关于向人大上报2013年财政支出超预算情况的请示》、区审计局《2014年度江门高新区江海区审计项目计划》；同意团区委《关于江海区青少年宫建设经费的请示》，提出具体经费问题由区财政局统筹安排；同意《关于加快推进府西小区整合开发的工作方案》，要求加强与市有关职能部门沟通，形成共识并报市政府审批；同意区社会事务局《江海区礼乐社会福利综合服务中心运营方案》，提出把江海区礼乐社会福利综合服务中心更名为江海区福利综合服务中心；同意礼乐街道《关于设立江海区礼乐街道中福社区居民委员会的请示》。

5月5日，会议同意区卫生计生局《江海区2014年度社会抚养费征收标准》；同意区财政局《关于2013年城市基础设施配套补助资金安排的请示》，其中健乐路项目建设问题要加强与市有关部门协调并按照规定落实。会议通报区国土规划环保局《关于建立土地执法检查工作长效机制的意见》（以下简称《意见》），要求区编办与区国土规划环保局就执法队伍和执法资格等问题研究制订实施方案并上会研究；区国土规划环保局做好业务培训，在实际工作中完善《意见》，落实经费保障，建立长效工作机制。

6月10日，会议同意区经济科技局《关于安排2014年扶贫“双到”帮扶资金的请示》《关于安排2014年扶贫“双到”帮扶资金的请示》《关于审核2014年江海区信息化建设专项经费预算的请示》；同意区教育局、区财政局《关于2014年教育费附加使用计划的请示》，提出解决校舍规划建设问题特别是有关房地产项目需承担的学校公共设施移交责任，确保以经济发展促进教育发展。会议通报广东德力光电MOCVD设备补贴申请启动降补机制及支付首期补贴有关事项的情况。根据政府常务会议学习计划，安排区发改统计局、区工商分局、区普法办对《中华人民共和国统计法》《中华人民共和国商标法》作专题学习辅导。

7月28日，会议同意区社会事务局《关于2014年提高我区城乡低保标准的请示》、区经济科技局《关于要求授权出具证明的请示》、区卫生计生局《关于印发2014年江海区人口计划指标》；同意外海街道《关于审定高新区2、3、4号地征收地及拆迁补偿方案的请示》，要求对该地块的征收及拆迁补偿问题，安排资金并加快进度，坚持原则性与灵活性结合，做好稳控工作；同意江门市江海区绿然环卫运输有限公司《关于继续运营外海高新垃圾运输的费用调整申请》，要求各相关职能部门加强联动，项目牵头领导协调项目建设过程中的存在问题，按照国家级高新区的建设和管理要求，做好市政规划、道路建设和环境卫生等工作；同意工业园公司《关于修改工业园公司财务支出审批流程的请示》，要求加强公司管理并做好指导工作。会议通报广东省科技金融综合服务中心江门高新区分中心建设方案，提出该中心的具体运营单位是工业园公司创业服务中心，区经济科技局要加强行政管理，按照金融超市和科技超市相结合的目标推进中心市场化运营。

8月19日，会议同意工业园公司《关于返还日通五金制品有限公司土地开发补偿款的请示》《关于制定〈工业园公司小型工程项目发包管理办法〉的请示》；同意区财政局、区住建水务局《关于审批〈高新区江海区政府投资基本建设项目管理的意见（试行）〉的请示》；同意区资产办、区住建水务局《关于成立江门市江海区水务投资有限公司有关问题的请示》；同意区社会事务局《关于追加涉及事权调整项目专项经费的请示》、区资产办《关于区法院旧办公大楼处置的请示》。

10月11日，会议同意区医改领导小组《进一步深化河南片区基层医疗卫生机构改革工作方案》；同意区财政局《街道办事处财政管理体制实施方案》《高新区江海区全面深化基本公共服务均等化综合改革试点方案（2014—2015年）》《关于成立高新区江海区基本公共服务均等化综合改革试点工作领导小组的通知》，要求做好综合改革具体指导工作，各有关单位尽快制订细化方案；同意区教育局《关于筹建江门一中附属民办学校的请示》，要求成立专项工作小组推动筹建工作。会议通报《江门市江海区人民政府党组党的群众路线教育实践活动整改方案》《江门市江海区政府领导班子成员教育实践活动整改台账》；近期全区防控登革热工作情况，要求各街道、区有关单位全力以赴继续做好登革热防控工作。

10月20日，会议同意区社会事务局《高新区江海区城乡困难群体医疗救助实施办法》《关于连海路道路命名的请示》，要求加大道路命名工作的统筹力度，成立命名工作机构并研究制订道路命名工作机制；同意区法制局《高新区江海区政府采购管理办法》、区财政局《关于2013年江海区城市基础设施建设专项补助资金370万元安排的请示》、工业园公司《增加高新区融资规模请示》；会议提出《2014年高新区、江海区财政预算调整方案的报告》由区财政局按照程序报区人大常委会审议；同意区国土规划环保局《关于高新区2、3、4号地需新增征地及拆迁项目的请示》，提出由黄伟权牵头研究上述地块新增征地拆迁项目有关情况，制订合法合理操作性强的工作方案。会议通报西江石油公司资产评估的有关情况。

11月4日，会议同意工业园公司《关于开展多渠道融资的请示》；同意区卫生计生局《关于处置江门协和医院项目地块的请示》，要求统一思想依法依规做好有关工作，进一步补充完善项目有关资料并争取市政府支持，请区监察审计局、区国土规划环保局协助审核把关，协调小组跟进项目后续有关工作；同意区住建水务局《江门市区2015年城市建设项目计划申报表（高新区江海区）》，要求加快礼西路等礼乐汽车商贸城周边道路改造，区发改统计局、区经济科技局、区财政局等部门对有关项目建设计划要提前统筹，尽快编制全区2015年城建项目计划。根据政府常务会议学习计划，会议安排学习《中华人民共和国安全生产法》。

12月11日，会议通报调整高新区总部科技园开发建设方案、高新区江海区地方政府债务甄别情况；研究审定《江门高新区科技创新能力战略提升行动纲要（2015—2020）》《江门高新区科技型中小企业“政银保”合作方案》《关于解决参加机关养老保险人员离开单位后养老保险问题的通知》、胜利南路及沿江路道路命名问题、省市教育补助专项资金使用计划问题、《高新区、江海区党政机关外宾接待经费管理办法》《江门高新区江海区行政应诉工作规则》等事项文件；通报全区依法行政工作情况。

12月26日，会议研究审定补拨义务教育经费问题、高新区2014年度科技专项资金安排计划问题、与中国网库签订《江门电商谷项目三方合作协议书》问题、《关于稳步推进我区财政预算绩效管理的意见》《江门高新（江海）区本级财政支出绩效评价管理暂行办法》、物业置换及土地权益回购问题、农村重点易涝区整治工程贷款额度问题、《江门市江海区城市绿地承包管养项目采购方案》。

12月31日，会议研究工业园公司中长期票据发行承销主体、成立高新区总部科技园运作平台和上缴事权财权调整市财政代垫资金问题。

【管委会主任暨区长办公会议】 4月1日，会议研究同意区国土规划环保局《江门市高新区、江海区国土规划和环保局信息化各级系统建设方案》，认为该系统的建成对全区国土、规划、环保等方面信息的规范管理、减小误差和提高效率发挥作用，要求区财政局做好资金保障工作，区国土规划环保局做好方案组织实施工作，区经济科技局根据资源整合的原则做好信息化有关工作；同意区财政局《高新区、江海区2014年政府集中采购目录及采购限额标准》（以下简称《标准》），要求区政府采购中心研究《标准》内容，提高采购效率。会议通报《江门市江海区森林火灾应急预案》有关情况，要求区经济科技局摸清森林火灾应急专业队伍和装备需求，做好方案组织实施工作，各职能部门配合应急调度和日常演练并保持应急队伍相对稳定；区应急办做好统筹协调和演练组织工作，每年至少开展应急演练1次。

7月30日，会议同意区财政局《关于对投资额在50万元以下的政府投资基本建设项目工程预算造价咨询服务采购的请示》，要求财政和采购部门做好工程咨询服务细化工作，确保优中选优，待《高新区江海区政府投资基本建设项目管理的意见》通过以后实施。会议研究滘头街道《关于申请审核府西小区填泥补差款的请示》，要求从尊重历史事实和履行合约精神的角度出发，对工程有关情况再次核实并完善相关手续资料后上会研究。

9月11日，会议同意区财政局《关于缴交2013年度潭江水资源保护专项资金的请示》《关于以高新区党政办、江海区政府办名义印发〈关于深入推进高新（江海）区级预决算信息公开工作的通知〉请示》，要求各部门重视，确保预决算公开工作顺利推开，区财政局做好有关业务培训工作，并对各部门2014年预决算公开信息工作做好指导和把关；同意区卫生计生局《高新区、江海区重性精神疾病管理治疗工作方案》，提出由区卫生计生局冠以“经高新区管委会、江海区政府同意”印发，有关职能部门做好调查摸底和信息共享工作，落实监管责任，区卫生计生局定期报送工作落实情况和排查情况；同意区社会事务局、区财政局《关于审定〈关于规范高新区江海区居家养老（农村幸福院）服务设施建设和运行资金的工作意见〉的请示》，提出由区社会事务局、区财政局冠以“经高新区管委会、江海区政府同意”印发。

【管委会全体会议暨区政府全体会议】 2月25日，召开高新区管委会全体会议暨江海区政府九届三次全体会议，总结2013年工作完成情况，部署2014年工作任务。

【专项工作会议】 1月26日，受区委常委周婉玲委托，区党政办公室副主任赵福超主持召开江海区青少年宫建设工作协调会议，专题研究加快江海区青少年宫建设问题。

3月14日，召开江门高新区公共码头后方陆域总体规划研讨会议，研究高新区公共码头发展目标和功能定位、江海区临港产业发展研究、物流园区规划研究、配套设施布局研究、总体用地布局规划、交通组织与后方陆域交通规划等问题。

3月21日，召开全区商事登记制度改革工作会议，贯彻落实《江门市商事登记制度改革实施方案》，按照商事登记制度改革的工作部署，全面铺开全区商事登记制度改革。

4月11日，召开“一区多园”统计工作座谈会，研究江门高新区实施“一区多园”与各分园区加强统计工作衔接事宜；召开光博汇招商工作协调会议，协调光博汇招商有关工作。

4月29日，召开2014年高新区、江海区区第一季度经济形势分析会暨重点项目推进会，总结第一季度重点项目推进情况以及经济运行情况，分析经济发展形势，研究部署下一阶段工作。

4月29日，召开全区人口和计划生育工作大会，总结2013年度人口计生工作情况，部署2014年度人口计生工作；通报2013年度人口计生目标管理责任制考评情况并表彰2013年度江海区人口计生先进工作者；区长周惠红与街道、部门代表签订2014年度人口计生目标管理责任书。

5月23日，召开高新区江海区城市综合发展规划专家评审暨部门论证会。

7月16日，召开潭江流域水环境综合治理工作会议，统筹协调全区水环境综合整治工作。

8月14日，召开高新区江海区金融工作座谈会，进一步搭建政银企合作交流平台，加大全区金融工作力度，持续提升全区金融服务水平。

8月28日，召开区长约见区人大代表、区政协委员座谈会，就大民政工作的问题听取意见。

9月3日，召开高新区江海区党委会议和全面深化改革领导小组第一次会议。

10月10日，区委常委周婉玲主持召开江门一中附属民办学校筹建工作会议，听取江门一中、区教育局等单位关于江门一中附属民办学校建设背景及可行性情况介绍，会议确认学校建设具有可行性。

11月7日，副区长吴刚主持召开外海中心小学新建校舍第三标段因工期延误需补材差及滘北小学教学楼加固工程资金问题工作会议。

12月9日，区委、区政府举办由广州军区情报中心主任旷昌平大校作国防教育专题讲座的专题活动，区四套领导班子成员及区直各单位副科实职以上干部参加活动。

12月17日，召开高新区江海区重大决策专家咨询论证委员会成立大会暨第一次全体会议。

【主要工作考核目标完成情况】 《2014年江门高新区管委会 江海区人民政府重要工作任务》共有59项，按计划完成56项，占考核项目总数的94.9%。其中50项全部按年度目标要求完成，完成率100%。完成较好有团区委牵头负责的江海区青少宫建设，于2014年9月底投入运营，比计划提前3个月；区经济科技局负责的配合推动高新区科技支行等金融机构开展知识产权质押融资业务，在全市率先开展相关工作；区委宣传部牵头负责的“创文”迎检工作通过上级的检查和复评。60项重点项目累计完成投资额65.26亿元，完成率95.1%。其中列入市重点项目范围的项目28项，年度投资额40.15亿元，累计完成投资额44.77亿元，完成率111.5%，超时间进度11.5个百分点，全市排名第三。60项重点项目中超过时间进度、达到或基本达到时间进度48项，占全部重点项目的80%。其中28项市重点项目全部达到时间进度要求、23项超过时间进度，占市重点项目的82%。10大方面35项的民生实事，包括促进就业、教育发展、农村建设、社会保障、医疗健康、公益关怀、便民出行、文化惠民、宜居环境和绿化美化10个类别，其中34项工作基本按照年度目标要求完成，完成率97%。

【重点项目建设】 出台进一步深化四个一机制提高重点项目建设效能的意见，推动重点项目建设提速，全区60项区重点项目累计完成投资65.26亿元，其中28项市级重点项目投资完成率111.5%，排全市前列。全年完成工业项目投资28.43亿元，增长49.79%，增幅同比提高70个百分点。德力光电、量子高科微生态健康产业基地首期、路思拓一期及宇辉西厨增资扩产项目投产；银帆—巴斯夫环保汽车涂料、一诠科技等项目即将试产。

5月，完成虾蛟滘电排站重建工程。

8月26日，制订《府西小区整合开发实施方案》，加快推进府西小区的土地整合和开发建设。

9月19日，区一号工程江门高新区公共码头首期项目动工建设，完成立项、勘察、设计招标、地块出让和安全预评价等工作。

11月，金瓯路(江门水道—港澳码头)改造工程完成征地拆迁。

12月，江睦路（五邑路—金瓯路）工程完成道路红线范围内的征地拆迁和路基、路面基层施工。胜利南路延长线（金瓯路—南环路）项目完成征地拆迁、施工图设计、预算、监理招标和施工招标等，项目动工。完成横沥水闸改（扩）建工程。广中江高速公路项目征地拆迁基本完成。

【三旧改造】 至此，全区“三旧”改造通过市政府审批项目认定17宗，认定面积1591.43亩；办理“三旧”改造方案审批12宗，面积1071.09亩。获市政府及相关职能部门审批通过7宗，包括汇聪电器旧厂升级改造项目、广东春燕纺织、江门纸厂、银星工业区、兰花食品、广东联合化纤、江礼塑料厂等项目，改造面积838.79亩、拆迁面积296403.3平方米。改造后可建面积116.7万平方米，总投资62.4亿元，累计投资12.6亿元，其中缴交土地出让金10.56亿元、项目实施土建工程2.04亿元。

结合省、市“三旧”改造政策精神，支持旧厂升级改造项目，通过“三旧”改造推进现代服务业和高附加值工业产业的发展。是年2月，汇聪电器厂三旧改造项目作为全市第一个工业升级改造项目，第一期完成投入使用，实现2014年产值1.3亿元，贡献税收700万元。广东春燕纺织有限公司“三旧”改造项目向大型商业综合体转变，项目改造方案通过市政府审批，项目地块动工建设；外海街道沙津横头股围项目列入年内首批供地计划。外海街道上报3宗旧厂房产能升级改造项目，其中江海区杰晟实业有限公司项目获批。

开展“三旧”改造工作以来，全区上报集

体转国有用地手续8批次，上报完善历史用地手续30批次，面积2622.43亩，所有上报件全部受理。外海街道麻二股份合作经济联合社“三旧”改造等7批次办理集体转国有土地获省批复，滘北街道油湾村完善历史用地手续用地获省批复。滘头银星股份合作经济社“三旧”改造项目车库建设完成；滘头兰花味精“三旧”改造项目总平面规划通过市规委会审批；江门纸厂“三旧”改造项目通过供地方案并签订土地出让合同，首期土地出让金及税费缴入专户，土地成本1.2亿元返还。

【办理两会议案建议及提案】 全年办理省、市、区两会期间及闭会期间建议提案、人大代表约见座谈会、政协委员约见座谈会、人大走访活动等建议及意见212项。在办理提案中，由区党政办公室协调，做到每件建议、提案逐一落实到责任人。回复前约见人大代表委员汇报办理情况，争取代表委员理解后再复文；办理后发送办理情况征询意见表，与代表委员沟通并听取意见。主办单位收集会办单位的意见，组织协调研究办理意见；有关部门邀请人大代表、政协委员参与办理，使办理的过程成为共同解决问题、改进工作的过程；对办理进展缓慢的个件，协调督促，确保承办工作按质、按量、按时限要求完成。

【信访工作】 全年来信来访189件次，其中来信含上级交办56件次；来访133批879人次，其中到区集体访27批644人次、到市上访14批82人次、到省集体访4批57人次、进京上访1宗1人次。接受处理12345政府服务热线105宗，增长36.4%；网上信访27宗。突出群体性事件是3月全国两会期间。通过启动群体性事件工作预案，有效控制群体性事件扩大散发，全年27批592人次的群体性事件得到妥善处理。对省、市交办的信访积案，注重依法依规解决问题，全年处理省交办的信访积案2宗，申请撤案获批1宗，化解1宗；市交办信访积案4宗，化解2宗，走“三级终结”程序1宗，化解1宗。

为完善信访事项救济途径，引导群众通过信访事项“三级终结”程序解决问题，成立区信访事项复查委员会，对涉法涉诉案件，由区委政法委跟进处理。

按照上级统一工作部署，在区、街道两级开展视频接访系统建设，投入10多万元联通市、区、街三级联网，为接访、信访工作提供便捷。根据《广东省信访局引发关于推进国家网上信访信息系统的方案的通知》精神，为实现全省年底前与全国信访信息系统实现对接，投入3万多元使用市系统延伸的子系统。建立全区信访信息应用系统，实行来访、来信和网上信访的登记、呈批、交办、回复全覆盖和信访信息资料、处理情况共享互联。

【应急管理】 合署办公以后，针对各相关部门工作职能变化和人员变动的情况，对全区13个单位， 5个街道、57个村（居）委会以及重点企事业单位应急机制作出相应调整。推进村（居）委会应急管理规范化建设，全区57个村（居）由基层警务人员、医务人员、民兵、预备役人员、社区物业保安和志愿者等组成的基层应急队伍，发挥突发事件第一时间处置和先期处置作用。按照“综合协调、分类管理、分级负责、属地为主”的要求，发挥应急管理办事机构“统筹、协调、补不足”的作用，完善部门联席会议制度，在预防和处置突发事件中，加强部门联动，逐步构建起管理到位、反应快速、运作高效的应急管理体系。年内，创建外海街道金溪社区等应急管理规范化示范村

（居）13个，礼乐街道东红村等应急管理规范化达标村（居）13个；在礼乐街道武东村、五四村，滘北街道北湾社区等建设社区应急服务中心；推进外海街道银泉社区、江南街道桥南社区创建全国防灾减灾示范社区活动；投入600多万元，充实综合应急救援大队通信装备、城市多功能主战消防车等应急装备，并于外海、礼乐街道建立基层消防站，并加强岗位练兵活动。建立60人组成的处置群体性事件应急机动队，以机关干部、基干民兵、治安巡逻队员、群众等为主体组建1213人的防汛抢险队伍，组建45人的半专业森林防火扑救队，100多人的地震灾害专业应急队，建立安全生产专业救援队伍和非专业救援队伍各1支。全年，开展安全生产、森林防火、消防、道路坍塌救援、建筑施工安全、地震等专项应急演练60多次；组织学校开展演练180多次；参与市民兵轻舟分队综合演练、危化品运输车辆交通事故“双盲”演练、应急救援物资集结演练等应急演练。完善江海区应急管理信息平台以及森林防火、水利监控及治安视频监控等平台系统，全区新增视频监控点100多个，全区主要道路设置应急避护场所指引标识，按照《江门市避护场所建设规划》推进区、街道以及社区避护场所建设。全年处理突发事件信息60多件，向上级专报突发事件信息15期。

【政府采购】 全年政府采购预算金额4522.03万元，实际采购金额3852.48万元，节约采购资金669.55万元，节约率14.81%。其中网上询价预算717.50万元，节约资金80.55万元，节约率11.23%；部门集中类货物、服务20万以上采购项目、工程50万以上采购项目预算3036.43万元，节约资金550.99万元，节约率18.15%；公务用车采购预算646.08万元，节约资金38.01万元，节约率4.95%。采购次数133次。

政府采购中心重点完成江门市江海区中西医结合医院系统集成工程、江门市江海区中西医结合医院数字化医院信息系统建设项目、江门市高新区档案整理服务项目江门市江海区教学设备采购项目、江门市第十一中学教学平台采购项目、高新区江海区财政投资建设工程项目评审服务资格项目江门市江海区教学设备采购项目、江门市第十一中学教学平台采购项目、高新区江海区财政投资建设工程项目评审服务资格项目、江门市江海区中西医结合医院数字化医院信息系统建设项目、江门市公安局江海分局公务用车采购、江门市江海区办公自动化设备采购项目、江门市江海区礼乐河江门水道行洪控制线规划编制项目、江门市江海区外海街道办事处生活垃圾压缩清运项目、江门市江海区外海街道“三乱”广告清理服务资格、江海区连海北路连海苑小区电梯设备采购项目以及网上询价等采购工作。

【督办工作】 制订《2014年江门高新区管委会 江海区人民政府重要工作任务》《2014年江门高新区 江海区重点建设项目计划》《2014年江门高新区 江海区民生实事计划表》，进行定期通报和年终考核。全面推行一线工作法，开展飞行督查和暗访督查，到一线督查和暗访162次，组织项目现场开展现场督查8次。刊发《督查通报》33期、《督查工作动态(快讯)》20期、《督查专报》16期、《国土、规划、征地拆迁问题专项督办表》10期，发出《督查通知书》8期。

【LED博览交易中心项目建设】 中国（江门）国际绿色光源博览交易中心和连海北路建设项目是市委市政府确定的全市重点工作和重点项

目之一，位于外海街道连海北路片区，南至江海五路、西至中路河、北至连海三路、东至沙津大道，占地595亩，包含LED国际绿色光源博览交易中心项目和连海北路建设项目。中心项目一期规划用地面积374.21亩，建设用地面积231.52亩，建筑面积60万平方米，定位打造一个集电子商务、网络平台、产品展示、市场交易、检测认证、仓储物流、金融服务、信息交流、媒体宣传等功能于一体的交易中心；连海北路项目为配合LED博览交易中心建设而同步推进的一项市政道路工程。连海北路全长1210米、宽60米，实行一次性征地拆迁、分期实施道路建设，近期实施双向4车道，占地面积109亩。项目涉及595亩的土地征收、257户民房拆迁和44间厂房搬迁。需要完成占地35亩、50000多平方米的安置区建设、横沥河整治、变电站异地搬迁以及直冲、沙津横、四大等村居45亩商业自留用地安排。至此，签订拆迁补偿协议民房255户。移交255间，拆除255间，未签订协议的民房2间。签订拆迁补偿协议厂企43家。中心项目首期开发C、D区，占地100亩，建筑面积45万平方米。2012年12月动工，C、D区塔楼封顶并完成砌砖，消防、空调安装、电气、排水和电梯安装完成50%　。特展馆2014年12月动工建设，建筑面积1.2万平方米，工程完成承台开挖量92%。安置小区项目为连海苑小区建筑面积73395平方米，其中住宅52381平方米、商业4776平方米、公共服务设施666平方米、架空层及办地下车库面积15572平方米。2013年12月动工，连海北路项目工程全长1210米、宽60米，按双向六车道设计，2014年5月施工。横沥河整治项目年内进场施工，完成桩基础和土方开挖量的50%。项目周边道路建设项目，进入施工图设计招标。

【金融工作】　落实省政府2013年11月17日在江门召开的全省国家级高新区科技与金融结合现场会和2014年全省科技金融工作会议精神，结合市政府《关于在江门高新区建设科技金融创新示范区的工作方案》，成立由区主要领导挂帅的联席会议制度。根据省科技厅在各高新区设立科技金融综合服务中心的要求，筹备建设广东省科技金融综合服务中心江门高新区分中心，年内完成方案上报、选择办公场所等前期工作。

全区共有银行网点42个，与工商银行、农业银行、招商银行等七大银行签订协议授信970亿元贷款额度给高新区企业。其中融和农商行、建设银行在区内各设立1家科技支行，完成首笔的知识产权质押贷款的放款。全年发动18家企业19个项目的科技贷款贴息申请，其中16个项目通过市级科技金融扶持资金贷款贴息项目备案。筹备成立科技小额贷款公司2家，其中由江门新时代胶粘科技有限公司作为主发起人设立江门高新区汇盈科技小额贷款有限公司省金融办审批；筹备粤科小贷在工商部门领取核名通知书。培育科恒股份、量子高科等A股上市企业和聚科照明等新三板挂牌企业，地尔汉宇公司通过证监会的审批，蒙德电气公司待批上市，储备新时代、君盛等10多家新三板拟挂牌企业。先后引入广东金融高新区股权交易中心、深圳前海股权交易中心和广州股权交易中心在区内设立江门分中心。其中嘉诺化工、博林照明科技在前海股权交易中心挂牌；今朝日用品、金鹰皮具、兆业科技、凯立信在广东金融高新区股权交易中心挂牌。在PE私募股权投资、VC风险投资方面，引入江门申夏公司作为第一支立足于江门高新区的的产业投资基金并募资3亿元、投资3000万元到高新技术企业；粤科集团拟投资2013年江门市首届五邑杯科技创新创业大赛获一等奖的朗天照明等2个企业的项目。工业园公司公开发行第一期9.5亿元城投债并准备发行第二期。率先开展“中小企业信用体系实验区暨金融科技产业化基地”创建试点工作。申报江门市江海区汇通小额贷款股份有限公司作为平安金融示范点。区内3家小额贷款公司和1家融资担保公司架构稳定，帮助区内中小微企业解决融资难的问题。1月17日，举行广东金融高新区股权交易中心江门运营中心揭牌仪式。2月20日，聚科照明“新三板”挂牌上市。10月30日，地尔汉宇在深交所挂牌上市。至此，全区内培育上市企业6家，成为全市拥有上市企业最多的区域。广东金融高新区股权交易中心、深圳前海股权交易中心和广州股权交易中心在区内设立江门分中心。12月26日，举行广东省科技金融综合服务中心江门高新区分中心业务启动仪式，实现全区科技资源和金融资源的对接和共享。

【江门高新区管理委员会领导名录】

主　任：梁许赞

常务副主任：周惠红(女)

副主任：庞正华、何腾、黄伟权、任安良、谢清、黄月嫦(女，挂职2014.3-)

【江海区人民政府领导名录】

区　长：周惠红(女)

常务副区长：庞正华

副区长：吴刚、唐建安、陈焕溪、刘晓蓉(女)陈诚、黄月嫦（女，挂职2014.3-）

中国人民政治协商会议江海区委员会

【三届四次会议】　1月15—16日，中国人民政治协商会议江门市江海区第三届委员会第四次会议在区财政大楼召开。会议审议通过区政协常委会工作报告和提案工作报告；列席区人大九届四次会议，听取并讨论《政府工作报告》及其他报告。会议期间举办“委员论坛”，8名民主党派、工商联代表在大会发言。会议对三届三次全会的优秀提案进行表彰。

【主席会议党组会议】　1月3日，三届18次主席会议、党组会议，研究增补联络组组长、表彰优秀提案和区政协机关年度考核评优事宜。

2月24日，三届19次主席会议、党组会议，研究区政协机关开展党的群众路线教育实践活动有关事宜；审议通过2014年各季度主要工作安排；研究增补区政协委员、“江海区政协林”植树活动、区政协机关工会主席人选、区政协机关车辆使用和召开区政协三届十次常委会议有关问题。

3月10日，三届20次主席会议、党组会议，研究参加香港团体活动安排；区政协、区委统战部联合赴澳门召开新春座谈会。

4月1日，三届21次主席会议、党组会议，研究健全党组会议制度、做好党的群众路线教育实践活动有关工作、4月3日召开重大事项通报协商会、“政协林”植树、充实专委会成员和走访区域民主党派（民盟）事宜。

4月14日，三届22次主席会议、党组会议，确定政协林植树时间；研究参加全国政协科级干部培训班人员、调研活动安排和学习省2014年7号文件，落实厉行节约措施。

4月29日，三届23次会议、党组会议，通报区委同意区政协增加委员人数，研究安排区政协常委会开展创文督查视察活动、参加香港社团活动安排和区政协人事问题。

5月30日，三届24次主席会议、党组会议，根据民主生活会工作安排，党组成员之间开展谈话活动，对班子成员提出批评意见。

6月3日，三届25次主席会议、党组会议，研究党的群众路线教育教育实践活动“会诊”会议事宜；学习因公出国（境）管理办法；研究参加澳门青联的联谊活动事宜。

6月23日，三届26次主席会议、党组会议，研究开展区政协常委会民办教育专题调研、“文昌杯”青少年书画比赛、“一号提案”督办视察和研讨提案委人员调整名单。

7月14日，三届27次主席会议、党组会议，通报区委扩大会议精神；研究近期工作和走访区域民主党派（民建）事宜。

7月16日，三届25次主席会议、党组会议，传达区委民主生活会情况；研究区政协班子民主生活会安排、推荐2013年度公务员考核优秀（处级）人选和省对台办组织有关单位到台湾考察联谊事宜。

7月21日，三届29次主席会议、党组会议，区政协领导班子民主生活会。

8月1日，三届30主席会议、党组会议，通报区政协党组班子成员民主生活会情况。

8月4日，三届31次主席会议、党组会议，通报区委同意增加区政协委员、常委名额；赴澳门向区政协委员通报工作；研究走访民主党派（民建、民进）、研究与民进联合开展送医送药下乡活动和区域民主党派季度调研活动。

8月26日，三届32次主席会议、党组会议，研究区政协联络组工作交流会议、区长约见人大代表、政协委员活动和市政协及区政协赴香港拜会香港政协委员事宜。

9月9日，三届33次主席会议、党组会议，研究党的群众路线教育实践活动“两档案一计划”；研讨新委员、常委推荐工作；研究国庆书画联展、象棋赛等有关工作、走访民主党派（农工党、致公党）、走访委员企业（地尔汉尔、华源及银帆化工）事宜。

10月9日，三届34次主席会议、党组会议，研究副主席杜远繁退休事宜，增补区政协委员、常委事宜；审议通过“华法杯”高尔夫球赛经费预算；推荐周炳信委员为第四届世界青年会“十大杰出青年”。

11月3日，三届35次主席会议、党组会议，研究“华法杯”高尔夫球赛有关工作、到澳门开展有关工作和区委科学发展观考核小组人员。

12月1日，三届36次主席会议、党组会议，审议2015年区政协经费预算；研究走访区域民主党派（九三学社、工商联）事宜。

12月24日，三届37次主席会议、党组会议，研究区政协三届五次会议筹备工作；完善机关财务管理制度。

【常委会议】 1月3日，三届8次常委会议，学习中共十八届三中全会精神；研究人事任免问题、区政协三届四次会议有关事宜；听取区政府、区纪委监察和审计局、区法院、区检察院2013年工作情况通报。

1月16日，三届9次常委会议，确定增补区政协常委候选人名单；审议通过选举办法（草案）；审议总监票员、监票员建议名单（草案）；审议通过会议期间提案审查情况报告（草案）；通过大会决议（草案）。

3月7日，三届10次常委会议，传达党的群众路线教育实践活动精神；研究人事任免问题。

7月28日，三届11次常委会议，区长周惠红通报全区2014年上半年经济社会发展情况，并对区政协工作提出意见；通报区政协上半年工作。

【重要工作会议】 4月3日，召开城市发展综合规划通报协商会，高新区党工委、江海区委组织区域各民主党派负责人、区政协委员、区工商联负责人、各街道商会负责人及江门市政协委员等30多人参加，广泛听取对全区未来发展规划的意见建议。

8月28日，召开区长约见政协委员座谈会，区长约见人大代表和政协委员，围绕“关于如何做好大民政工作的问题”听取人大代表和政协委员的建议。

11月19日，召开增补政协委员、常委通报协商会，对增补的区政协委员、常委建议名单的人员情况进行通报。区委常委李欣立对区委同意增补第三届政协委员、常委的决定作说明，委员名额由149名增至183名，即增加34名；常委名额由39名增至51名，即增加12名。

【政治协商和调研视察】 开展专题调研。6月25日—7月2日，区政协常委会、区党政办联合组织开展促进民办教育发展调研，分别到区内8所民办学校进行实地考察，听取各民办学校的情况介绍，召开教师代表和家长代表座谈会8场，听取教师和家长对民办教育的意见、建议，就进一步研究探讨扶持民办教育发展的措施，创新民办教育的体制机制和育人模式，提升民办教育的水平等方面撰写调研报告，为区委区政府的决策提供参考。

组织民主党派开展季度调研。联合区委统战部、区域各民主党派坚持开展季度调研活动。4月，由致公党江海总支牵头开展“加强食品安全监管，关心人民群众健康”专题调研，对群众关心的食品安全问题建言献策；8月，围绕两区的LED绿色光源产业发展问题，九三学社江海总支开展“发挥LED服务平台作用，促进产业大发展”专题调研；10月，民革江海总支围绕白水带宗教旅游资源开发开展“打造宗教旅游文化，推动江海经济发展”的专题调研。

市政协江海联络组、区政协各基层联络组开展调研。市政协江海联络组针对江海区生活污水管网建设问题，组织部分市、区两级政协委员代表视察江海区生活污水处理管网建设情况，为改善当地污水处理、改善生活环境建言。区政协外海联络组组织委员开展外海“五大祠”特色文化专题调研，联合民进江海总支到外海街道中东村开展“送医送药下乡”活动，免费为群众赠医施药。区政协礼乐联络组组织委员到河源市慰问赴贫困乡村支教李赞贺委员伉俪，向当地学校捐赠电脑和一批图书，组织委员到敬老院慰问孤寡老人等活动。

专委会开展社会热点调研。经济委围绕当前中小微企业经营困难问题，开展中小微企业“融资难、用工难”专题调研；社会委围绕农村养老问题开展“建立多元化养老服务体系”专题调研；经济委根据制约村级集体经济发展的农村集体建设用地流转问题，组织区有关职能部门、部分街道和村委会负责人召开农村土地流转情况座谈会，为盘活农村土地，促进村级集体经济发展探讨对策。

【民主监督和提案工作】 做好“一号提案”“回头看”和督办工作。组织区政协常委和提案联谊委成员开展“一号提案”督办视察活动，视察科技创业园进展情况。对2013年“一号提案”进行“回头看”，听取2013年“一号提案”《关于加快完善道路交通设施，建设平安江海的建议》和2014年“一号提案”《关于建设和完善国家级民营科技企业孵化园的建议》办理情况的通报。通过定期召开提案办理情况通报会。在区政协三届四次会议上，收到提案21件，立案15件；其中经济方面4件、城市建设管理方面3件、科教文卫体方面8件。其中《关于建设和完善国家级民营科技企业孵化园的建议》为“一号提案”，《关于切实加大高新、江海区水环境治理力度的建议》为“重点提案”。区政府与区政协联合召开提案交办会议，把提案交给相关部门处理。区政协、区创文办联合开展“整治卫生死角、为创文加分”专题督办视察活动，深入挂点联系的基层社区，协助解决实际困难；组织委员参与每月定期创文督办评估，参与区委部署的“两代表一委员”定期接访活动，组织政协委员在区党员服务中心接待来访群众，听取有关职能部门的工作情况通报，安排委员60多人次参与行风评议。

【参政议政】 在区政协三届4次全会上，8名民主党派、工商联代表从经济、医疗、教育、交通、环境等方面在大会发言，发挥参政、协商、监督作用。发动政协委员和社会各界人士筹集资金60万元，组织市、区政协委员在滘头街道渔山公园共建“政协林”。协助做好广中江高速路段的征地拆迁工作，主动联系涉及征地拆迁企业的委员，确保征地拆迁按施工要求完成。发动港澳政协委员、国内外友好社团到市重点项目“光博汇”开展招商考察活动，先后接待各界社团、客商、各级港澳委员和企业家5批次、200多人次；协助区委在新春期间赴港澳拜访港澳知名人士和各级政协委员，推介全区招商环境和重点项目。政协全会闭会期间，起草《关于加强社情民意报送工作的意见》，通过社情民意反映群众意见起到重要的补充作用；运用市政协《政协信息》平台，反映社情民意6篇。

【联谊活动】 全年区政协班子联合区委统战部走访区域各民主党派并进行调研，区政协领导分别到区政协各基层联络组开展调研活动。3月，赴澳门参加区委书记梁许赞向澳门政协委员及友好人士通报2013年工作情况座谈会。4月，到各联络组开展基层联络组建设专题调研。走访区域民主党派民盟、民革并召开座谈会。7月，赴香港向区政协香港联络组通报上半年工作并听取意见建议。8月，赴澳门向区政协澳门联络组通报上半年工作并听取意见建议。走访区域民主党派民建、民进，并召开座谈会。9月，召开基层联络组工作经验交流座谈会。走访区域民主党派农工党和致公党，并召开座谈会。10月，组织港澳委员回乡视察活动。12月，走访区域民主党派九三学社、工商联并召开座谈会。

【重大活动】 4月，响应市委市政府关于“森林围城、树木进城”的号召，争取市政协、市园林局和社会各界支持，在滘头街道渔山开展“江门市政协、江海区政协共建渔山政协林”义务植树活动。5月，联合区教育局举办江海区“文昌杯”青少年书法比赛。6月，江海区政协、阳春市政协联合举办“江海•阳春国庆书画联展”（阳春站），加强两地文化交流。联合区教育局举办“江海政协杯”中小学生象棋赛。10月，由区政协、区委宣传部、区文体广电旅游局、区文联联合举办江海区书法擂台赛，以综艺晚会表演形式开展，把传统展厅观赏的书法艺术搬上舞台。

【中国人民政治协商会议江海区委员会领导名录】

主　席：梁镜波

副主席：冼坚业、林锦集、肖汉华、李光明、唐高

人民团体

REN MIN TUAN TI

江海区总工会

【组织建设】 工会经费地税代收工作的逐步完善，提高企业主动建设工会组织的积极性。全区新成立86个基层工会，区直机关单位包括政协、人大、工青妇残等党群团组织共21个单位成立工会。至此，全区基层工会651个，涵盖单位3148家；工会会员75061人，其中农民工会员39591人。督促基层工会完善工会组织，建设“四有”（有工会、有工会社团证、有工会组织机构代码证和工会独立账户）工会。全区有307家企业工会、19个区直机关单位工会、5个街道工委会建立工会独立账户。为使基层工会规范化建设，组织落实《江海工会工作台账》，完整反映基层工会的成立时间、委员会成员构成和是否签订集体合同。结合税务代收工会经费政策的宣传，印制和发放组建工会通知书，并上门发动企业组建工会，全年成立非公有制企业工会组织65个。

【维护职工合法权益】 采取以奖促签的工作方式，推行工资集体协商、签订集体合同工作。凡是签订集体合同、工资专项协商和女职工专项合同的基层工会委员会获得区总工会的600元奖励。年内新签集体合同111份，续签55份。466家企业签订集体合同和工资专项合同。其中签订区域性工资集体合同60家、行业性集体合同2家（礼乐制衣行业和礼乐腊味行业），企业单独签订合同数393份，涵盖法人单位2000家、员工4.5万余人。500人以上签订集体合同的有江门江益磁材有限公司、江门健威国际家具有限公司、江门健威家具装饰有限公司3家企业。

【困难职工法律援助】 通过发放补贴、召开茶话会等方式，加强与公职律师的沟通联系，动员他们加强困难职工法律援助。为3名职工提供法律服务,其中涉及工伤待遇争议3人、涉及非因工死亡0人，涉及劳动报酬、劳动合同、赔偿金等劳动争议3人。

【劳动竞赛活动】 在安诺特、春燕、三菱重工、教育工会4个基层工会开展“技行五邑”职工职业技能竞赛活动，参赛项目20多项，2000多人参加。发动287家企业617个班组26307多员工参加全国“安康杯”竞赛活动，组织会员测试。各基层工会开展安全生产活动，如生物技术开发中心、吉华光电、荣信等基层工会通过开展“安康杯”活动，提高职工的安全生产意识。省总工会实施“工会培优计划”，对取得相关证书的职工按照初级工补贴300元，中级工、高级工400元，技师、高级技师500元的标准发放。发动各基层工会职工参加“工会培优计划”，对通过食品检验工、汽车驾驶员、汽车维修、钳工项目等级考试并取得优异成绩的职工进行审核，并为其申请交通和误工补贴。全年获得等级证书的职工110人，合计补贴4.93万元，其中获得中级、高级职称有57人，每人补贴400元，共补贴2.28万元；技师、高级技师53人，每人补贴500元，共补贴2.65万元。

【推广医疗互助保障计划】 发动68个单位4618人次参加职工医疗互助保障活动，保障份数5627份，其中职工医疗互助保障计划和女职工安康计划3988份、在职职工住院医疗综合互助1639份，超额完成市总下达职工医疗互助保障活动，实际完成全年目标的234%。至此，为患病职工办理赔付38宗，其中11人在办理中，赔付金额27万元；2名患病职工获得5万元的赔付。

共青团江海区委员会

【青联工作和对外联谊交流】 落实江海区青年联合会沟通联系机制，每季度组织一次区内青联委员聚会座谈，组织青联委员特别是企业界青年代表为江海区经济发展和自身企业的发展建言献策，加强青联会员企业之间的交流合作。坚持“走出去”和“引进来”的方式，发挥青联平台在服务江海区经济社会发展中的作用。5月，江港青年交流促进会第五届会董会就职典礼在香港举办，团区委副书记马岸宇出席活动。11月，团区委书记陈晓云、副书记马岸宇带领部分青年企业家参加由团江门市委举办的青年电商培训班，并到揭阳、汕头两市开展电子商务交流学习。12月5—6日，第四届世界江门青年大会在香港举办，团区委书记陈晓云代表江海区青年联合会参加。

【义工联合会】 4月4日，召开江海区义工联合会第二次会员代表大会。4月4日，区义工联合会换届，选举产生第二届理事会，张良盛当选为主席；以此次会议为契机，义工联对全区所有志愿服务组织进行梳理，整合志愿组织和服务活动，使志愿服务走向长效化、专业化，保留包括一周一次为外来工、留守儿童和困难家庭学生服务的“心手相连”义教活动，一月一次针对困难群众开展便民义修服务，每逢重大节假日开展的上门探访慰问活动。创新开展包括一季度一次的党员义工进社区活动，每逢节假日开展的关心社区矫正青少年服务。围绕巩固创文成果，以“邻里守望”为主题开展社区志愿服务。制订《江门高新区江海区关于推进社区志愿服务制度化的实施意见》《江门高新区江海区创文再出发推动志愿服务专项行动工作方案》，以机关单位结对社区开展长效化志愿服务，6月29日，在银泉社区广场举办“邻里守望”党员志愿服务活动启动仪式，1800多人次党员义工参与到所结对的社区志愿服务活动。通过购买服务，为基础比较薄弱的社区引进社工机构的专业化惠民服务，采取以奖代补激励各社区开展便民志愿服务，实现全区志愿服务长效化、均等化。长效开展公共文明引导志愿服务，根据市文明办和区委区政府的统一部署，团区委、区义工联以全区14个重点交通路口、主干道和公共场所为重点开展公共文明引导志愿服务。从9月1日起，通过采取“长效志愿者+临时志愿者”的搭配模式，确保每个公共文明引导服务岗位都有2名以上的志愿者在开展志愿服务，活动吸引1800多人次志愿者参与，服务时长4000小时。

【青年文化节活动】 为纪念建团92周年，开展主题团日、队日设计竞赛活动，组织“飞扬的红领巾”和“红领巾相约中国梦”等主题团日、队日活动。开展江海区青年文化节系列活动。在江门海关训练基地室内篮球场举行“相约青春 寻觅幸福” 交友联谊活动（企业专场），来自吉华光电、中港宝田、振达机械、得实计算机、量子高科等企业男女青年100人参加。“五四”期间，党员义工服务中心开展“服务换积分”活动，各社区同时开展“社区志愿文化节”活动，包括社区趣味运动会、爱国主义教育展、义修义教等服务。区青少年宫8月竣工并开放运营。开设语数英学习进阶、音乐舞蹈、书法美术、棋艺、语言艺术等7大类、24项培训课程，并且提供超过500个公益免费学位，每天可为2000多人次提供教育培训。10月18日，青少年宫举行揭牌仪式和课程集中展示。建立集青年组织培训、青年社会服务、义工（志愿）公益实践、青少年教育、社区邻里互助、交流会友于一体的青年志愿服务站。

【扶困助学活动】 11月4日，2014年高新区江海区“南粤幸福周”慈善爱心助学助困金颁发会在银泉小学召开。在区慈善会的支持下，为225名困难中小学生和116名困难大学生提供资助。6月29日，团区委、区义工联联合组织区内青联企业单位、青年组织和义工组织等50家单位，在高新区江门卡丁车赛车场举办“企业手牵手•社会心连心”阳光助学筹款嘉年华活动，筹得助学善款12190元。8月29日，举办青年“走进高新江海，关心城市发展”重点项目现场观摩学习暨扶贫助学活动，组织区直机关单位、各街道办事处团员青年干部、社区和村居团员青年代表、学校少先队辅导员代表、义工骨干和社工机构代表50人到开平赤水镇开展结对共建爱心助学活动，筹集爱心助学金17500元，结对帮扶开平赤水镇贫困学生35名。

【团组织结构状况】 3月起，开展村、社区团组织集中换届工作。至6月底，全区5个街道共59个村、社区团支部按照要求完成集中换届任务。通过“两推直选”的办法，按照“公开选拔、择优使用”原则，产生村、社区团支部委员184人，平均年龄28岁，其中大专以上学历136人，占总数的74%。产生团支部书记59人，其中党员38人，占总数的64%；女性24人，占总数41%；由“两委”成员兼任25人，占总数42%；大学生村官7名，占总数12%。

【成人宣誓日】 相继在各中学举行成人宣誓系列活动，通过开展党史、团史、队史学习和教育，提高学生对队、团、党的认识和归属感。以重大活动、重大事件和重大节庆为契机开展主题教育活动，在青少年中大力弘扬社会主义核心价值体系，教育和引导青年学生树立崇高理想和正确的世界观、人生观、价值观。

【青年职工技能培训、青年科技行动】 推进青年就业创业见习工作，5月启动2014年大学生“展翅计划”实习见习行动，开发文秘、会计助理、档案管理等各种类型的工作岗位400多个，吸引340多名大学生投递简历410多份次。85名大学生实现“就业”。联合人力资源、社会保障、信息科技、组织、党校等部门，通过“农村信息直通车工程”针对农村和企业青年组织开展培训，先后在安诺特、荣信、科恒等18家企业开展心理讲座、户外拓展、街舞培训、青春交友等培训项目。

【非公有制企业团建】 开展“两进三同”系列活动，开展非公有制企业团建，开通加V认证的“高新江海青年志愿汇”“江海区青少年宫”2个微信平台，借助新媒体与团员青年进行交流沟通，了解青少年的想法和诉求。丰富新生代产业工人的文化生活，组织各企业联合开展“圆梦计划宣传活动”“志愿服务进工业园区”“金秋交友”等系列活动。开展进企业、走村居、走基层，深入各建团企业走访调研，采取联建、依托建等灵活的方式建立团组织。全年建立非公企业团支部8家、“两新”（新经济、新社会）组织4家。

江海区妇女联合会

【巾帼建功】 以创建“巾帼文明岗”活动为抓手，推进城乡妇女岗位建功、岗位成才，年内创建省级“巾帼文明岗”3个（外海麻一佑启学校、江南街道蓬苑社区、滘头街道正南社区），区级岗4个（江海区人民医院急症科、江海区人民医院防保科、礼乐街道文昌沙社区、滘北街道富横社区公共服务站）。至此，全区创建各级“巾帼文明岗” 103个，其中全国岗3个、省级岗21、市级岗39个，区级岗40个。

【实施妇女儿童发展规划】 根据2013年监测统计资料，《妇女发展规划》实施进程中，37项定量指标未达标10项，指标数据空缺3项，达标率72.97%；其他非量化主要目标均能按进度推进。《儿童发展规划》实施进程中，30项定量指标难点指标未达标4项，指标数据空缺2项，达标率86.67%； 其他非量化主要目标均能按进度推进。

【增收致富支持行动】 妇女小额贷款。进一步推进“妇联+银行+妇女”工作模式，全年全区发放妇女创业小额担保财政贴息贷款96万元，贷款妇女12人，直接扶持20多名妇女自主创业。项目到期还款妇女17人，还款167万元，贷款回收率100%。巾帼创业示范基地。礼乐街道丰盛村女致富带头人吴庭晓的礼东锦成养殖场创建成为市级巾帼创业示范基地。举办江海区农村女致富带头人培训班，培训农村女致富带头人30名。联合礼乐街道妇联举办葡萄种植技术培训班2期，培训女农民150多名。

【基层妇女组织建设】 推进全区“妇女之家”和“儿童友好社区”示范点创建活动，通过项目带动的工作模式，定期开展监测评估、检查考核和观摩交流活动，树立典型、以点带面，使全区“妇女之家”和“儿童友好社区”创建出现“一家一品牌”的局面。全年创建省、市级“妇女之家”示范点14个；省、市级“儿童友好社区”9个，其中银泉社区被列入2014—2015年省级“儿童友好社区” 示范点创建；安诺特炊具有限公司被评为省级“妇女之家”优秀示范点。举办全区基层妇女干部学习班，提升基层妇女干部队伍的整体素质；推荐周惠红、冯少萍、肖迎春等3人参加广东省妇女第十二次代表大会，其中周惠红当选广东省妇联第十二届执委；推荐22人参加江门市妇女第十三次代表大会，2人当选新一届市妇联执委；组织2名村级党支部书记参加全市村级女性“一把手”培训班；是年村级“两委”换届，女性进“两委”比例100%，其中女委员占“两委”成员的41%，提高7.2个百分点。

【维护妇女儿童合法权益】 推动“12338”妇女维权热线全面运作，畅通妇女反映诉求的渠道。深入开展“六五”普法和妇女法制宣传教育工作，重点开展 “三八”维权周、“12•4”法制宣传等活动10场次。年内全区各级妇联处理来电来信来访24宗，其中涉及农村出嫁女问题7宗、婚姻问题13宗、社会保障问题2宗。创建“反家暴“试点（滘头街道正南社区）1个，完成7宗典型信访个案跟踪服务。区人大常委会任命13名妇联干部担任人民陪审员。

【家庭文化建设】 联合区文明办、区平安办评选出2000户“五好文明家庭”（平安家庭），把“五好文明家庭”（平安家庭）占户籍家庭数比例提高至27%。在社区、村开展针对妇女、儿童和家庭喜闻乐见的系列活动，如“南粤幸福活动周”“幸福来敲门”“幸福育苗”等各主题宣传咨询及亲子活动，弘扬家庭美德，改善邻里关系，促进关爱互助。礼乐街道向东村谭玉连被授予“广东百名慈母”称号；陈华忠、伍务娴家庭被评为江门市“十大书香家庭”，周树、刘嫔家庭被评为江门市“优秀书香家庭”；周秀结家庭被评为江门市“最美家庭”提名奖。

【家庭教育工作】 全区各类家长学校125个，其中依托中小学校建设的家长学校25个、幼儿园家长学校39个，村、社区家长学校61个；成立家庭教育讲师团，拥有讲师团成员35名，利用家长学校、社区学院、社区教育学习站等阵地，开展家庭教育活动300多场。召开家庭教育大讲堂进学校、进社区（乡村）项目研讨会。

【帮扶困难妇女儿童】 设立江海区慈善会“困难妇女儿童帮扶”专户，发放《“爱心父母”招募书》，面向全社会招募“爱心父母”。“新生命•新希望”救助重症妇女儿童、“幸福妈妈乐安居”援建母亲安居房和“幸福手牵手”帮扶困难妇女发展生产等3个项目列入区慈善会重点项目。联合团区委、区慈善会、区社工委在银泉小学举办2014年高新区江海区“南粤幸福周”慈善爱心助学助困颁发会活动，共筹集助学助困金61.5万元，资助341名特困学生和70名困难妇女。外海茶庵寺、滘北街道妇联获2014年“广东省爱心父母大联盟”荣誉奖章集体金奖，周惠红、肖迎春、区焕兰、区敏愉获“广东省爱心父母大联盟”荣誉奖章个人金奖。

【巾帼志愿服务行动】 推动妇女工作采取“项目化运作，专业化服务、社会化推进”的运作模式。区妇联、区女企业经营管理者分会、退休女干部联谊小组以送戏下乡、文艺义演、探访慰问、知识讲座等形式服务群众。开展志愿服务，组织妇女干部群众开展“中国梦我的梦”江海区“三八”国际劳动妇女节送戏下乡文艺义演活动、“从心关怀缔造性福”关爱外来女工性健康知识讲座、“法律温暖，家庭幸福”、“三八”维权周、“我为城市添新绿”巾帼义工义务植树、组织80户贫困母亲家庭参加爱心一日游活动；联合江门市老干部大学、礼乐街道妇联举办“颂歌献给党”庆“七一”文艺下乡义演晚会；联合市巾帼义工分会、礼乐街道妇联举办重阳敬老慰问义演活动。

江海区工商业联合会

【学习交流活动】 按照年度对外交流工作计划，组织开展“港澳一次、省内一次、国外一次”的交流联谊活动。3月26－27日，组团30人到河源市和平县、源城区两地考察和学习交流，与两地工商联（总商会）结为友好商会。5月8日，贵州省独山县工商联(总商会)考察团到江海区考察交流，先后参观考察江门市城市规划、投资环境、安诺特炊具制造有限公司等。

5月30日，江海区工商联（总商会）在中环广场新侨都酒店会议室举办会员和企业高级管理培训讲座，邀请专家对企业融资、科技金融扶持政策、人事管理和劳资关系等问题作讲解，80多人参加。

6月，组团16人到香港与香港生产力促进局、香港黄大仙集团、香港大中华中小企业商会交流。

8月7日，由中山大学岭南学院EMBA教育中心、中国家族经营研究中心主办，江门市工商联、江海区工商联等协助举办，江门市益丞集团有限公司赞助的“企业家成长大讲堂”在银晶国际酒店举行，20多名会员参与。

11月10－15日，区工商联（总商会）组成以区工商联（总商会）主席刘心学为团长，区委统部副部长、区工商联书记吴殿晖为副团长共14人的经贸交流团，对印尼的经济和社会建设情况进行考察和交流。代表团一行拜会印尼广肇总会主席谭柏叶。

12月3日，河源市源城区工商联一行40人到江海区考察交流，参观江门市地尔汉宇电器股份有限公司、江门市安诺特炊具制造有限公司和金达玻璃工艺公司产品展示厅，听取企业文化和经营生产等情况介绍。

【换届工作】 1月，区工商联召开三届三次执委会议，增补执委成员5名，按照计划年底增补会长和执委若干人。1月20日，区委组织部任命吴殿晖为区社会事务局副局长、区委统战部副部长、区工商联党组书记。原区工商联党组书记黄建明调任区经济和科技促进局副局长。7月10日，区委组织部任命邝红德为区工商联党组专职副书记。

【主席活动日】 为区工商联最高层次的活动，是执委会闭会期间团结加深友谊、集中研究大事、处理急事难题、学习培训提高的重要平台，年内共举办主席活动日活动4次。为调动执委会成员在工商联工作中的积极性，实施执委轮值制度，使执委会成员在其位发挥作用。

【基层商会和行业商会】 区领导何宁坤、刘晓蓉率区工商联（总商会）机关干部到各街道商会和区餐饮协会调研，先后与礼乐商会、滘头商会、江南商会、区餐饮协会、滘北商会、外海商会负责人和街道分管领导共同探讨商会、协会工作发展，听取其意见建议。年内，各街道商会协会组织开展相应的外出经贸交流活动。

江海区残疾人联合会

【点餐式居家服务】 委托阳光社工中心选取100名低保重度残疾人，开展“江海区低保重度残疾人居家托养服务项目”，为全市首创。该项目提供家政服务、康复护理、生活照料和情感适应等5类17项服务，纳入“江海区低保重度残疾人居家托养服务项目表”，列出服务的时间、标准、内容，接受残疾人的“自助点餐”。社工中心每周汇总各类服务项目的需求情况，统一安排专业人员上门提供个性化服务。区残联不定期抽查服务质量。6月，全市残联业务工作会议推介江海区“点餐式”居家服务经验。

【居家托养新模式】 针对残疾人家庭多为困难家庭、家属精神压力普遍较大的情况，委托阳光社工中心在全市率先开展“江海区残疾人家属支持活动”，为全市首创。该项目每月为残疾人家属开展心理辅导、康复知识和照顾技巧宣教、政策咨询、社会事务代办、社区宣传和家属郊游等各类活动，计划受惠人数800人次。通过活动舒缓残疾人家属的心理压力，提高残疾人家属的照顾水平和残疾人的居家康复水平。

【特殊儿童教育新方式】 根据全区有14名儿童因残疾程度重无法走出家门接受教育的状况，在全市首创“送教上门”的服务方式，委托阳光社工中心为每位儿童制订个案管理服务项目，根据每位儿童的实际情况，为其提供个性化训练、家庭互助支持、亲子郊游活动和康复知识宣传等方面的服务，以期改善此类儿童的生活、学习和社交等技能，恢复生活自信。

【4H站残疾人就业平台】 为改变残疾人生活贫困和就业难的状况，通过以购买服务形式，开展建立“江海区残联创业扶持4H站”项目。该项目灵感来源于汽车4S店，“江海区残联创业扶持4H站”以“创业扶持”为核心模式，重在宣传“帮助（help）•希望（hope）•家庭（home）•和谐（harmony）”，简称4H。通过社会的帮助，为残疾人带来生活的希望，把站点变成新的“家”。4H站在全省先行先试，探索社工服务机构的新型运作模式，打造残疾人就业链条。4H站完成装修工程和配套设施后运营，作为集创业支持、就业服务、职业指导、技能培训“四位一体”的残疾人服务品牌服务站点，构建“政府—社会组织—企业—残疾人”和集自主创业、居家就业、社会就业、机构就业“四位一体”的残疾人创业就业新体系，为有创业意愿的残疾人提供创业方案评估、营销策略设计、营业证照协助办理和联系供货商等服务，把残疾人生产的产品冠予4H统一的标识和品牌，帮助他们开设实体店或者通过4H站的门店、网店进行销售。全区残疾人加工制作并印有4H站商标的产品有8种，和谐百货淘宝店共有网上销售产品85种。该站带动4名残疾人自主创业；为69名残疾人提供居家就业的机会，其中25名残疾人居家就业；开展残疾人交流培训服务508人次；上门走访残疾人109人次、电话回访1031人次，与15个企业建立合作关系。

【社区康园中心建设】 康园中心作为16岁以上精神、智力及重度肢体残疾人免费提供日间生活照料与护理、劳动技能训练和职业康复等服务的场所，通过逐步改造升级各街道残疾人康园中心，使之建设成为具备日间照料、辅助就业、康复功能训练、技能训练、康乐文体活动“五位一体”服务功能的场所。完成江南街道康园中心的升级改造，并且试点“志愿在康园”志愿助残活动，打造深受残疾人及其家庭欢迎的“残疾人之家”。推进滘头、滘北康园中心服务功能的转变，推动残疾人工疗、娱疗水平提升。引入晨光社工中心进驻滘头、滘北康园中心进行日常管理，推进全区康园中心从“看护式”托管向“快乐式”托管方式转变，构建残疾人家庭支持、朋辈支持和社区支持网络。全年开展4次以上的社区活动，包括开展一系列的辅助就业和康乐活动，接受常态化服务的会员19人。

【江海区社会福利综合服务中心】 为填补全区残疾人、老年人托养及康复服务专门机构的空白，在礼乐街道建设江海区首个社会福利综合服务中心，中心计划分2期建设，总建筑面积11300平方米，预设床位558个，投资规模4220万元。托养服务中心共有6层，设计1—3层为残疾人托养服务中心、日间照料中心及多功能活动室，为残疾人提供生活照料、技能训练和庇护性就业等服务。江海区社会福利综合服务中心完成主体工程建设，纳入年内区级公益创投项目。推进托养服务专业化，包括开展日间照料服务，委托在江海区注册的一行社会工作综合服务中心在福利中心二楼设置广东省天柱慈善基金会江海区残疾人庇护中心，开展陶瓷工艺品制作、糕点制作等，成为全区示范性庇护工场；开展机构托养服务，做好残疾人托养服务的指导和监督工作。

【培育枢纽型残疾人社会组织】 为促进残疾人平等、充分参与社会生活，满足残疾人的需求和提供专业社会服务，培育成立江海区阳光社会工作综合服务中心。通过专业社工服务，让残疾人实现“平等、参与、共享”。该中心有中级社工师1人，初级社工1人、社工实习生和志愿者数十人；采用“社会义工”工作模式，把深圳社工发展经验融入到江海区残疾人社会工作中，探索“专业社工引领、实习社工助阵、义工共同参与”的运作格局以及“残疾人专职委员社工化”的特色道路；承接“江海区一户多残家庭状况调查工作”“江海区残疾人专职委员业务培训、考核工作”“南粤幸福周残疾人文体活动”和“江海区残疾人特奥活动”等残疾人服务工作，为开拓政府购买社会服务创新工作积累经验。阳光社工中心作为全区第一支专为残疾人服务的阳光社工中心，区残联帮助其建立人事管理制度和财务管理制度，加强自律监管，扶持培育其逐渐成长为枢纽型残疾人社会组织。针对购买服务项目，建立项目中期评估和终期评估机制，邀请有关部门共同参与以推动其加强自身建设。

【残疾人工作队伍建设】 出台《江海区村(居)残疾人专职委员管理办法(试行)》，把各村(居)残疾人专职委员的人事管理权限下放给各街道、社区，并对全区64名社区专职委员进行个性化管理、定期培训和考核。通过理顺各街道、村(居)残疾人专职委员的人事管理问题，改变残联“一条杆子插到底”的工作方式，变“单干”为“共同参与”，促进基层残联工作与街道社会事务管理工作的融合；在推进基层“大民政”工作中，把养老和助残有效结合起来，实现基层社会资源的融合共享。组织各街道分管领导、社事办主任、村(居)残疾人专职委员和民政干部召开全员业务培训班。委托阳光社工中心在街道和社区残疾人专职委员中开展“2014年江海区残疾人专职委员业务培训活动”，引导残疾人专职委员队伍向专业化社工方向发展。这在全区残疾人组织建设工作中尚属首次。配套出台《江海区残疾人专职委员考核方案(试行)》，对村(居)残疾人专职委员队伍各项工作进行规范化、科学化、绩效化考核；会同区社工委、区社会事务局和区财政局等相关部门召开“残疾人专职委员年度工作现场考评会”，对各级专职委员的工作进行考评。除了选送工作人员参加市举办的各种培训以外，制订社工考试奖励机制，鼓励全区残疾人工作者报名参加社会工作师资格考试。对通过初级考试的奖励1000元；通过中级社会工作考试的奖励2000元。实施奖励机制，旨在提高残疾人工作者学习社会工作专业知识的积极性，并借此建立专业化社会工作人才队伍。全区共有2 名人员通过考试。

【开拓残疾人工作资金渠道】 残疾人工作的政府性资金包括政府财政性资金、残疾人就业保障金和福彩公益金。为达到资金效益最大化，开拓公益慈善资金，做好受益人群的筛查，规范资金发放流程，以保证有需要的残疾人能够得到爱心资金的帮助。与五邑慈善会、昌兴基金建立长期合作关系，发动昌兴基金为全区身患重疾的61名残疾人提供慈善捐款61000元；五邑慈善会为39名一级低保重度残疾人捐赠春节慰问金19500元。在江海区慈善会设立助残项目上，通过建立起多层次的慈善资金使用平台，使各方募集的慈善资金得以规范、合理的使用。

【残疾人康复服务】 2014年是“大民政”工作的关键年，区政府下达“提高残疾人生活津贴和重残护理补贴标准、为全区180名重度残疾人提供居家服务、配合市做好贫困残疾人家庭发展生产及自主创业工作”等3项重点工作任务。通过发挥社会组织作用，为495名残疾人提供康复训练、康复治疗和辅助器具适配等服务；在开展“四居服务”方面，以购买服务方式委托社工机构为138名残疾人提供居家康复、居家养护、居家职业训练和居家无障碍改造等服务；5月起，全区残疾人重残护理补贴标准提高至每年1200元，受惠对象主要是一、二级的视力、听力、言语及综合类残疾人，共有278名残疾人受惠。至年底，全区受惠人数1594人。配合做好贫困残疾人家庭发展生产及自主创业工作，共为487名残疾人提供康复训练、康复治疗、辅助器具适配和居家无障碍改造等康复服务，其中视力残疾康复服务15名；听力言语残疾康复服务6名；肢体残疾康复服务66名；精神防治康复服务330名；辅助器具适配服务27名；装配矫形器1名；假肢安装2名。邀请新会区新希望眼科医院医生在江海区开展眼病义诊与白内障筛查活动。义诊医生们在全区4个筛查点为456名群众进行各类眼疾义诊(如低视力、胬肉、角膜病、眼底病等)及白内障筛查，查出有白内障手术指征的患者92人并为其施行免费白内障摘除手术。

【残疾人就业培训】 发动残疾人参加各类培训18人次，其中创业技能培训3人、雇主培训10人、组织5人次参加江门市残疾人计算机技能竞赛。全国助残日期间，与区社会事务局联合举办残疾人专场招聘会，联系亿都电子、高新华众等40多家各类企业到现场招聘，吸引200余名残疾人前来应聘，当场有38名残疾人与用人单位达成就业意向。与区人社部门沟通协调，为有就业意愿和就业能力的残疾人提供“一对一”的就业帮扶，为其量身选择合适的企业，为残疾人求职者和用人单位搭起沟通的桥梁。做好失业调查登记实名制统计管理工作，按照相关规定进行登记认定、信息录入，确定需要就业培训帮扶人员名单。探索利用社工组织全面开展残疾人的就业服务，以购买服务形式开展上门就业登记服务和心理辅导，引导残疾人选择适合自己的工作岗位，鼓励他们实现就业。

【慰问贫困残疾人】 春节期间，会同五邑慈善会、江门利安日用品公司和阳光社工中心等社会力量，开展一系列慰问活动，共慰问各类困难残疾人584人次，发放慰问金、慰问品价值15万余元。与五邑慈善会、昌兴基金建立长期合作关系，发动五邑慈善会、昌兴基金开展捐赠活动。与江海慈善会联系准备在江海区慈善会设立助残项目。

【残疾人文化生活】 定期出版《江海残联画报》和《江海残联信息》，对江海区残联网页进行调整、充实，通过这两个平台的建设，宣传残联业务知识，让全区上下进一步了解残联、关心残联、支持残联，促进与区直部门、各街道和村(居)委会的沟通联系。助残日期间，以文艺汇演排练过程为题材，以“HELP. HOPE. HOME. HARMONY”为主题，拍摄公益广告《授之以渔. 微笑创造未来》，在市房产大厦大型LED屏幕、街道广播电视站和区机关大院食堂电视等主要宣传平台进行循环播放。该广告被选送江门市“无限极杯”公益广告征集大赛荣获三等奖，在江门市2014年度“长城电缆”杯广告创作大赛中荣获铜奖。开展“南粤幸福周”活动，组织全区各类残疾人开展一系列适合自身实际情况的文体体活动，如组织自闭症儿童参加“感受校园书香，亲子共乐同游”活动、聋哑人到白水带风景区开展“南粤幸福登山活动”、组织康园中心残疾人乘坐观光巴士游江门和足球赛、参观陈皮村、月饼制作等活动。

【江海区兄弟龙舟协会】 为促进全区残疾人文体事业的多元化发展，扶持具有本地特色的文化项目，扶持成立“江门市江海区兄弟龙舟协会”。“江门市江海区兄弟龙舟协会”原为一个群众自发组织起来的民间机构“江海区兄弟龙舟队“。随着该龙舟队发展的日益壮大，参与龙舟活动中的残疾人越来越多，“江海区兄弟龙舟队”走出江海，走向世界，多次受邀参加香港国际龙舟赛、粤港龙舟交流赛等残疾人龙舟交流活动并且屡获佳绩，成为江海区残疾人体育项目的新品牌。该协会登记会员57人，其中残疾人30人。

【公共交通导盲系统】 全区共有35名视障残疾人有公共交通导盲需求，主要集中在外海、礼乐街道，为解决其问题，市、区残联多方筹集资金，在主要公交线路上安装“公共交通导盲系统”并投入使用。

【居家无障碍改造】 推进全区肢体残疾人家庭的“居家无障碍设施改造”升级工作，扩大改造工程实施范围，把全区有迫切需要居家环境升级改造的残疾人家庭纳入实施范围，并扩大受惠范围。共投入8万元用于全区残疾人家庭的居家无障碍改造。

江海区文学艺术界联合会

【机构设置】 江海区文学艺术界联合会于2009年9月成立，挂靠江海区委宣传部，按其章程运作。主要职责包括贯彻党的文艺路线、方针、政策，为繁荣社会主义文艺事业、建设文化名区奉献力量；负责文艺工作者的联络、协调、服务工作；组织各文艺协会和文艺工作者开展文艺创作、理论研究、作品征集、文艺评奖、文化交流、文艺演出、作品展览等活动。核定群团机关事业编制9名（含置换党校2名编制，由区委宣传部统筹使用），其中主席1名［由高新区党工委宣传部副部长（江海区委宣传部副部长）兼任］，专职副主席1名（副科级）。江海区文学艺术界联合会既是江门高新区的工作主体，也是江海区的工作主体，履行两区相应的工作职责和任务。日常工作由区委宣传部办公室统筹协调。现任主席罗广鹏，副主席邱菁萍（驻会专职），副主席许和发（不驻会）。

【属下协会】 江海区文联现有8个协会。音乐家协会，39人，会长何峰；美术家协会，53人，主席区启森；作家协会，29人，主席邓荣宗；书法家协会，23人，主席陈宗良；摄影家协会，23人，会长付师华；舞蹈家协会，21人，会长邱菁萍；民间文艺家协会，27人，会长马均贺；戏剧与曲艺家协会，28人，会长曾小洁。

【重要会议】 1月，召开委员会议，部署各文艺家协会换届事宜，为区文联换届做好准备。5月16日，向区委送呈《关于召开江门市江海区文学艺术界联合会第二届代表大会第一次会议的请示》；7月29日，区委办公室发出《关于同意召开江门市江海区文学艺术界联合会第二届代表大会第一次会议的复函》。9月25日，召开区文联第二届代表大会第一次会议，审议通过区文联第一届代表大会工作报告，选举产生第二届委员会成员。罗广鹏当选为主席，邱菁萍、许和发当选为副主席。

【重要活动】 组织演出队伍随区委宣传部到市福利院进行慰问演出活动，与100多名老人和孩子喜迎新春。春节期间，组织春节系列广场演出活动10场，每天下午组织广场文艺演出1场，每天晚上组织电影放映1场。

6月10日，经区政府批准并公布，“江海区佛庄狮艺”被列入江海区第二批非物质文化遗产名录。

6月16日，结合江门高新区江海区合署办公1周年，在外海街道文化中心举办“迎七一”文化惠民演出。组织大型文化活动7场，包括面向全区开展的“2014年高新区江海区第三届文化艺术节”和面向弱势群体举办的“福利院慰问演出”。开展大型展览5场，包括“高新•江海展新貌”美术书法摄影作品展览、“十大亮点工程展”等。组织各类理论研讨和对外交流活动4次。组织群众业余文艺创作和群众业余文艺作品推广活动4次，重点推广舞蹈《木棉花开》、曲艺《老年乐》、歌曲《神拳在手》、小品《镇店之宝》4个精品节目，以上节目参加省、市级文艺比赛均有获奖。

10月，举办南粤幸福活动周和两区第三届文化艺术节。

11月，举行首届陈少白文学艺术奖评选。组织文艺队伍参加江门市文联组织的2014年“千名文艺家送欢乐到基层”演出活动，先后在新会区和江海区的农村演出。

全年举办基层群众文化干部和骨干培训班9期，包括百姓健康舞师资班、合唱指挥师培训班、曲艺表演培训班、书法培训班等。举办社会文化艺术培训班31期，其中举办外来务工人员文化艺术培训班6期，举办未成年人文化艺术培训班6期。

江海区科学技术协会

【机构设置】 江海区科学技术协会挂靠江海区经济科技局，按照章程运作，核定群团机关事业编制4名，主席1名（正科级，由高新区经济科技局1名副局长兼任），副主席2名，其中1名不驻会、不占编，另1名副主席（副科级）由高新区经济科技局科学技术发展科科长兼任。2014年年底在册人数4人，黎翔任主席。

【重要会议和活动】 1月16日，联合区教育局组织第28届江海区青少年科技创新大赛获奖学生和优秀教师49人前往广东科学中心观摩学习。2月24日，召开江海区科协第二届委员会第十一次全委会议，会议调整区科协二届委员会及常委会成员，免去吴殿晖的江海区科协第二届委员会委员及主席职务，增补黎翔为江海区科协二届委员会委员。会议补选黎翔为江海区科协第二届委员会主席、常委。3月17－21日，由江门市科学技术协会与江门市教育局联合举办，江海区科协、区教育局协办的2014江门市“大手拉小手—科普报告希望行”活动在江海区隆重举行。活动邀请中国科学院老科学家科普讲师团8名教授分别到外海中学、麻园中学、第十一中学、银泉小学、华兴小学、麻一小学开展主题为《发挥潜力，幸福人生》《航天遥感与现代战争》等11场科普讲座。应邀到江门市的演讲团由荣誉团长、中科院老科学家科普委员会常务副主任钟琪带队，包括高登义、白武明、徐文耀、陈贺能、潘习哲、孙万儒、韩莉来自科学考察、防震减灾、环境保护、新能源、航天遥感、健康卫生等领域8名科学家。4月21日，召开全区基层科协工作者座谈会，各街道分管科协的领导和联络员14人参加。

政法·军事

ZHENG FA · JUN SHI

社会管理综合治理

【执法监督】 按照《高新区党工委政法委（江海区委政法委）机构编制方案》，设立执法监督科，制订《执法监督科工作职能》《江海区委政法委涉法涉诉信访工作流程》和《江海区委政法委案件评查工作规范》。全年排查、协调、受理涉法涉诉信访案14宗，接访群众50多人次。目前化解5宗，办结、在办、稳控各3宗。根据《江海区委政法委执法监督工作实施意见》，组织6名政法部门专家库成员到法院、检察院、公安分局、司法局开展案件评查工作，首次采用抽查方式，阅卷评查60件，重点是民生案件，包括人身伤害、交通事故、劳资纠纷、工伤纠纷等，兼顾公安刑侦、治安行政、检察自侦、不捕不诉、社区矫正案件，提出存在问题，提出改进意见。

【两法衔接】 按照市委政法委的工作部署，“两法衔接”（行政执法、刑事司法）工作由各市、区政法委牵头，检察院具体负责，召开江海区“两法衔接”第二次联席会议，通过现场督查，15个成员单位落实“两法衔接”设备、人员、录入、共享工作，移送公安分局刑事立案19件，其中销售假药案15件，由区食药局移送；环境污染案1件，由市环保局移送；假冒注册商标案2件，销售假冒注册商标商品案1件，由区工商分局移送。

【司法救助】 根据中央政法委《关于建立完善国家司法救助制度的实施意见》，司法救助项目列入市和区的法治惠民项目，增补2014年财政预算20万元作为司法救助资金，制订《江海区司法救助资金使用管理办法》，实施后办理首例司法救助案孔和平施工受伤损害赔偿执行难司法救助案办结，尚有交通事故致死致残执行难案3宗、刑事案4宗的司法救助审查工作在办理中。

【维护社会稳定】 印发《高新区、江海区维护社会稳定工作责任制的通知》，把区直各部门、高新区工业园公司维稳工作纳入年终考核指标体系，确保全国“两会”、“六四”、“八一”、十八届四中全会等敏感时期和重大节假日全区社会稳定。做好“社会矛盾化解年”工作，完善“月、季度、半年和年终”社会稳定形势研判例会制度，先后对全区“清明节”期间越战退役群体、敏感节点社会政治形势和“3•21”纵火案伤者救治和死者家属安抚进行研判分析，共召开信稳联席会议21次、印发会议纪要21期，开展督导工作，共排查出矛盾纠纷57宗、解决52宗，占91.2%；报省的矛盾纠纷24宗，化解24宗，占100%。

【机制建设】 先后完成建筑工程纠纷调解委员会、医患纠纷调解委员会、劳资纠纷调解委员会、工商联调解委员会和交通事故调解委员会等5个专业、行业调委会的建设工作，发挥这些调委会的专业特长化解纠纷。把素质好的治安队员、有多年工作经验的原村（社区）党支部书记调入维稳中心工作。进一步修改、完善信息报告、矛盾排查、联席会议等制度，特别完善常见突发事件工作预案。健全各村、居综治信访维稳工作站，在村（社区）换届后及时调整充实人民调解员、信访联络员和维稳信息员队伍。

【社会稳定风险评估】 落实《江海区重大事项社会稳定风险评估机制实施意见》，把高新区公共码头、光博汇规划七路等重大项目建设工程涉及征地拆迁补偿问题纳入稳定风险评估范畴。经审查，同意对江门高新区科技创新创业孵化基地建设项目低风险等级的判定，予以备案。

【源头治理】 召开全区源头治理工作推进会，印发各街道、各部门经验材料，要求各单位、各部门结合自身工作职能，准确把握矛盾纠纷发生的因素，在源头预防上下功夫，如区社会事务局、区住建水务局重点抓好劳资纠纷风险告知制度等基础工作，从源头上消除劳资纠纷隐患；完善“三资”管理交易平台建设，从源头上化解涉农问题；强化医院内部管理，减少医患纠纷；开展环境问题排查，消除环境隐患纠纷；以新《信访条例》颁布实施为契机，推进运用法治方式解决突出社会矛盾工作机制。

【综治平安创建】 江南街道被定为2014年江门市综治委挂牌的重点整治地区，整治以来，治安形势得到好转，特别是查破摩托车案件有了大幅提升，基本实现“发案少，秩序好，群众满意”的整治目标。按照省、市综治工作部署，要求今年城区综治网格化管理达到80%，农村要抓好2—3个农村综治网格化管理试点工作，确定以江南街道新中社区为试点，召开全区现场会，部署各街道全面开展，要求年底前100%完成。按照平安创建十年行动计划整体推动十大专项行动，以条块结合的方式确定17个类型“平安细胞”的创建，分别以平安街道、平安村居、平安家庭、平安学校、平安医院、平安企业、平安宗教等项目创建示范点。结合普法、创文等宣传工作，投入10多万元更新宣传广告牌、设置宣传橱窗，投入5万元印制平安创建宣传小册子和小礼品进厂区、入家庭等，解决传播“最后一公里”问题。与侍卫长、联通、电信等公司结成共建单位，针对家庭防盗和电信诈骗案件印制宣传单和海报10万份。

【社会工作规划】 按照省社工委印发《关于落实〈2013年广东深化社会体制改革工作要点〉承担项目的通知》要求，推进“完善非营利组织免税资格审核制度，切实贯彻免税优惠政策”和“建立以人民调解为基础的多元化矛盾纠纷解决机制，完善利益协调机制”项目的实施。“建立以人民调解为基础的多元化矛盾纠纷解决机制，完善利益协调机制”项目实施以来，出台实施方案；完善调解组织网络，建立功能互补、程序衔接的联动机制；完善工作制度，编制工作指南，规范调解工作，“大调解”体系取得较好的显著成效。按照明确认定规程、加强示范引导思路，经过精心培育、严格审核，江海区晨光社会工作综合服务中心通过免税资格认定，成为全区首个申请免税成功的社工机构，也是江门市首个获得免税资格的民办非企业单位。“完善非营利组织免税资格审核制度，切实贯彻免税优惠政策”项目免税优惠政策率先落地。

【社会建设和管理体制改革创新】 推动“大民政”工作，对全区社会养老服务情况开展专题调研，提出“完善全区养老服务布点规划，建立以居家养老为主、机构养老为辅，覆盖全区的养老服务网络”的建议。开展“养老•助残”公益创投活动，推动全区社会建设机制创新；对全区机构养老服务项目，提出“坚持整体统筹规划，充分利用社会资源，引导社会民营资本投资养老助残服务业，培育服务品牌，发展养老助残服务业，将该中心打造成两区养老助残区域性示范中心和养老助残区服务产业基地”的建议。按照市、区工作部署，“养老•

助残”公益创投活动作为全区“大民政”工作的突破口，推动养老助残服务在规划布局、增量扩面、机制创新等领域的进展，从服务项目、覆盖人群和预期的社会效益等方面谋划。通过召开项目协调会，成立项目评审委员会，协调落实项目资金，全区4个村级项目进入实施阶段。出台《礼乐社会福利综合服务中心委托经营协议》草案，社会民营资本投入650万元进入养老助残服务领域，实现全区多元化养老助残服务体系的突破。

【村社区公共服务站建设】 出台《江海区村（社区）公共服务站规范化建设考核办法》，落实对公共服务站的日常性管理。开展公共服务站驻点调研，综合形成《江海区村（社区）公共服务站运行情况调研报告》，总结全区公共服务站建设的成效，提出深化公共服务站建设的建议，结合《高新区 江海区“大民政”工作方案》和《高新区 江海区建设城乡社区服务体系实施方案》要求，每个社区至少配备1名社工作为街道社会建设年度考核指标之一，推动社区社工岗位的设置。

【社会创新观察项目】 推进社会建设和创新社会治理，其中区社会创新观察项目--残联创业扶持“4H”站以项目带动服务创新，在扶持残疾人创业就业、居家托养、社区康复、残疾人教育等方面取得突破；市社会创新试点项目滘北街道家庭综合服务中心项目整合政府部门、社工、志工、义工等力量，以专业社会工作者提供服务为主体，以优抚、救济、残障人士服务、家庭及儿童服务、老年人服务、婚姻关系辅导、人口计生服务等社区服务为内容，构建起服务功能日渐完善的社区服务管理体系。

【民情志愿服务】 按照《江海区民情志愿服务队工作细则》，加强民情志愿服务队的建设，做好民情信息收集、分析、综合、报送的工作，共报送信息106篇，其中9篇被市采纳。按照市社工委的部署，组织民情志愿服务队开展公益创投公共服务政策与项目公众评议调查。

【调解机构】 全区共有街道级人民调解委员会5个，街道调委会主任由街道分管政法、综治工作的副书记担任，副主任由司法所长兼任，委员由公安、司法、法院、工商、住建、农业、妇联等部门领导担任。构筑“大调解”工作格局，实现传统的调解方式转变。如国家CEPA粤澳合作重大项目“光博汇”在施工过程中导致外海街道直冲村村民房屋损坏150间，村民50人先后3次到光博汇工地路口挂横幅标语、堵路、阻挠施工，施工秩序受到破坏，外海街道牵头，从公安、法院、检察、司法、维稳中心、住建、农业等部门人员组成10个专项调解小组入户调解，最终121户房屋受损村民与开发商签订《调解协议书》。扩大人民调解工作社会覆盖面，建立多形式、结构合理的调解组织网络，逐步建立企业事业单位调委会和区域性、行业性调委会，先后成立医疗纠纷调委会、交通事故调解委员会、物业管理调委会、企业调委会、行业调委会、劳动争议调委会、法院调解室和派出所调解室。

【调解人员培训教育】 加强对辖区调解员的培训，通过以会代训等各种形式的培训，使调解队伍综合素质不断优化。组织参加调解技能比赛，指派调解员曾秀梅、李创继代表江海区参加第一届广东省人民调解员调解技能大赛江门市初赛，并分别荣获二等奖和三等奖；曾秀梅作为代表江门市的3名选手之一随后参加全省组织的人民调解技能大赛并取得好成绩。为进一步规范、强化人民调解会的工作，发挥人民调解会工作人员的主动性、积极性和创造性，建立长效激励机制，推行考核制度，制订人民调解委员会工作考核方案，对人民调解工作、社区矫正工作、安置帮教工作、法制宣传工作、法律援助工作等方面工作内容进行细化并纳入年度考评。

【普法教育】 联合区依法治区办、区普法办和区教育局等部门，利用校园小广播创设“校园普法空间站”，向全区各学校下发《关于我区中小学校开展“校园普法空间站”活动的通知》，确定开展活动的分管领导及联系人，选取礼乐中学、十一中、江南小学、银泉小学及江南幼儿园作为试点。“校园普法空间站”每周定期在小广播时间，穿插时事法律要闻、法律法规摘要、法律知识问答、法制案例选编，邀请普法讲师团成员或法律工作者解说法律常识。联合区依法治区办、区委宣传部、区文体广电旅游局、区普法办开展“村居普法休闲站”活动，利用“农村电影放映工程”活动平台，每次放映电影前播放法制宣传教育短片，在外海、礼乐广播电视站插播法制宣传公益广告共100多场次。联合区依法治区办、团区委、区普法办、江南街道等部门，利用江南街道新中社区教育学习站的平台，首创“假期普法加油站”，定期邀请交警、律师、法律工作者、消防员等专业人士为周六日及寒暑假期间前来上课的学生开展普法活动，打造“学校放假、社区开学”的青少年特色普法教育活动。

【法制宣传】 全年报送各类普法信息30多条，其中普法简报20期，被《江门日报》采用7篇、《南方都市报》采用3篇、《广东普法》杂志采用5篇，全国《普法依法治理通讯》采用2篇。区依法治区办与区普法办联合开展法治文化阵地建设的调研工作，对全区建设法治文化示范点和今后工作提出意见和建议。首次与中国邮政及中国电信合作，在中国邮政及中国电信制作宣传广告的同时，增加法制宣传内容，刊登《中华人民共和国物权法》与《中华人民共和国旅游法》，并通过邮政人员派发到辖区每家每户邮箱宣传资料20000多份，覆盖辖区商铺、厂区、村和社区。

【法律六进普法】 法律进机关方面，出台《2014年度江门高新区管委会主任会议、江海区人民政府常务会议学法计划》，派发法制宣传书籍，其中包括《江门市政府常务会议学法资料》。法律进乡村、进社区方面，每月编印法制宣传资料1期派发到各村（居）委会张贴，定期派发各类宣传资料到各家各户。在各司法所、法律援助处、公证处等窗口部门设立法制图书角；组织社区服刑人员集中学习交通安全法律知识；邀请江海交警大队徐穗芬警官在区党员服务中心为50多名社区服刑人员授课，学习《道路交通安全法》等法律法规；参与在外海五大祠广场举行的以“参与禁毒斗争，构建平安江海”为主题的大型禁毒公益宣传活动；参与在礼乐街道举办的“国际禁毒日”图片展览活动和参加以“构建法治交通、共创平安江海”为主题的法制宣传活动。法律进学校方面，分别到礼乐中学、江南小学开展法律知识课堂互动活动，派发《青少年法制教育读本》，“校园普法空间站”向幼儿园延伸，以江南幼儿园为试点，开展以“关爱孩子 普法先行”为主题的法制教育课；联合团区委在江南幼儿园开展法制教育学习培训活动，江南幼儿园、外海幼儿园、新南幼儿园、蓬苑幼儿园等多所幼儿园教师100人参加，邀请广东华南律师事务所梁景山律师授课。法律进企业、进单位方面，联合相关部门在高新区宝源工业园开展以“关爱外来务工人员，共建平安法治园区”为主题的法制宣传游园会活动，600名务工人员参与。在江南文化广场举办大型春季企业招聘会，会同区公安分局、司法局、江海交警大队开展以“关爱务工人员，构建和谐劳资关系，共建平安江海”为主题的春季务工人员法律咨询服务活动。解答法律咨询30多人次、服务群众500多人。

【法律援助】 坚持注重以人为本，注重创新工作方式，为困难群众提供法律援助，共办理法律援助案件105件，其中刑事法律援助案件71件、民事法律援助案件34件、提供义务法律咨询2000余人次。推进法律援助工作机制建设和质量标准建设，落实《江海区法律援助工作规范》，制订《江海区法律援助文书格式》，对案件办理流程作出详细规定，对与办案人员联系了解案情、会见犯罪嫌疑人、指派法律援助律师情况及回复等作出规定，规范援助律师提供的法律服务。扩大法律援助覆盖面，依据江门市2013年城镇最低生活保障标准，确定法律援助受援对象。建立区、街道、村（社区）三级法律援助网络，共有法律援助机构10家（其中社团法律援助机构6个）、街道法律援助工作站5个村（社区）法律援助联络点62个。法律援助处与公职律师所、公证处、司法所等法律服务资源整合，将其服务电话制成统一的台牌，与法律援助指南等宣传资料配套，发至各村（社区）法律援助联络点，让群众及时了解法律援助信息。在《法律援助条例》颁布实施11周年、《广东省法律援助条例》颁布实施15周年之际，联合区有关部门，在高新区宝源工业园开展《法律援助条例》暨《广东省法律援助条例》宣传月活动。为80多人次提供各类法律咨询服务。通过3项举措，继续加大对《中华人民共和国刑事诉讼法》的实施力度，包括规范部门衔接工作细节；实现与公安无缝对接；制作《江海区法律援助处提供法律援助法律文书格式》，及时指派法律援助律师情况回函给各派出所。

【农民工法律援助直通车活动】 围绕农民工因工伤赔偿、医疗损害赔偿、申请支付劳动报酬及群体性讨薪等，申请的法律援助免予经济审查，并专门为农民工出台法律援助便利措施10项。

【律师管理】 针对未成年人工作涉及政策性强等实际情况，依托律师事务所设立未成年人法律援助工作站4家，选出40名律师为未成年人法律援助联络员，无偿为未成年人提供法律咨询服务，全年共为71名未成员年犯罪嫌疑人提供侦察、审查起诉、审判阶段辩护；招聘40名法律援助志愿律师，建立未成年人刑事案件等案件的专家律师团。全区4家社会律师事务所，执业律师50人，担任政府、企业事业单位的法律顾问122家，刑事辩护及代理68件，民事诉讼代理496件，经济诉讼代理274件，行政诉讼代理8件，诉讼代理涉及财产标的额达20620万元；非诉讼法律事务26件，涉及财产标的额1670万元。根据市司法局《转发省司法厅和省律师协会会关于做好2013年度律师事务所年度检查考核和律师执业年度考核工作的通知》要求开展考核，全区所属律师所和社会律师全部评为合格称职。其中华南律师所年度考核被市评为2013年度江门市优秀律师事务所。根据《广东省办公厅、广东省人民政府办公厅关于开展一村（社区）一法律顾问工作的意见》精神，组织落实全区一村（社区）一法律顾问工作。组织、推荐律师担任村（社区）法律顾问。通过召开《高新区江海区一村（ 社区）一法律顾问工作推进会》，全区61个村（社区）分别与3家律师事务所的21名律师签订《法律顾问合同》。加强公职律师在化解矛盾纠纷、处置突发事件、维护公平正义、服务经济发展的能力，公职所共承办法律援助案件65件，刑事指定辩护案44件，劳动争议案21件，其中诉讼案6件。

【公证管理】 建立严格的公证质量管理、审批案件制度，不断完善公证自律机制。全年共办结各类公证事项7300件，其中民事案件6218件、经济案件1082件、法律援助案35件。贯彻落实《中华人民共和国公证法》，加强公证服务能力，提高公证公信力，进一步实现公证工作的法制化、规范化。加强公证员的职业道德、执业纪律教育和内部管理，规范公证程序。在“创建平安江海”活动中，区公证处深入街道调查了解群众的公证需求，开展为老、弱、病、残等弱势群众办理上门公证服务。全年共为街道符合法援条件的低保困难家庭免费办理公证案件6件。

【政府法制】 根据《国务院全面推进依法行政实施纲要》《国务院关于加强法治政府建设的意见》《广东省依法行政考评办法》等工作要求，代拟《江门高新区 江海区政府重大行政决策程序规定（试行）》《江门高新区 江海区行政执法争议协调制度（试行）》《江门高新区 江海区行政执法责任制规定（试行）》《江门高新区 江海区行政执法案卷评查办法（试行）》《江门高新区 江海区行政应诉工作规则（试行）》5项制度，提请区政府审议发布。在全区开展行政执法单位行政处罚自由裁量权量化标准细化工作，指导各行政执法部门梳理具有自由裁量权的执法依据，并结合本部门工作实际，细化行政处罚标准及相关程序，以保证行政执法的公平和公正。贯彻落实《江门市人民政府办公室关于印发江门市2013—2014年依法行政考评工作方案的通知》《关于做好2013年度依法行政考评有关事项的通知》精神，完善法治政府建设，发挥考评在推进该依法行政、建设法治政府工作中的导向作用。履行政府法律顾问的职责，为区政府和区直各部门共提供法律意见115次，出具《对〈关于返还日通五金制品有限公司土地开发补偿款的请示〉的意见》《对〈MOCVD设备补贴合同〉及〈MOCVD设备补贴确认书〉的意见》《关于吴悦讲等人诉市政府土地行政纠纷一案的意见》等法律意见63份，参与代拟或审核政府重要合同18件次。按照《国务院关于加强市县政府依法行政的决定》和省、市规范性文件管理的规定，草拟并报请政府审议《2014年度区政府规范性文件制定计划》，其中《高新区江海区城乡困难群体医疗救助实施办法》和《高新区江海区政府采购管理办法》经管委会主任暨政府常务会议研究通过，《高新区江海区免除殡葬基本服务费用实施办法》报市备案。

【行政执法监督】 贯彻省、市有关执法证管理的文件精神，对申办行政执法证，严格审核是否符合《广东省〈行政执法证〉管理办法》等文件的要求，符合条件的才予以办证。全年为各行政执法单位办理行政执法证件41人次；根据党政机构改革的实际，督促指导各执法单位及时申请或变更行政执法证系统账户，其中区社会事务局、区经济科技局、区市场安监局的申请经省法制办通过开通账户。

【社区矫正】 区司法局启用《社区矫正人员考核表》《社区矫正人员扣分通知书》《社区矫正人员奖惩审核表》，按照《广东省司法厅关于社区矫正人员考核及分类管理的暂行规定》，做好社区矫正人员劳动与思想改造等情况的考核，并根据考核结果，及时进行奖惩。与区公安分局联合发文《关于刑释解教重点人口和监外罪犯信息报送的通知》，建立信息互通制度，每月3日定期核对刑释解教重点人口和监外罪犯信息，及时掌握刑释解教重点人口和监外罪犯的工作、生活、社会活动和有无违反执行规定等现实表现情况，并做好记录，防止犯脱管失控。启用社区矫正信息监管系统和手机定位系统，把社区矫正工作由单一监管转为立体、全方位的动态管理，全面铺开社区矫正信息监管系统建设。全区52名社区矫正人员安装手机智能管理系统，24小时接受监管，实现对社矫人员管理从“人防”到“技防”的转变，消除以往“人防”监控的盲区，实现对社区矫正人员实时跟踪考察、警示告知、短信提醒等日常管理。全区建立区司法局、区公安分局、区地税局、区检察院、区经济科技局、区国土规划和环境保护局、区住房城乡建设和水务局、区发展改革和统计局等义工志愿者帮教服务队8支，协助做好帮教工作。各义工志愿者帮教服务队开展“关爱行动，创建平安江海”主题活动，全年共帮教育服务社区矫正对象100多人次。

审判

【刑事审判】 全年共审结刑事案件219件308人，上升26.6%。审结王新茹非法买卖、运输危险物质案等具有重大影响的案件。依法惩处危害人民群众生命健康安全的犯罪，判处涉及食品药品安全犯罪15件15人；严厉打击“两抢一盗”（抢劫、抢夺、盗窃）、“黄赌毒”、故意伤害等严重影响社会治安犯罪，共审结此类案件114件176人；重点打击破坏电力设备、危险驾驶等危害公共安全犯罪，审结此类案件31件33人。坚守防范冤假错案底线，保证办案质量；推进量刑规范化工作，规范裁判尺度，增强量刑的透明度和均衡性；注重惩罚和挽救相结合，对犯罪情节轻微，确有悔改表现的82名被告人判处非监禁刑；继续落实未成年人犯罪记录封存制度、“特邀代理人”参与刑事诉讼制度，保障未成年人的合法权益。

【民商事审判】 全年共审结民商事案件1988件，解决争议标的额7.36亿元。其中民一庭审结356件，民二庭审结626件，民三庭审结391件，礼乐法庭审结201件，外海法庭审结379件。全年审结民事案件720件，包括婚姻、继承、抚养等家庭纠纷156件；劳动争议案件196件；交通事故损害赔偿案件368件。依法处理商事纠纷，审结商事案件1268件。依法保护市场交易秩序，审结买卖、借款等合同纠纷891件；审结涉工程建设、房地产等纠纷217件。妥善处理原告外海街道中东村委会诉被告江海区嘉诺化工发展有限公司租赁合同纠纷案、原告陈猛烈诉被告外海街道石鹤利社区居委会合同纠纷案等案件。加强知识产权司法保护，审结涉知识产权案件37件。10月31日，知识产权审判庭进驻高新区，进一步加大对企业知识产权保护力度和影响范围。

【行政审判】 是年7月，广东省高级人民法院把区法院确定为行政案件集中管辖试点法院，通过向最高人民法院、广东省高级人民法院及区委、人大汇报工作，到江苏、辽宁等地考察学习先进经验，成立领导小组，落实每项工作的时间节点和具体负责人，组建由全市审判骨干组成的行政审判队伍，12月19日，启动行政案件集中管辖试点。全年审查行政非诉案件105件。

【审判监督】 推进审判流程公开、裁判文书公开、执行信息公开三大平台建设，把排期开庭信息向社会公开，制订《江门市江海区人民法院关于在互联网公布裁判文书的办法（试行）》，每月统计上报上网情况，实现裁判文书上网常态化，全年按照案件类型上网公开裁判文书1125份。采取微博直播庭审、召开新闻发布会等新形式，促进互动交流，全年发布微博信息612条、微博直播庭审2次。举办法院开放日活动，邀请基层群众、各界人士60余人次走进法院感受法院工作。借助江门市文广新局“电影下乡”平台，在区内各村播放《走进法院》宣传片。运用电视、报纸、法院门户网站等载体，公布法院工作动态、典型案例、司法改革等内容，增进群众对法院工作的了解和理解。向人大代表、政协委员发送手机短信4次270条，50余名人大代表、政协委员应邀参加庭审观摩、座谈交流等活动。落实人民陪审员“倍增计划”，增加基层群众比例，人民陪审员数量增至66人；制订人民陪审员管理办法并针对性地进行培训，以提升人民陪审员参审能力，增进群众参与司法、监督司法的规范性。全年人民陪审员参与庭审案件235件、参审268人次。

【执行工作】 全年执结各类案件724件，执结标的额9952.66万元，执行标到位率51.96%。开展“涉民生案件集中执行”专项活动，新收涉民生案件250件，执结245件，成功执结和信达电子厂拖欠员工工资系列案、孔和平受伤申请执行案等案件，被《南方都市报》《广州日报》《江门日报》等多家报纸媒体报道。深化网上“点对点”查控被执行人财产机制建设，与国土、房管、车管、工商和金融机构等部门，建立被执行人财产信息共享平台，查询被执行人房产、存款等信息312次；对74名被执行人列入“失信被执行人名单”，采取媒体曝光、限制高消费和限制出入境等措施，督促一批被执行人主动执行，并在全市率先运用民航、旅业信息查询系统对2名被执行人违反“限制高消费令”的违法行为进行处罚。传递“司法关爱”以解决申请人的生活问题，核实申请人生活情况和被执行人的财产情况，通过申请财政拨款、民政救济等途径为困难当事人筹措司法救助资金9万元。

【法庭建设】 完成新审判大楼第一标段的土建工程，加强数字法庭和法院信息化管理，推进高清视频会议终端等信息化建设及运用，开展固定资产专项清理，摸清资产情况，加强固定资产管理，为全省统一财物管理司法改革做好准备。完成机关大院硬件修缮及设施配备、知识产权庭、民三庭、执行局的搬迁改造及行政庭的装修布置，完成计算机、打印机等各类办公设备、用品及耗材的购买和维修。加强法院安防设施建设，增配防护设备和器材，安保工作由保安公司实施专业化管理，落实来访人员安检制度，加强枪支管理。参加全市法院司法警察警务训练，全面提升法警基本体能及技能水平。全年法警大队值庭217次，押解人犯296人，派出警力389人次，参与民商事值庭31次，参与协助执行48次，调警89人次。

【诉讼调解】 开展诉前联调，探索医患关系、建设工程合同等纠纷的矛盾化解新机制，形成以法官牵头、司法人员介入、行政管理人员沟通的“诉调对接”的模式，如立案庭力促凌某诉江海区某医院医疗损害责任等矛盾纠纷在庭前及时得到化解，主动参与突发紧急事件的处理，使朱某麻醉身亡事件、农某因交通事故死亡事件等纠纷在进法院立案前就解决完毕。坚持“调解优先、调判结合”，加大对矛盾易激化纠纷的调处力度，民事案件调撤率59.2%，审理的案件调撤率79.55%。在处理婚姻家庭、子女抚养问题等涉及身份关系纠纷时，采取灵活的方法使得此类案件绝大部分以调解方式解决。在办理交通事故案件时坚持“诚心，公心、耐心、爱心”原则，寻找化解争议的路径，找准解决矛盾的切入点和双方利益的平衡点，做好当事人工作，使案件双方当事人达成调解协议。

检察

【刑事检察】 全年共受理提请批准逮捕案件242件341人，经审查批准逮捕198件282人；受理移送审查起诉案件231件326人，经审查提起公诉220件314人。配合公安机关开展的以打击涉毒、涉黄赌、涉食药假、涉电信诈骗及银行卡、涉车、涉枪为主要内容的6大专项整治行动，开展破坏环境资源和危害食品药品安全犯罪专项立案监督活动。受理提请批准逮捕拒不支付劳动报酬案5件5人，污染环境案2件2人，生产销售不符合安全标准食品案2件6人，销售假药案13件13人；受理移送审查起诉毒品犯罪类案件15件16人，黄赌案件15件 36人，团伙盗窃车辆案件9件22人。加强证据的审查力度，把握逮捕、起诉标准，依法、及时排除非法证据，确保案件审查到位、案情细节核实到位、罪名定性准确到位、办案程序规范到位。推行证人、侦查人员、鉴定人出庭作证制度，办理首宗鉴定人出庭作证案件。联合区法院并邀请市检察院，分别从批准逮捕、提起公诉及审判阶段证据标准的角度，对区公安分局50余名主要办案人员进行培训，进一步强化侦查人员的证据意识。

【未成年人保护】 进一步完善“特邀代理人”参与审讯机制，增聘特邀代理人23名，对未成年人法定代理人无法参与审讯的，邀请其参与讯问或询问16人次；加强对未成年人的司法保护，为34名未成年犯罪嫌疑人申请提供法律援助，对32名符合条件的未成年人犯罪案件实施前科封存，分案起诉未成年人犯罪案件18件。

【反贪污贿赂和反渎职侵权】 加大查处职务犯罪工作力度，把握中央深入推进党风廉政建设和反腐败斗争的总体思路，结合高检院部署的查办和预防发生在群众身边、损害群众利益职务犯罪专项工作，重点查办江海区行政机关工作人员在行政执法过程中贪污受贿、滥用职权侵犯民生民利的职务犯罪，全年立案8件、10人。在办案中注重深挖窝案串案，立案查处区工商系统腐败窝案6件、7人，并继续立案查处区住建系统腐败窝案1件、2人。

【职务犯罪预防】 根据2013年查办的区住建系统贪腐窝案，拍摄职务犯罪预防片《危•局》并在区直各单位及相关法制宣传现场循环播出。走访村、居委会38次，重点约谈、召开座谈会，做好新当选“两委”班子的预防工作。深入区住建、工商、经促和海关等单位，开展职务犯罪警示教育和预防宣传59次，与区社会事务局、区供电局等单位分别签订《关于在查办和预防职务犯罪工作中加强联系配合的意见》，加强职务犯罪预防工作。开展行政执法与行政审批专项预防调查，结合区工商系统腐败窝案到涉案单位开展预防调查工作，研究分析重点领域和关键环节发生职务犯罪的原因、特点、规律以及存在的机制漏洞和体制缺陷。对全区70多家企业、个体工商户进行走访调查，听取其对江海区行政执法活动的意见建议，根据调研情况撰写出《关于行政执法对高新区投资环境影响的调研情况报告》报区委，发至区纪委和区直相关部门。全年开展预防调查10次，预防介入1次。发挥行贿犯罪档案查询在社会诚信体系建设中的作用，提供行贿犯罪档案查询163次。

【刑事诉讼监督】 强化刑事诉讼监督工作，加大对有案不立、有罪不究、以罚代刑、量刑畸轻畸重等问题的监督力度。拓宽监督方式方法，以引导侦查取证作为重点，在确保案件质量的同时加强程序合法性监督，对54件重大疑难案件提前介入侦查，退回补充侦查61件100人，纠正漏捕8件9人，纠正漏诉漏罪2人，不批准逮捕44件59人，不起诉8人，监督公安机关立案2件2人，撤案1件1人，增强侦查监督实效。

【民事行政检察】 贯彻落实《人民检察院民事诉讼监督规则（试行）》，突出民事执行监督职责，综合运用各种监督方式，规范对民事执行活动的监督，全年办结执行监督案件66件、支持起诉案件9件、督促行政机关履职案件3件。

【控告申诉检察】 落实检察长接待日制度、接访首办责任制及涉法涉诉信访改革工作，细化案件调查核实工作，做好息诉罢访及举报宣传工作，成功处理一宗长达10年的信访案；受理举报控申案件48件66人。

【司法警察】 按照《人民检察院司法警察条例》《人民检察院司法警察执行职务细则》要求，以大练兵活动为契机，以保障办案安全为重点工作。全年司法警察大队执行警务172宗342件，出警243人次，有效维护检察工作秩序，提高检察办案效率。

【检察技术】 开展检验鉴定、信息化建设、全程同步录音录像工作、网络平台和电脑设备的日常维护工作，开展全国统一业务应用软件系统的维护工作，协助完成涉密信息系统分级保护建设项目，完成文检鉴定12件，自侦案件同步录音录像198人次，更换电脑40台，维修电脑102次，为各业务部门提供技术服务18000多次、电话调试36次。

【案件管理】 按照《检察机关执法工作基本规范》与公安机关联签文件细化案件材料移送标准；利用统一业务应用系统，加大案件流程管理、质量评查、统计分析、业务考评工作力度；开展案件信息公开工作，推进案件管理工作创新发展，受理各类案件497件，移送案件497件；入库涉案物品343件，出库607件；接待律师阅卷49次，受理案件查询76次；导出案件信息176件，公开终结性法律文书39件。

【人民监督员】 坚持人民监督员制度，把1件1人符合条件的案件提交人民监督员讨论评议，经讨论后全部同意区检察院办案部门拟不起诉意见，增强办案透明度。

【检察委员会】 按照《人民检察院检察委员会议事和工作规则》等规定，建立健全检委会工作机制，发挥检委会的议案职能，对18件刑事案件及3件事项进行审议表决。实施检委会学习例会制，每月组织检委会委员学习1次，由院各部门业务骨干授课，开展集中学习5次，进一步提高委员的议事议案能力。

【阳光检务】 开展“阳光检务”活动，聘任第二届“阳光检务”联络员54人，举办“检察开放日”活动2次，主动向区人大常委会、区政协汇报和通报检察工作情况，自觉接受人大、政协和社会各界监督。

【派驻镇街检察室】 3月，区检察院率先在全省设立派驻检察室驻村检务联络点，推行“三个一”（每个领导班子成员每年撰写1篇调研报告，每个业务骨干每年提出1条创新建议，各部门每年推出1项创新经验）工作方式，通过驻村检务联络点深入到各村联络组和村民了解群众诉求，把相关问题反馈给各街道、村，对处理情况跟踪监督。全年检察室通过驻村检务联络点接待群众来访60次，收集涉检线索18条。强化对基层执法、司法活动的监督，解决群众反映强烈的“诉讼难”“执行难”等问题，提升检察室服务水平，督促行政机关依法履职14件，受理民事、行政申诉案件17件17人，发现行政机关应移送刑事犯罪线索3件4人，开展社区矫正监督工作29次，受理群众“诉讼难”“执行难”问题19件，妥善解决15件。结合市检察院组织的“走乡村听民意解难题”活动，先后到外海街道麻三村、礼乐街道跨龙村，与村民代表、“阳光检务”联络员、政协委员、人大代表等人召开座谈会5次，听取和收集社会各界对检察机关和检察工作的意见和建议。全年检察室走访有关单位及“阳光检务”联络员、人大代表400余人次，开展法制宣传274次。

公安

【社会治安】 以打造“平安两区”为目标，围绕“六大专项”打击整治行动等中心工作，深入排查化解社会矛盾，提高打防管控效能，全年接报刑事治安有效警情4463宗，下降3%；立刑事案件2750宗，破1336宗，破案率48.6%，下降22.6%、破案数和破案率分别上升13.5%、15.5%；命案发4宗全破，没有发生大规模群体性事件、治安灾害事故和公共危机事件。

【打击刑事犯罪】 重点打击涉车、涉毒、涉食药假、涉黄赌、涉枪、涉电信诈骗等违法犯罪活动，破获各类案件1336宗，其中侵财案件1160宗；破获省公安厅督办的特大系列盗窃摩托车案件2宗，快速侦破“3·21”故意纵火案、“7·18”恶性入室抢劫强奸案、“9·24”非法制造枪支弹药案等一批大要案件，捣毁一批涉黄、赌、毒窝点。

【经济犯罪侦查】 组织开展“打击制假售假”“打击传销”“打击发票犯罪”等系列专项行动，受理经济案件25起、立案18起、破案10起，抓获经济犯罪嫌疑人15名，其中刑拘15人、逮捕7人、起诉11人、追逃5人，挽回经济损失500余万元。

【巡逻防控】 继续深入开展“大巡防”工作，加强外海大桥、广珠城轨江门站、港澳客运码头等重点场所部位的安全防护力量；以社区警务为基础，把社会面巡逻防控工作延伸至内街内巷。全年出动巡逻警力8600人次，盘查可疑人员2.56万人，巡逻设卡中抓获违法犯罪嫌疑人41人，破获刑事案件19宗25人，查处治安案件14宗16人。

【治安管理】 开展扫黄禁赌专项行动，查处涉“黄赌”刑事案件29宗，逮捕46人；责令停业桑拿洗浴按摩场所10间、美容美发场所19间，整改按摩沐足场所5间，歌舞娱乐场所4间。全面开展治爆缉枪专项行动，收缴各类管制刀具684把；收缴猎枪、小口径枪、火药枪3支，气枪和其他枪支1721支，军用弹、猎弹、小口径弹子弹415发，其他子弹157436发，仿真枪680支。在全区29家旅馆业全部安装使用旅业管理系统。对全区62家废品回收企业检查744次，发现隐患10处，发出整改通知书10份，整改隐患10处。落实消防安全监督检查，麻园出租屋消防整治工作经验被全市推广，礼乐街道火灾隐患重点地区整治工作通过市检查验收。

【公安法制】 推进执法办案场所规范化建设，按照公安部办案场所“四个一律”（违法犯罪嫌疑人被带至公安机关后，一律直接带入办案区；进入办案区后，一律先进行身体检查和信息采集；违法犯罪嫌疑人在办案内，一律要有人负责看管；在办案区内开展执法活动，一律要有视频监控并纪录）的要求，对全局1个办案中心和7个办案区的规范化建设改造、使用、管理情况进行检查，加强执法办案场所的使用管理。以提高执法质量和执法水平为中心，考评案件3395宗，发出整改3435份。推进执法主体建设，提升办案民警法律素质，采取举办专题培训班、组织民警到法院参加庭审旁听等措施，不定期对基层办案民警进行法制培训。

【缉毒工作】 开展打击涉毒违法犯罪专项行动，破获毒品犯罪案件63宗，抓获毒品犯罪嫌疑人72人，缴获各类毒品470多克，抓获吸毒人员456名，行政拘留411人，强制隔离戒毒283人、社区戒毒51人。加强易制毒化学品管理监督，办理易制毒化学品受理购买申请1452份，购买备案证和运输备案证2464份，办理销售登记备案证8855份。

【警务保障】 全区公安机关办公经费首次实现由政府财政全额保障，人均公用经费标准增加至每人7.8万元。完成全区社会治安视频监控系统二期工程建设，采购一批刑事技术装备、对讲机、移动警务终端配备至基层；投入资金200多万元，购置中巴运兵车2辆和反恐防暴器材一批；推广I2和ITAP情报分析系统，提高情报导侦能力；改建、扩建办公网络。

【人口管理】 2014年，全区常住人口51498户、161203人。其中男性80032人、女性81171人；迁入10154人，迁出10299人；年内出生1710人，出生率10.6‰；年内死亡994人，死亡率6.2‰；出生与死亡相比净增716人，净增率4‰。登记流动人口134518人，其中男性77946人、女性56572人。

交通

【春运专项整治】 根据省、市春运工作部署和要求，春运期间联合江海分局缉毒大队、派出所等职能部门，在辖区五邑路、桥南大道江南市场等重点路段深入开展整治“酒驾”“毒驾”、营运客车、危化品车辆和校车行驶秩序统一整治行动。组织警力在辖区农村路段开展农村地区交通违法行为专项整治行动，查处各类严重交通违法犯罪行为。

【春运交通保障】 1月30日至2月6日，安排警力对中江高速公路外海出入口、江珠高速公路礼乐出入口加强巡逻、定点管控，每天专门安排警力在两个高速公路出入口进行交通疏导和巡查，及时掌握车流信息，做好交通疏导分流的应急准备，预防严重交通拥堵事件的发生。外海大桥春运执勤点于春节后启动，2月4日起每天早上8:00时至晚上20:00时，不间断派出警力驻守，对江门至中山方向7座以上客车逢车必查，有违必纠。春运执勤服务点启动以来，投入警力520人次，出动警车260辆次，检查客运车辆825辆次，查处各类交通违法行为810宗，暂扣违法车辆180辆。

【大型活动及节假日交通安保】 2月14日“2014年慈善公益万人行”期间，派出警力在蓬江大桥南和东华大桥南做好交通疏导工作，缓解市区的交通压力。在2月24—25日白水带旅游风景区举办“观音开库”传统民俗节日和10月2日重阳节前，向社会发布交通管制通告，制订白水带风景区交通保障方案，对白水带旅游风景区周边道路实施交通管制措施，合理调配警力，适时调整外围、内围管控区域，确保活动期间辖区道路交通顺畅。

【交通设施和路段排查整改】 以创文复评迎检工作为载体，对辖区路段展开地毯式排查，通过排查发现辖区路段标志、标线主要存在部分路段的标线磨损、模糊不清，且有旧线残留；部分标志、标线被树木遮挡；部分标志、标线残缺污损等问题，排查路段须完善路面的交通标志、标线51处，路段须加装或拆除交通标志牌34处，须封闭的道路缺口2处，需加装提醒警示信号灯4处，须增加路口交通信号灯2处，需调整信号灯配时1处，需整改的事故多发隐患路段2处。联系上级部门对交通安全设施进行整改，基本完成排查出来的交通安全设施问题和隐患路段整改工作。

【道路停车难问题调研以及停车位施划】 推进交通管理创新，规范辖区的停车秩序，会同区工商分局、区城管局对辖区停车问题较为突出、亟待解决停车秩序混乱的路段及沿线单位调研，确定江海区江海碧桂园楼盘的周边与小区内道路、中沙市场、滘头市场、东海路沿线一片路段因停车位较少，机动车乱停乱放现象较为严重。在调研过程中，为做好相关路段的停车位规划、依法有序停放车辆及规范设置停车车位等问题广泛听取意见，把调研的停车位施划方案落实到位，采取改善措施，从源头上规范停车秩序。排查出28处路段须施划停车位2307个，完成施划停车位50%。

【优化交通组织】 为提高辖区道路通行效率，对影响辖区交通畅顺的路段进行排查整改，包括有效解决白水带岗的交通瓶颈问题，交通效率大幅提高。在对东海路施划公交车、摩托车专用道，五邑路和江海路设置摩托车专用道问题，做大量调研论证工作的基础上集中对以上路段进行优化；对滘头街道挪角里花圃进行整改，联系指挥大队、市规划局、市政设计院和区城管局等部门，召开现场会议，协调和督促市政设计院作出改造设计图和施工效果图并请市规划局和市政设计院确定改造方案，交警部门对交通标志标线的设置进行审核后施工。

【联合部门专项整治】 采取“兵团作战“方

式，联合江海巡警、特警、交通执法部门和辖区派出所以及蓬江交警、巡警等开展20次统一行动，整治“酒驾”、无牌无证驾驶、泥头车违法行为、超期年审和有多次违法未处理的摩托车、未登记的超标助力车上路行驶和人力三轮车加装动力装置等交通违法行为。查处一批泥头车飘洒、超载、无牌无证、非法改装摩托车、超标燃油助力自行车非法赛车（飙车）、驾驶摩托车超载、超速、遮挡号牌、不戴安全头盔、无证驾驶、酒后驾驶等严重交通违法行为个人。在各类专项整治行动中，查处酒驾交通违法行为25宗，暂扣各类交通违法车辆4278辆，其中暂扣群众反映强烈的超标燃油助力车2500余辆，现场查处各类交通违法行为3350宗。

【农村地区交通违法整治】 加快对农村地区的面包车粘贴核载提示牌工作进度，结合今年全国文明城市复评迎检工作，深入辖区农村路段和圩镇集市，多项措施整改违法行为和开展宣传交通宣传工作，重点整治摩托车不戴安全头盔、超载、电动自行车、飙车、酒驾和非法改装等严重违法行为。加强对辖区农村车辆的行车安全管理，向来往的农村微型面包车驾驶员派发“交通安全核载提示标语”，并督促驾驶员将提示标语粘贴在车辆显眼位置，自觉接受群众监督。倡导群众拒绝乘坐超员、超载车辆，参与到监督、举报涉及农村微型面包车超员、超载等严重交通违法行为的工作。

【加强交通安全宣传】 开展“和谐春运 、平安是福”2014年春运首日宣传活动，在外海大桥执勤点派发春运宣传单张，宣传资料包括《致全国客运车辆驾驶人的一封信》和《平安中国梦》，进行文明交通劝导，劝导机动车辆驾驶人、行人和非机动车要遵守交通规则。外海、礼乐广播电视站等新闻媒体及时报道；运用电台、互联网、手机等信息资讯平台，以电台交通直击连线、江门交警公安微博和车主服务手机短信等方式，深入开展交通状况和服务信息的发布工作，加深与群众的互动交流，方便群众及时掌握路况信息，做到理性出行；推动“文明江海、安全出行”行动的深入开展，联合区文明办、团区委、区义工联开展以“文明江海，从我做起”为主题劝导活动，出动警力1600多人次，联合义工行动1600多人次。

消防

【完成应急任务】 完成“5•26”晨彩纸业、“6•24”爱启杰包装公司、“10•31”安泰海绵厂火灾扑救工作和“8•8”信义玻璃厂熔炉泄漏抢险救援工作；完成“观音开库”、礼乐龙舟赛、国庆及重阳节保卫等重大安保工作。

【构建和谐警民关系】 与江门一中、中港英文学校、荣信电路板有限公司、市福利院等多家单位建立警民共建关系，并与外海人民医院建立官兵就医“绿色通道”，先后出动车辆18台次，为群众送水、冲洗街道；义务献血5000毫升；开放消防站接待参观群众1000余人；参加“慈善活动万人行”活动等。全年接警出动179起，出动车辆320辆次，出动警力1660人次，抢救被困人员20 人，疏散被困人员14人，抢救财产价值2.6亿元。

【优化社会消防安全环境】 礼乐街道是市政府2014年火灾隐患整治重点地区，协助礼乐街道完成多项攻坚目标并整治火灾隐患，在新民村新建专职消防队，打造消防主题公园、消防宣传街和新民小学逃生体验室等消防教育平台；加大“三小”（小档口、小作坊、小娱乐）场所的复查力度，深化“一户一档”式常态化管理，为企业、单位消除一大批火灾隐患。协助调研外海街道麻园片区出租屋存在的消防隐患，出台出租屋整治标准，排查整治出租屋1000家，得到市的肯定并在江海区召开全市的出租屋整治现场会议。

【重大火灾隐患整治】 发挥部门联动工作机制，推动区市场安监、规划、国土、住建、工商、城管等部门对本行业、本系统管辖的单位开展消防安全大检查，按照“不漏一家单位、不漏一处隐患”的原则，采取“部门联动、联合执法、错时检查”方式，以城乡结合部、“城中村”、棚户区、商贸市场、小加工作坊、“三合一”场所集中连片区域6类区域以及高层建筑、地下建筑、易燃易爆单位、大型人员密集场所4种场所为重点的场所开展排查整治。全年临时查封单位6家，责令“三停”单位3家，提请政府挂牌督办重大火灾隐患单位8家；组织消防监督员到现场提供法律和技术指导，协助企业整改隐患，有效消除一批火灾隐患。重点整治礼乐街道文昌农贸市场和外海街道麻园片区出租屋等2处区域性重大火灾隐患，其中文昌农贸市场迁出违规住人场所15家、采取技防设施14家，完成隐患整改；麻园片区出租屋1500多间，通过排查整改600多家。通过技防设施改造，增加灭火器、消防卷盘、应急照明、逃生软梯等消防设施，排查、整治场所3563家、火灾隐患2139处，其中完成整改663处；政府挂牌重大火灾隐患单位6家，其中3家按照要求整改完毕。

【消防安全宣传和培训】 全年发布各类消防安全宣传信息20000多条，在外海、礼乐广播电视站24小时不间断播放消防公益宣传短片、消防安全警示标语、消防安全知识和最新整治情况等信息；在晚间插播曝光违法违规场所等典型案例。印制各类消防宣传挂图、消防安全小册子、传单等3万多份发至各村（社区）和各单位；在主要路段开辟大型宣传栏和户外广告；在全区范围内选择人流车流量大的路段张挂宣传标语326条；在住宅小区、居民区和出租屋集中区域张贴火灾隐患整治通知和消防宣传海报。开展火灾隐患整治专题培训班；以现场培训、举办专题培训班等方式，深入学校为全区中小学生举办消防安全知识大讲堂和火灾疏散逃生演练。

【生产储存经营场所违规住人专项排查整治】 根据省政府开展生产存储经营场所违规住人专项整治行动以及大排查大整治工作部署，在全区开展生产存储经营场所违规住人专项整治专项行动。全区检查单位409家，督促整改火灾隐患421处，临时查封11家，搬迁违规住宿人员52人。除了省政府明确规定的商场、市场、临街店铺、美容美发店等场所以外，火灾隐患问题突出的“城中村”和出租屋纳入整治范围。对排查发现的火灾隐患和违法行为，实施临时查封、“三停”（停止施工、停止使用或者停产停业）、罚款和拘留等执法手段查处。利用广播、电视、报纸、网络等平台进行专题宣传。在检查过程中对单位员工、个体经营者开展“十分钟消防现场培训”，张贴《消防安全常识二十条》。联合各职能部门在各街道开展“安全生产月”宣传咨询日活动，重点宣讲违规住人的危险性。

【消防安全网格化管理】 发挥村、社区居民委员会和属地公安派出所对辖区人员、场所分布情况熟悉的作用，按照地区、行业系统分类建立台账，摸清辖区违规住人场所情况，有的放矢开展整治。各街道落实专门人员，驻村、社区开展帮扶整治，对重点、难点问题实行包片、包点措施，限期解决，确保整治到位。按照中山现场会的精神，以江南街道新中社区为“网格化”管理试点单位，组织各街道派员现场学习，在全区推进消防安全“网格化”管理，确立“网格化”工作流程，建立健全各项规章制度。

人民武装

【开展实战化军事训练】 开展形势战备教育，落实《战备工作条例》，坚持在节假日和敏感时期组织开展战备防护期教育，修订完善各类方案预案，包括对《江海区防卫作战方案》《江海区突发事件应急预案》进行修订完善和细化。开展民兵整组，按照应急、支援、储备三大类要求，先后完成全区800名基干民兵的整组工作，确保编组与形势任务相适应、与需求潜力相一致、与动员使用相衔接。结合“考比拉”（基本法规考核、基本技能比武、基本业务拉练）活动和节日战备，6次组织民兵应急分队进行紧急出动演练，有效提升处置突发事件的能力。先后集中204人次的民兵应急分队和人武部职工参加江门军分区组织的军事训练“考比拉”（基本法规考核、基本技能比武、基本业务拉练）活动。取得民兵应急分队点验拉动优秀、职工队伍总评第一名、步枪实弹射击第一名、民兵应急分队警棍盾牌“处突”队形第二名、步枪实弹射击第三名的好成绩。组织55名民兵利用10天时间开展轻舟分队训练。开展防空分队骨干选拔训练并选送10名民兵到台山参加军分区统一组织的防空分队集训。选送骨干参加省军区组织的无线电报（话）务骨干集训。组织民兵森林防火分队进行实战演练。组织现役干部进行军事训练并参加军分区组织的竞赛性考核，取得非战争军事行动组织指挥第一、5人单课目满分的优异成绩。

【征兵工作】 根据征兵工作要求，突出高学历青年重点，先后3次到广东南方职业学院进行调研和宣传发动；利用宣传单、横幅、手机短信和电视媒体等渠道在全区范围大造声势；深入街道和村（社区）进行“拉网式”宣传发动，对适龄大学生面对面做工作。2014年报名应征的高中以上学历青年730多名，比2013年增加15%。按照体检标准组织3次体检，以应征青年现实表现重点，通过公安、教育、政法等部门的考核。坚持集体定兵，经公安、教育、卫生、纪委等部门参与定兵，做到“阳光征兵”。在征兵任务增加的情况下，实现大学生男兵比例65%的目标（2013年58%），2014年全省大学生入伍比例25%。

【后勤保障】 以《后勤工作条例》为指南，制定完善重要目标防卫、保障部队过境、城市防空袭等行动后勤保障方案。对辖区内大型物流企业、油库（站）、公路、轻轨、食品药店、车船修理厂等企业开展保障能力调查，摸清辖区战备物资动员潜力及分布情况。协调区政府解决文印室、兵器室、荣誉室等建设经费，圆满完成各项训练和征兵工作的保障任务。汲取衡阳军械仓库爆炸事故教训，严守武器装备操作规程和保管保养技术规范，安全调运报废弹药1612发（枚），其中67式木柄手榴弹1020枚、53式7.62毫米普通弹450发、54式

12.7毫米高机穿甲燃烧弹142发。组织涉密载体“清零”活动，清理各类涉密载体6个，收缴计算机8台，销毁涉密光盘75张，在重要涉密场所安装手机信号屏蔽器4部，配备手机柜1个。

【双拥工作】 召开全区武装工作会议，安排街道党工委书记作党管武装工作述职，区领导听取工作汇报并提出工作要求；街道调整年富力强、工作经验丰富的基层武装部部长2名。落实区委议军会、党政领导过“军事日”和国防教育专题讲座等制度。对管武兴武和武装工作的先进典型加强宣传报道，先后为《中国民兵》《中国国防报》《民兵生活》《南方日报》等媒体送稿22篇。“八一”期间组织召开江海区驻军座谈会。武装部领导先后走访区委、人大、政府、政协的主要领导以及辖区内驻军单位，对一些与武装工作相关的职能部门，通过走访座谈、过“军事日”等形式增进相互了解。协调驻军单位开展植树造林、义务献血、扶贫帮困、创文以及预防登革热等活动。全年解决3名转业干部安置、2名随军家属就业和2名子女入学。

经济管理与监督

JING JI GUAN LI YU JIAN DU

发展规划和体制改革

【城乡发展环境】 理顺中海石油气电集团江门LNG气化站项目立项的相关手续。该项目建设扩大全区供气能力，为推进江门市与中海油一揽子框架合作协议项目奠定基础。推进江门港主城港区江海作业区高新区公共码头、江门港主城港区江中珠游艇会码头、中海油石油气集团江门LNG气化站、江门市康禾投资有限公司康城广场和江门高新区科技创新创业孵化基地建设等重点工程立项。跟进江中珠游船、银帆化工环保汽车涂料、分布式太阳能发电等项目落地工作。银帆化工项目进入内部装修和设备安装。推动凌志工业园分布式太阳能发电项目。江中珠游船项目岸上会所工程7月动工，水上工程设计与施工招标9月开标。借助城投债融资渠道，加快胜利南路、南环路延长线和南山路等路网建设进度。利用江门高新区债融资平台加快基础设施建设项目推进。推动公共码头项目9月动工建设和协调联检大楼等码头配套设施建设。

【重点建设项目安排】 高新区（江海区）58项重点项目累计完成投资额57.21亿元，超出年初投资计划4.11亿元，完成率107.74%。其中江海区列入江门市重点项目10项，累计完成投资额17.35亿元，完成率112.5%，全市排名第一；高新区列入市重点项目19项，累计完成投资额23.69亿元，完成率113.4%，在全市17个责任单位中排名第三。在58项重点项目中，全面完成15项，完成年度目标31项，占全部项目的80%，主要集中在工业、基建和水利领域；未完成年度目标11项，主要集中在房地产领域；暂缓1项为南山路（江海路—五邑路段），待道路规划红线确定以后开展工作。

统计工作

【年报和定期报表】 根据年报、月报和各项抽样调查等常规统计业务其专业数据特点，各专业人员总结专业数据规律，关注行业发展，加强对数据质量的把关，对筛选出来的异常数据进行查询和审核。通过重点审核产值、销售产值、主营收入、利润等指标，兼顾企业各个表种、各个指标的平衡关系与制约依存关系，对网报反映的企业经营情况作深入分析，利用用电监测系统等工具多方评估数据的合理性与规范性，并对各个统计指标变化方向不一致或变化幅度差别大的查明原因，对变化幅度超过合理范围的企业跟踪研究。坚持企业实地调研，加强与企业的沟通交流，降低联网直报数据的差错率，提高源头数据质量。

【统计信息自动化建设】 以推进“四大工程”建设为契机，持续加强对统计业务网络视频会议系统的完善和应用，推进电子政务的各项建设，在经济普查中推广手持PDA数据采集设备等，推动统计系统的信息化建设，提高工作效率。

【统计法规宣传和执法检查】 结合第三次全国经济普查、统计“四大工程”等开展宣传。对全区联网直报企业开展法律告知，要求统计资料严格限用于统计工作（含节能统计监测），不与统计工作以外的征税纳税、收费捐派等挂钩，有效改善联网直报工作环境。开展一套表联网直报统计执法大检查工作，对日常的统计资料、统计数据和有关文件等进行检查，对部分数据差异大的企业发出统计检查查询书，有效提高统计工作的效率和统计数据的质量。对部分企业在不配合经济普查核查的问题，发出催报通知书和数据查询书3份，有效保证普查上报的进度和数据的质量。

【人员培训】 按照省、市统计局的工作部署和要求，加强对基层统计人员的业务培训工作，报名参加初级和中级专业技术资格考试、统计从业资格考试分别为30人、10人、143人，报名参加统计继续教育培训共50人。

【抽样调查和第三次全国经济普查】 全年完成上级部门下达的景气调查、禽畜调查、非公有制人才调查、十项民生调查等任务。按照省、市关于开展第三次全国经济普查的部署和要求，从1月1日零时起，全国第三次经济普查启动，全区普查办工作人员30多名，全区普查指导员、普查员300多名，同时开展普查工作。发动国税、地税等单位召开企业培训会议，对企业进行普查宣传和业务培训。至25日24时，全区普查PDA综合上报率102.6%，超额完成工作任务。

【统计四大工程建设】 加强区、街两级统计基层基础建设，进一步完善基本单位名录库，运用经济普查成果，全面更新完善单位名录库，逐一核对联网直报企业单位库中单位信息、单位类型、组织结构，坚决清除不符合规定的单位，确保联网直报企业单位库信息的真实可靠。推进一套表制度建设，推广联网直报系统应用，规模以上服务业纳入联网直报系统。全区年报基层统计网上直报率100%，月报的总体直报率超过99%，部分专业的月报上报率100%。

表4

江海区主要经济指标

指　　标	单 位	2014年	增长%
江海区国民经济和社会发展主要指标			
江海区生产总值	万元	1343276	10.5
江海区工业总产值	万元	3757745	13.1
江海区农业总产值	万元	81433	5.3
江海区国民经济主要指标人均占有量			
人均生产总值	元	51794	9.82
江海区人口、土地面积和人口密度			
土地面积	平方公里	109.16	—
年末常住人口	万人	26.02	0.66
江海区就业和失业变化情况			
江海区年末从业人员数	人	142792	-1.00
江海区主要农作物播种面积、亩产和总产量			
粮食总产量	吨	1199	-6.62
江海区工业企业单位个数	个	2050	21.81
江海区规模以上工业企业主要产品产量			
摩托车	万辆	54.64	15.7

续上表

指　　标	单 位	2014年	增长%
洗衣机	万台	105.84	0.9
空调器	万台	36.5	13.4
江海区固定资产投资及其增长速度	万元	745758	23.21
外商直接投资	万美元	5933	-50.64
社会消费品零售总额	万元	368571	16.2
江海区居民消费价格指数			
公共财政预算收入	万元	90118	15.19
公共财政预算支出	万元	114176	32.18
江海区房地产开发投资情况	万元	261956	2.18
江海区卫生机构、床位及人员数			
卫生技术人员数	人	556	1.83
医院床位数	张	289	3.96
江海区各类学校情况			
普通中学在校学生数	人	14480	-4.45
小学在校学生数	人	20234	4.53
财政支出中教育支出	万元	20885	13.19

物价管理

【价格管理和收费管理】 联合区财政局和区审计局开展2013年度行政事业性收费年审工作，对全区30个行政事业性单位进行收费年审，对在年审中发现问题的单位提出整改意见。对行政事业性收费、经营服务性收费和社会力量办学等收费，按照规定程序发放收费许可证。全年核（换）发行政事业性收费许可证18个。对列入物价部门管理的经营服务性收费、教育收费（含强制性培训收费），按照相关程序规定做好价费审批和管理工作。全年共核发经营服务性许可证12个，教育和社会力量办学许可证15个。不定期对区内医疗机构执行的非营利性医疗机构服务价格的情况进行检查，规范和引导医疗机构对价格的执行。对上级部门出台的属政府指导价格的药品价格下调跟踪检查，维护医药市场价格秩序。贯彻落实市物价局、市教育局允许各中小学校收取“代购教辅资料费”政策，为其中15所中小学校核（换）发收费许可证（教育）并督促做好收费公示工作。对省物价局审批核定的江门市公办幼儿园收费标准，及时通知辖区3家公办幼儿园并为其办理相应的调价手续。审核区内多间民办幼儿园提交的提价成本监审资料，为27间民办幼儿园办理提价备案的手续。审核江海区博雅学校等民办学校提交的教育培养成本，结合博雅学校杜朗口教学新模式和全区中小学生均培养成本和居民承受能力，制订该校的书杂费等收费标准。为江海区阳光学校核定收费标准。

【价格监督检查】 根据国家发改委和广东省物价局的有关文件精神，每周安排专人到各农贸市场、液化气供应点巡查，了解粮、油、肉、蛋等主要副食品和成品油、液化气、农业生产资料等重要商品的价格变动情况，及时掌握市场供求和价格变动情况，价格异常波动的马上上报，维护市场价格的基本稳定。加强节假日市场价格检查。采取全面巡查和重点检查相结合的方式，对重要商品和服务市场进行检查。开展黄金周旅游价格专项检查，做好中秋、国庆期间的市场价格监管工作，对陈少白故居、茶庵寺公园及白水带公园等旅游景点及各大商场的商品价格进行检查，在检查中未发现有擅自提价、变相涨价、出售商品和提供服务不执行明码标价规定等违规的现象。联合市物价局检查分局和区教育局等部门分别开展春秋两季的教育收费检查，没有发现有乱收费现象。根据省、市的工作部署，对辖区内的药店继续进行巡查，以规范零售药店的销售行为。

【价格监审】 对银城花园、天鹅湾爱琴苑等新楼盘提出物业服务收费超出政府指导价的请求，根据其提交的物业服务预测成本资料，结合居民的价格承受能力，合理核定这些楼盘的物业收费标准。为江门市高新技术工业园公司办理物业核准。为乐雅居、海伦湾、万隆茗汇轩、富华花园、高新小区等6个小区办理物业收费备案。

【价格监测】 加强价格监测，特别在节假日、各种自然灾害发生期间，对市场价格进行巡查，做好粮食、食用油、猪肉、副食品、化肥、药品、成品油、液化石油气等重要商品市场价格动态的监测，及时掌握市场价格动态，防止发生哄抢物品、哄抬物品价格事件的发生。继续开展“菜篮子”价格监测，对猪肉、鱼、蛋、禽、蔬菜等与群众息息相关的商品价格每周一、四进行专人实地调查监测。对平价商店商品每天进行监测并把数据上报省、市物价局。

【价格评估鉴证】 按照《广东省涉案物品价格鉴证操作规程》及相关的法律、法规开展工作，全年接受各类价格鉴证297宗，评估金额953.27万元，其中受理民事、经济涉案案件委托1宗，涉案物品价格鉴定总价值385.03万元；受理刑事涉案案件委托137宗，鉴定金额141.71万元；受理机关事业单位和个人委托7宗，评估金额87.94万元；受理交通事故车物损失鉴定委托152宗，评估金额338.59万元。在巩固原有工作领域的基础上，进一步拓宽工作领域，扩大业务量，把业务范围延伸到涉案价格鉴证以外。以车损评估为契机，与交警部门及保险公司共同开展车损业务，为交通事故的赔偿、调解、处理提供参照依据。以争创国家级规范化价格认证中心活动为载体，不断强化价格认证中心的规范化建设和管理。按照《涉案物品价格鉴定操作规程》开展工作，做到资料齐全、程序合法、计算准确、结论真实，进一步规范价格认证和鉴定工作程序。

【涉企收费治理】 根据国家和省出台取消和免征100多项行政事业性收费项目政策，涉及全区的有公安部门的治安联防费和户口准迁证费、工商部门的企业年度检验费以及个体和企业注册登记费、税务部门的税务发票工本费等等，通过转发文件到相关部门及时变更或注销收费许可证。开展社会团体收费检查，规范清理社会团体的不合理收费行为。

【价格惠民】 推进价格惠民建设，确保平价商店质量，对平价商店、平价药店进行定期和不定期考核，对不符合规定的平价商店坚决要求其限期整改，对整改不合格的坚决予以取消，其中江海区全盛超市、江海区慈善救助互动中心和江海区老街坊便民商店予以撤消其平价商店资格处理，并收回市物价局颁发的“农副产品平价商店（专营区）”牌匾，不再享受平价商店的资金补贴及各项优惠政策。全区全年月平价商店销售商品总额3491.76万元、其中药品189.97万元，优惠让利308.11万元、其中药品让利18.82万元。

经济和科技发展

□ 农业

【农田基础建设】 完成礼乐街道跨龙、雄光村高标准基本农田建设项目，总投资220万元，建设规模1100亩，重建跨龙村七星围桥、雄光村东口围桥，修整跨龙机耕路1106米。动工兴建滘头电排站调固工程、外海龙溪围西、麻园与马鬃沙围基路加高加固工程。分批次组织农技人员和种养大户参加知识更新培训，共举办农业技术培训班12期，培训人数930人次。依托基层农技推广体系改革与建设补助项目，强化无公害农产品基地建设，培育礼乐街道丰盛村蔬菜生产基地、英南村水产养殖基地和向民村葡萄种植基地，3个基地在全区新品种新技术试验、农情信息采集传播等方面发挥作用。加强对农户开展宣传教育，杜绝使用高毒和禁用农业投入品，全年抽检蔬菜样品809个，合格率99.5%。

【参与市农博会】 第四届江门市农博会于2014年11月21－23日在五邑华侨广场会展中心举行，利用市农博会平台，组织7家（共16个展位）有代表性的本地农业企业组团参加现场展销，并配以图片、文字，播放DVD专题宣传片等方式，做到全方位、多角度、多层次地全面展示全区农业农村工作的新成果，包括江海区周家土特产经营部的龟苓膏、陈皮红豆、陈皮酒；江海区礼乐合兴肉类制品厂的肉制品、海产品；江海区裕景食品有限公司的干活调味、海味；江海区懒羊羊便利店的熟食；江门市江新肉类联合加工有限公司的腊肉制品和江门市鹏中皇食品有限公司的食品、腊肉制品。

【畜产品质量安全监管】 全面实施动物检疫电子出证管理，通过扫溯检疫证明二维码标识，查询畜产品的生产源头，全年检查养殖场450家次，饲料兽药样本60份，肉品样本 40份，猪尿样本3630多份，水产样品40份，合格率100%。制订《江海区生猪定点屠宰厂病害猪无害化处理工作程序》，与各屠宰户签订肉品质量安全承诺书 85份，要求屠宰厂及肉品经营户严格遵守国务院《生猪屠宰管理条例》和《中华人民共和国动物防疫法》的相关规定，所有上市肉品做到证票齐全，不销售不合格肉品。会同公安部门捣毁位于礼乐街道五四村、威东村和鹤山市桃源镇的3个屠宰、加工、销售病死猪窝点，抓获犯罪嫌疑8个，销毁病死猪肉1270多公斤。严查严纠肉联厂注水牛肉行为，经整改以后，牛屠宰车间实施机械化屠宰并全方位视频监控，从根本上杜绝注水牛肉。根据农业部的要求，把检疫合格后的动物或肉制品的信息上传动物卫生监督官方网站，通过网站打印检疫证明，市民可通过扫描二维码，追溯市场上的动物或动物产品的来源。监督3家规模生猪养殖场完成减排治污的市督办项目。推广能繁母猪保险政策，全年能繁母猪投保2430头，补贴资金128790元；落实对养殖环节病死猪无害化处理费用每头给予80元的补助，共处理无害化处理病死猪415头，补贴资金33200元。

【渔业管理】　全区养殖户469户、从业渔民2002人，其中养殖面积50亩以上、或养殖名优品种的养殖户62户，主要品种包括鳗鱼、笋壳鱼、东方暗吻豚等。选择礼乐街道区锦波水产养殖场为全区实施水产品产地标识管理试点，该场面积123亩，养殖笋壳鱼等优质鱼，全年产量141吨、产值965万元。与区三防办建立联席机制和应急机制，在外海街道沙津横村设立避风点。4月1日至6月1日为珠江禁渔期，对全区符合补助条件的船舶46艘、船员89人，按照每人每年1100元标准发放补贴97900元；为渔民承保政策性渔业保险89人，渔民投保率100%。加强对水生野生动物资源管理，特别是水生野生动物驯养繁殖和加工利用监督管理，出动执法人员26人次，检查养殖场35家次，办理水生野生动物经营利用证12家、水生野生动物驯养繁殖许可证36家并实施监督管理。

【创建绿色生态示范村居】　根据《高新区江海区2014年深入推进“森林围城、树林进城”绿色行动实施方案》要求，加大绿色生态示范村（居）的建设推动，完成绿色生态示范村居建设10个。加强厂企绿化教育，形成厂区有绿化园地、周边有绿化草地、个人有认种认养的格局，江门市地尔汉宇电器股份有限公司投入100万元进行厂区绿建。

【依法治林】　打击破坏森林资源的违法犯罪活动，共出动警力和执法人员156人次、车辆44辆次，检查堤边、林区、市场、酒楼83家次，接受市民移送的国家一级保护野生动物1只，国家二级保护野生动物1只、巨蜥1条、果子狸3只和蛇类一批，全部移交市森林分局处理。做好薇甘菊病虫害的防治，增加专项经费6万元用于防治工作，药物喷杀薇甘菊1000亩。对全区街道120株名木古树进行病虫害调查，均发现存在不同程度染病。做好白水带旅游风景区观音开库安保工作和清明、“五一”、国庆和重阳等节日的森林防火工作。完善全区的生物防火体系，防止山火蔓延至民居，培育防火林带1.8公里；清理山边杂草18公里。区森林防火办会同区武装部、区应急办在市防火办和市应急办的指导下，组织为期3天共50人的民兵山火扑救知识综合技能培训，通过采取理论讲解、观看录像和实际操作演练等方式，增强民兵防火的安全责任意识，提高森林防火基本技能。

【扶贫双到工作】　根据市的安排，高新区对口帮扶台山市都斛镇龙和村、江海区对口帮扶开平市赤水镇瓦片坑、和安、羊路、冲口、沙洲5条村。全区32个帮扶责任单位，实施“三大战略”（项目带动、产业与就业扶贫、固本强基），坚持“两个结合”（输血与造血相结合），基本解决对口帮扶村存在的经济脱贫难、行路难、灌溉难、饮水难、住房难、读书难、看病难、办公难等“八难”问题。全年区四套班子成员和帮扶单位主要领导现场调研83人次、帮扶干部职工到户392人次，协助解决问题34宗；筹集落实6个贫困村的帮扶项目112个（含省、市考核规定项目48个），其中农田排灌、道路、饮水、环境卫生、办公危楼、文体建设等基础设施项目60个，新农合（保）、住房改建、产业扶贫、助学等贫困户扶持项目 35个，购买商铺、农机等村级经济扶持项目 11 个，宣传、培训等其他项目6个；到村到户资金746.7万元，其中市级以上配套资金143万元，当地自筹167.3万元，市专项扶贫引导资金负担120万元，区财政直接帮扶316.4万元，社会团体、企业、区直单位帮扶32万元。帮扶6个贫困村兴建公共服务站，帮扶兴建一批文化、体育、卫生设施，各行政村新建一批公厕和垃圾屋，瓦片坑、和安等村实施“穿衣戴帽”等综合整治。

产业扶贫方面，推进冬瓜、茄瓜、辣椒、马铃薯等品种的种植，打造“一村一品”的产业特色，规划农业扶贫基地1360亩，与合兴、茶坑等蔬菜合作社联手合作，采取“农户+基地+合作社”模式，对参与的贫困户提供“送种子、送化肥”和保底价收购等优惠；与江门市农科所、开平农业局等部门联合举办种养技术培训班2期，普及农业实用技术。

创新集体经济脱贫模式，联合赤水镇5个重点贫困村共同组建农机合作联社，由5个对口帮扶单位共同筹资，在兴建230平方米厂房，投入40万元配置中型拖拉机、插秧机、收割机、手扶机等农机设备的基础上，增加投入30万元“升级”（配强配足）所需的农机，致力创建省级农机合作社并运营，以优质农机服务和规模化的经营带动村级收入的提高。选择瓦片坑为江海区扶贫示范村，打造瓦片坑农产品交易市场、农机合作社、农村信息直通平台“三大功能板块”，以“合作社+基地+超市+农户”的模式带动贫困户种植脱贫。和安村具有示范村雏型，帮扶6个贫困村同步新建公共服务站。

□ 工业

【工业规模】 全年规模以上工业增加值增长13.3%；其中轻工业增长15.6%；重工业增长11.7%。分经济类型看，国有及国有控股企业增长12.6%，集体企业增长6.1%，股份制企业增长14.9%，外商及港澳台投资企业增长12.6%，民营企业增长13%。

【工业门类与产品】 化学原料及化学产品制造业、电气机械及器材制造业、非金属矿物制品业、通讯设备计算机及其他电子设备制造业、铁路船舶航空航天和其他运输设备制造业等增加值排列前5位的行业分别增长44.8%、28.8%、20.6%、18.4%、2.1%。高技术制造业增加值增长27.9%，其中医药制造业增长3.6%，电子及通信设备制造业增长34%，电子计算机及办公设备制造业下降0.2%。先进制造业增加值增长23.2%，其中装备制造业增长13.9%，石油及化学行业增长44.8%。装备制造业中，汽车制造业增长9.1%；石油及化学行业中，橡胶制品业增长55.8%，化学原料及化学制品制造业增长44.8%。规模以上工业实现利润总额13.66亿元，下降5.2%。亏损企业亏损总额1.28亿元，增长62%。资产贡献率14.64%，资产负债率48.19%，流动资产周转次数1.78次，成本费用利润率4.57%，全员劳动生产率每人每年14.3万元，产品销售率93.8%。

表5　**2014年主要工业产品产量及其增长速度**

产品名称	计量单位	产量	比上年增长（%）
纱	万吨	1.11	-5.8
房间空调器	万台	36.5	13.4
家用洗衣机	万台	105.8	0.9
家用电风扇	万台	154	2.4
摩托车整车	万辆	54.6	15.7
烧碱	万吨	8.05	-0.8
平板玻璃	万重量箱	1871	2.6

【重点工业企业选介】 江门市地尔汉宇电器股份有限公司成立于2002年11月，前身为江门市汉宇电器有限公司。2011年3月，核准变更为江门市地尔汉宇电器股份有限公司，内资企业，注册资本人民币1亿元，位于江门高新区，属于国家高新技术企业、广东省出口名牌企业和广东省知识产权优势企业。2012年5月25日，通过中国证券监督管理委员会创业板发行审核委员会首发审核；2014年10月23日，在深交所创业板上市。经营范围为家用电器及配件、电子元件的生产加工、兼营五金制品、塑料制品、模具加工、机械配件的生产和销售等。公司致力于高效节能家用电器排水泵的研发、生产及销售，经过10年的发展、创新和开发，成为具有世界研发及制造能力的家用电器排水泵专业企业，长期为世界500强企业提供配套，被誉为“世界名牌背后的名牌”，排名中国第一、世界第二，2013年产品全球市场占有率18%。公司组建的广东省省级企业技术中心和广东省江门市工程技术研究开发中心为行业标准《洗衣机排水泵技术要求》的起草单位。

信义玻璃控股有限公司始创于1988年，是集浮法玻璃生产、汽车玻璃和建筑玻璃深加工于一体的综合性大型玻璃企业，香港主板上市公司。其总部在香港，集团拥有东莞、深圳、江门、芜湖、天津、营口、德阳七大生产基地。信义环保特种玻璃(江门)有限公司为其下属全资子公司，成立于2007年，园区占地面积800亩，位于江门高新区。主要生产优质浮法玻璃产品，首期项目占地500亩，拥有3条共计2400T/D的优质浮法玻璃生产线，可生产厚度1.5-30毫米、切割尺寸流向方向680—10000毫米、板宽方向小于等于4880毫米的高档优质浮法玻璃，用于节能玻璃深加工，满足汽车玻璃以及LOW-E、中空等建筑节能玻璃领域并生产白玻、F绿玻、欧洲灰玻、茶玻、蓝玻等各种特殊颜色玻璃。2014年，启动第2期项目，占地面积300亩，新增一条生产线，生产能力每天800吨；增加一条深加工生产线，预期可加工玻璃产品每年500万平方米。达产后预期每年新增产值人民币10亿元。

□ 商贸

【商业网点建设】 商业中心以中环广场为核心，成为江海区新的商业圈核心，形成辐射力，以东海路、麻园路、滘头路、胜利南路商业街为支架的江海组团新商业中心。中环广场2期项目占地面积18263平方米，计划总投资3.2亿元。以“城市综合体”为基本开发理念，由地下3层（2层停车场及部分商业）、地面4层商场、两栋商业塔楼。裙楼部分基本完工。康城综合商业体开工建设，该项目为滘头街道银星经济社“三旧”改造项目，位于五邑路城际轻轨江门站以南、东海路以西，改造面积47.34亩。改造后土地用途为商住用地，项目以商业及房地产开发为主，容积率3.5，拟建设30层高的公寓楼1幢和23层高的住宅楼3幢，住宅600套，建筑面积65000平方米，项目投资3亿元。

【现代物流业发展】 与宝湾物流（深赤湾）、中集物流（深中集）等企业接洽到江海区投资港口物流园项目。8月，组织香港、省、市的有关专家召开专家论证会，对全区物流业发展和对物流园区建设的定位和业态出谋划策。占地30亩，建筑面积3万平方米的曙光物流市场7月18日开业。全区大型物流业项目江门高新区公共码头于2012年进行选址、定位、开发模式等工作，码头选址于高新区9、18号地。码头项目陆域用地面积990亩，岸线总长1332米，拟建设11个3000吨级多用途泊位；设计年通过能力为集装箱67.3万标准箱、件杂货180.1万吨，总投资25亿元。9月19日，江门高新区公共码头首期项目围绕土地整理、水工进场作业等启动建设；计划2015年9月开展港池疏浚及陆域围堰吹填。

【经贸洽谈会和展销会】 组织全区企业参加各种经贸合作与交流活动，组织时尚五金有限公司、外海和隆编织加工厂、江户泉食品有限公司、联兴高频设备有限公司参加十一届中国中小企业博览会及高峰论坛会；组织区有关企业参加2014中国（江门）绿色光源博览会。

【商品拍卖和典当】 全区商品拍卖行2家、典当行3家，拍卖和典当业方便市民群众生活，拓宽中小企业融资渠道，促进个体私营经济发展。

□ 招商引资

【概况】 全区新注册企业692家，引进工业项目7个，计划投资总额24亿元。重大项目招商包括投资3.3亿元的高新区科技创新创业园三期和投资3.2亿元的量子高科微生态健康产业基地二期项目；投资额5000万元的韶钢焊材、朗天照明、致升照明和高新区科技创新创业园一期扩建项目；争取中海油集团落户高新区并成立中海油江门天然气有限责任公司。推动工业用地项目落户包括高新区科技创新创业园一、三期，朗天照明、致升照明4个项目的用地申请，计划总投资超10亿元，申请用地270亩。对中远铝业、普加福光电、现代农业、聚科照明和欧溢科技5个项目的用地申请进行初审。盘活闲置厂房超16万平方米，引进投资5000万元的韶钢焊材等项目。更新储备项目数据库，梳理投资意向强和较为优质的项目列为本年度的重点储备项目。全年入库重点项目37个，投资223.9亿元，总用地面积4618.75亩。其中通过准入评审项目10个，在谈项目17个、联系跟踪项目10个，涉及先进制造业、LED绿色光源、现代物流、汽车零部件、三产等产业。

【招商行业分布】 围绕三大主导产业开展招商，逐步形成产业集聚，形成电子信息、光机电一体化、生化制药等支柱产业。电子信息代表企业包括广东德力光电有限公司、广东聚科照明股份有限公司、江门市奥伦德光电有限公司、西铁城精电科技（江门）有限公司、福宁电子科技有限公司（康宁）、江门荣信电路板有限公司、得实计算机外部设备有限公司、艾默生网络能源（江门）有限公司、江门市双士照明电器有限公司；光机电一体化代表企业包括大冶摩托车技术有限公司、江门市中港宝田摩托车实业有限公司、金羚排风扇制造有限公司；生化制药代表企业包括亚什兰化工（江门）有限公司、量子高科生物工程有限公司、广东邦民制药厂有限公司、江门市恒健药业有限公司。

【引进项目】 通过赴港澳、欧美等地区开展招商考察活动，考察汽车制造、智能装备等先进装备制造业、LED绿色光源产业，获得多条招商项目线索。全年引进项目工业项目7个，包括由港资企业朗天照明投资建设的大功率LED灯具及绿色光源研发制造中心项目和注册资本1亿元人民币的中外合资企业广东正大康地生物营养科技有限公司等。

□ 对外经济贸易

【完成主要经济工作目标】 全年江海区外贸

进出口总额260010万美元，增长16.87%，全市排名第一，完成计划的108.21%。其中出口总值185086万美元，增长26.32%；进口总值74924万美元，下降1.35%。累计完成外商直接投资合同外资金额21962万美元，增长1.79%，完成年计划109.81%；累计完成外商直接投资实际吸收外资金额5933万美元，下降50.64%，完成年计划的46.86%。

【开拓国际市场】 加强与省、市贸促会和香港贸发局的沟通联系，利用其信息资源优势开拓港澳以及海外市场，全年组织各类型产品展示会50多个。组织企业参加每年的广交会和一些地区展会如香港春季、秋季灯饰展及电子展、中国中小企业博览会、意大利米兰国际摩托车展览会、柏林国际电子消费品及家电博览会等；组织企业参加非洲、南美、中东、东盟、东南亚等新兴市场举办的国际性展会，如南非约翰内斯堡展、印度孟买展等。在巩固传统贸易市场的基础上，开拓一批新兴贸易市场，扩大全区产品的对外影响。全年新设立外资企业17家。

【扶持外贸出口企业】 发动有条件的企业创建自主品牌，协助企业申报各项品牌和认证。第115、116届中国进出口商品交易会（广交会）分别于2014年4月15日—5月5日、 2014年10月15日-11月4日在广州琶洲会展中心分三期举行，全区21家企业参展，数量与品牌摊位比例均为历届最多。5月，中美海关对江门市奔力达电路有限公司开展C-TPAT联合验证，使之成为江门关区首家通过联合验证的企业； 江门市贝尔斯顿电器有限公司生产的蒸汽挂烫机获得2014年广东省名牌产品称号。

【协助申请扶持资金】 协助企业申报企业提升国际化经营能力项目资金（原中小企国际市场开拓资金）、进口贴息资金、广东省开拓国际市场专项资金、江门市外贸发展资金等10多项扶持资金，做好资金审核和报送工作，全年初审申报材料104份，兑现企业各项扶持资金25个批次、金额1846.93万元，受惠企业246家次。

【企业调研】 3月31日，市政府副秘书长梁启华率市经济和信息化局中小企业局局长林发球和市对外经济贸易合作局投资管理科科长苏茜到朗天照明调研，了解企业的生产经营和进出口情况。4月8日，副市长吴国杰率市政府副秘书长梁启华和江门市对外经济贸易合作局副局长李汉高、李炳均到广东大冶摩托车技术有限公司调研；副市长吴国杰到福宁电子科技有限公司、江海区对外加工装配服务有限公司调研。5月19日，副区长刘晓蓉会同江门海关驻外海办事处主任梁剑青到江门市照明电器行业协会调研与耀翔实业、广明源照明、酷柏光电等企业负责人座谈。5月21日，副省长招玉芳率省政府副秘书长吴恳、省商务厅厅长郭元强、海关总署广东分署副主任赵民，省府研究室研究三处副处长吴玉明等到江门金羚电器有限公司调研，区长周惠红等领导陪同。7月15日，副区长黄月嫦会同江门中岸集团负责人到江门市照明电器行业协会就外贸新业态服务与灯饰企业调研。12月8日，副区长黄月嫦会同江门海关外海办事处副主任郭弋等到中岸集团分拣中心调研分拣中心运作进度。

【外贸企业管理与服务】 加强对外出口企业的跟踪联系，主动约谈，先后走访创亚照明、艺光科技、建华纸业、金钻辉、铁金刚机械、新河纸业等10多家企业，协助企业解决实际问题。建立政府牵头、部门参与、商会主导的进出口协调机制，争取建立更多的国家、省外贸转型升级示范基地，进一步完善全区保税物流设施建设，重点培育以中岸集团为龙头的大型外贸企业服务平台以及清关分拣中心，为全区进出口企业提供报关、报检、物流仓储及进出口保税业务一条龙服务。年内江门海关在江海区成立江门海关外海办事处加工贸易科，为企业提供方便的报关业务。8月，江门海关驻外海办事处会同区政府举行支持地方外贸稳定增长业务改革推介会，全区100多家进出口企业负责人和报关业务负责人参会。通过做好日常外经贸管理工作，加强对外贸企业的进出口情况跟踪，及时了解企业的经营状况，掌握企业动态，发现问题协调部门解决。

□ 信息化

【信息化建设】 全年全区互联网普及率75%，家庭宽带普及率70%。电信、移动均在区内推进光纤到户工程，全区电信宽带总数5.2万户，其中光纤宽带31%；联通宽带总数11200户，光纤宽带20.4%。3G全面覆盖全区，主要公共场所均有中国移动的4G网络，区内新增免费Wi-Fi热点150个。网上办事大厅二期建设任务完成，全区部门413个审批事项纳入网上办事大厅，其中407个事项实现网上办理，办理率99%；二级办理率82%，三级办理率45%。系统实现与市级网上办事大厅的无缝对接，完成网上办事服务质量星级评定系统。5个街道完成网上办事大厅镇街专栏建设，150个事项纳入办事大厅，其中网上办理135个，办理率90%。全区59个村、居委会的办事点完成设置。政府信息公开目录、政府信息依申请公开、政府信息公开意见箱完成建设。

【江门电商谷】 作为全区首个落户的电子商务服务平台项目，由市商务局、中国网库和江门高新区共同推动建设。中国网库在江海区注册成立独立法人公司，作为区域总部，管理和运营江门电商谷项目。项目前期运营方通过租赁办公场所形式启动，待项目电子商务交易额累计达到20亿元以上时申请用地30亩，建设6-8万平方米的江门电商谷大厦，总投资2.5亿元。运营方规划项目的建设周期3年，首期于12月31日前建成并运营20家具有单品特色优势的实体企业，构建全国性单品交易平台。

【阿里巴巴江门产业带平台】 由阿里巴巴集团和江门高新区合作建设，阿里巴巴提供平台搭建和技术、招商、培训、推广等方面的专属服务；江门高新区负责整合服务资源，发动企业上线。双方共同委托第三方服务机构负责平台维护、管理、运营及上线企业的操作培训。计划平台运营以后3个月内完成200家入驻企业的服务协议签订；6个月内完成500家入驻企业的服务协议签订，基本覆盖全江门四市三区的优势行业。

□ 科学技术

【科技成果鉴定和管理】 全年8项科技研究项目成果通过市以上科技成果鉴定。完成省级科技项目验收4个，市级项目验收13个，区级项目验收15个。推动科技项目鉴定省级2个，市级6个；完成成果登记15个。全区13个成果参与区级科技奖评审，推荐8个成果参与市级科技奖的评比；省级科技奖申报2项；获区以上科学技术奖励项目12个。其中高涂覆率绿色稀土发光材料的研制；PCB贴片型（SMD）接线端子自动装配机；高活力果糖基转移酶的菌种选育及生产工艺优化研究等18个项目获得区级以上的科学技术奖励。

【深化产学研合作】 根据区支柱产业和重点产业发展需要，推动产学研合作模式由短期合作、松散合作、单向合作向长期合作、紧密合作、系统合作转变，加快建立企业与高校产学研合作战略联盟和建设一批产学研联合基地，加快科技成果在全区转化，提升企业自主创新能力。推荐省产学研结合项目11个，包括广东德力光电有限公司、华南理工大学等单位共同开展全固态白光LED技术研究；江门市奇德工程塑料科技有限公司和北京理工大学签订协议，开展嵌入式高致密度纳米复合材料的研发与制备研究；量子高科(中国)生物股份有限公司和中山大学合作开展益生元低聚果糖国家标准样品分离与制备研究等一批高水平的产学研联合开发项目。组织12家企业申报市农业与产学研科技计划项目，其中3家研究项目立项。

【专利管理】 全区申请专利1138件，其中发明428件、实用新型392件、外观318件；专利授权772件，其中发明授权94件实用新型授权351件、外观授权327件。在科技活动月期间，举办专利电子申请专题讲座，专利申请文书撰写方法专题讲座和企业实施知识产权战略专题讲座，介绍建立知识产权战略及其实施要领，为企业发展知识产权战略提供技术方案；通过开展高新区企业专利促进计划，推动企业专利申请和成果转化工作。继续扶持企业开发核心技术和关键技术，培育一批拥有自主知识产权和较强市场竞争力的龙头企业，共组织通过市级知识产权优势企业2家、省知识产权示范企业1家，实施专利贯标项目1个。

【国家高新技术企业和中小企业创新资金】 组织企业12家参加2014年的国家高新技术企业复审、重新认定和新认定工作，全区国家高新技术企业47家。推荐22家企业参加大赛，经专家提问、相互PK、大众投票等环节，参赛企业分别获得金奖、银奖和铜奖各1名，分别获得100万元、50万元和40万元的创新创业扶持引导资金。

安全监督管理

【治理安全隐患排查】 履行综合监管职责，按照国家、省、市安全生产工作部署，开展安全生产日常巡查监察工作，对危险化学品、机械制造、冶金、塑料制品等行业（领域）生产经营单位的执法监察检查，检查企业2866家，发现安全隐患3473处，当场完成整改隐患3129处，责令限期改正344处，发出整改指令书70份，现场处理措施决定书1份，立案查处违法违规企业24家。

【打非治违】 坚持安全生产、农资市场和酒类专卖职责的常规执法工作和专项执法工作，加大推进委托街道安全生产行政执法工作开展力度，全年行政处罚安全生产违法违规行为企业或个人46宗，其中事前立案45宗、处罚金18.03万元；事后立案1宗，处罚金21万元，其中区执法分局执法案件19宗、委托街道执法案件27宗；酒类执法检查酒类批发商行8家和酒楼餐厅8家，发出责令改正通知书3份，行政处罚违规经营行为批发商行1起，处罚金额0.2万元；农资市场监察执法检查农资生产经营单位54家次，发现违规行为2起，责令改正2起，行政处罚2起，处罚金额1.1184万元。

【食品药品监管体制改革】 根据国家、省、市有关食品药品监督管理体制改革要求，2月，区府办出台《江海区食品药品监督管理局主要职责内设机构和人员编制规定》，设立江门市江海区食品药品监督管理局，为区人民政府工作部门。6月9日，区食品药品监督管理局挂牌。根据组建实际需要制订《江海区食品药品监督管理局组建方案》报区政府争取20万元开办资金到位并投入使用，首批办公台椅15套完成采购，首批办公自动化设备含电脑、打印机、照相机、摄像机等完成网上招投标。通过市级下放、区内调动等方式，到位公务员9名，并在全国开展公务员遴选。10月17日，区政府与市食品药品监管局签订《江海区食品药品监督管理职责履行协议书》，10月21日起，履行有关食品生产、餐饮环节和药品、化妆品、保健食品、医疗器械等监管职能。

【食品安全专项整治】 针对社会关注热点和食品安全突出问题，结合江门市创文工作，组织开展不合格烤鱼片专项整治、餐饮环节百日专项整治、食品领域“三打两整治”（打击制售假酒，打击非法销售加工病死猪肉及其制品，打击保健食品、非法生产、非法经营、非法添加、非法宣传，婴幼儿配方乳粉质量安全，农产品质量安全）、农村食品市场专项整治和集体食堂专项整治等专项行动，累计出动执法人员3756人次，检查食品生产加工、流通、餐饮单位2850户，查处无证经营违法案件3宗，没收没有中文标签的洋酒6支；查处私宰病死猪案件1起，抓获犯罪嫌疑人2人，查获私屠病死猪3头、冷冻病死肉271公斤；发现无证餐饮单位103家并及时通报市食品药品监管部门跟踪处理。

【农产品流通市场监督管理】 坚持专项检查与日常监管相结合，采取集中整治与定期检查的方式，持续开展兽药GSP执行情况的监督检查，推进《兽用处方药和非处方药管理办法》实施；加强饲料和饲料添加剂生产经营单位监管，打击生产经营假劣饲料和饲料添加剂、无证生产经营等违法行为；针对农药肥料经营市场比较混乱的状况，作为重点整治对象，制订《江海区创建农药经营示范店工作方案》和《江海区农药经营管理评定标准（参考稿）》、农药经营管理制度等，选取江门市江海区礼乐镇果菜生产服务公司七间围站作为全区的农药经营示范店，以点带面，实施农药（肥料、种子）经营监管。开展春季农资打假、夏季百日农资打假、秋季农资打假和假兽药清查和农产品质量安全专项整治等行动，对外海街道中东，礼乐街道礼东片、乌纱等农资生产经营的密集区域进行重点检查整治，共出动执法人员175人次，检查农资生产经营单位316家次，发现违规行为7起，责令改正5起，行政处罚2起。

【放心农资示范店建设】 选取江海区富农畜牧发展专业合作社作为江海区的兽药放心农资示范店、江门市江海区礼乐镇果菜生产服务公司七间围站（礼乐街道向东村七间围第三、四卡）作为江海区的农药放心农资示范店，进一步规范农资经营行为，确保农民群众用上“放心”农资产品。印发《江海区农资市场诚信体系建设工作方案》《江海区农资诚信档案》，实行动态档案记录管理，率先在全区的兽药经营企业实行“黑名单”管理制度，与公安、工商、经科等部门协作配合，建立完善的农资质量安全事故应急和快速响应机制。

【行政审批服务】 根据食品药品监管体制改革要求，新增酒类流通许可职能，派员进驻到市行政服务中心窗口受理申请业务，推进行政审批工作实行一站式服务。全年受理危化品经营许可证换证申请42件，非药品类易制毒化学品经营单位备案申请15份，其他备案事项12份；酒类批发许可证新办申请1宗、酒类批发许可证换证申请3宗，酒类零售许可证新办申请2宗，酒类零售许可证换证申请22宗。

【投诉举报处理】 通过“12345”江门市政府服务热线、江海区市场安监局“3861965”安全生产投诉举报电话和“3861829”食品安全投诉举报电话受理投诉举报案件，对投诉举报事项认真核查、准确处理、及时反馈。全年共接到群众电话投诉安全生产事项3项，其中危化品投诉1项，职能以外事项投诉2项；食品药品投诉举报事项3项，其中餐饮环节食品安全投诉2宗，转市食品药品监管局稽查分局处理；协助市食品药品监管局处理食品生产环节投诉2宗，全部投诉案件均已处理、回复和归档。

【安全生产应急管理】 落实全区生产企业应急预案备案管理工作，完善安全生产预案的编制、评审和备案程序。组织开展2014年江海区危险化学物品运输车辆交通事故现场处置应急预案“双盲”应急演练，参与5月26日江门市晨采纸业有限公司仓库起火救援指挥工作，落实辖区企业应急预案的备案制度。全年举行应急预案演练28次，参加4058人；备案的企业349家，其中危化企业139家。

工商行政管理

【工商登记管理】 全区新增各类市场主体3376户，其中新增内资企业40户，新增注册资本24908.00万元，分别增长66.67%、289.39%；新增内资企业805，新增注册资本121674.81万元，分别增长8.34%、112.39%；新增个体工商户2527户，增加31.89%。全区共有各类市场主体15938户，增长9.78%，其中内资企业451户，私营企业4641户，个体工商户10799户，农民专业合作社45户，分别增长7.64%、15.33%、7.65%、9.76%。

【商事登记制度改革】 3月1日，全面落实注册资本登记制度改革，标志着商事登记制度改革正式启动。成立高新区江海区商事登记制度改革工作领导小组，出台《江门高新区 江海区实施商事登记制度改革的工作要点》，印发《江门高新区、江海区商事登记制度改革后续市场监管实施方案（暂行）》，按照全国、全省商事登记制度改革的时间节点落实相关政策，3月1日，全面执行注册资本登记制度改革，实行注册资本由实缴登记制改为认缴登记制；5月12日，按照《广东省工商局关于工商登记制度改革的实施办法（暂行）》，放宽住所登记条件，允许“住改商”“一址多照”“一照多址”；5月26日，统一执行《广东省工商登记前置审批事项目录》和《广东省工商登记前置改后置审批事项目录》，压减前置审批事项108项，保留前置审批事项13项。是年，全区新发展市场主体3376户，增加24.16%，其中新登记个体工商户2527户，增长31.89%；新登记企业845户，增长10.17%。新登记企业注册资本（金）146582.81万元，增长130.17%。在新发展的845户企业中，有限公司816户，涉及注册资本146255.81万元，公司户数与注册资本分别增加29.32%、133.24%。

【商标管理】 以保护商标专用权为重点任务，围绕商标侵权的重点行业、重点商品开展商标专项治理活动，建立常态查处机制，强化市场监管，全年立案查处各类商标违法案件10宗。加强对辖区企业申报注册商标、申报著名驰名商标的引导、培育和推荐，开展商标管理经验交流和宣传，帮助企业制定驰名著名商标发展规划，制定和完善商标品牌创建规划，全年引导企业注册商标42件，新增省著名商标1件。

【经济合同管理】 以构建诚信建设体系的重要手段，通过开展“守合同重信用”企业创建活动，帮助企业规范合同管理制度，提高企业风险防范意识，全年获广东省守合同重信用企业称号企业84家，新发展企业7家。

【广告管理】 加大广告市场的整治力度，尤其抓住直接关系人民群众健康安全的药品、保健食品、医疗广告作为整治重点，对内容违法的广告通知其立即拆除、修改广告内容至规范并申请登记后方可发布，对拒不整改的广告发布者和广告主依法立案查处，全年登记户外广告121条次，查处户外违法广告案件4宗。

【查处制售假冒伪劣商品违法行为】 结合创建“全国文明城市”“平安江海”等活动，组织、协调各单位、各街道开展打假治劣专项行动，出动执法人员3283人次，检查各类经营场所4262户次,查处涉假案件37宗，移送公安机关案件2宗，查获的假冒伪劣商品有服装、手表、食品、饮料、洗发水、牙刷、建材、农资、打印机耗材标识、药品、盗版光盘、死猪肉等一批等。公安机关立案查处打假案件27宗，破获24宗，刑事拘留24人，逮捕24人，起诉20人。开展“红盾护农”行动，加强农资经营主体的资料审查，查处销售掺杂使假、以次充好、有效含量不足等假冒伪劣农资违法行为，立案查处农资案件2宗。

【流通环节食品安全监督管理】 开展食品专项行动21次，开展和参与食品安全宣传咨询活动5场次。加强流通环节食品安全行政执法工作，出动执法人员2754人次，检查食品经营户3241户次，查处各类食品违法案件6宗。按照《中华人民共和国食品安全法》《食品流通许可证管理办法》相关规定做好食品流通许可证核查及发放工作，共受理发放申办、变更、延期申请的食品流通许可证1001个。

【打击传销活动】 贯彻落实市打传办的有关文件精神，结合“平安江海”创建工作，深化构建“无传销县区”常态化管理模式，通过“打防管控”措施，构筑“无传销县区”防控体系，确保全区连续多年保持传销“零发案”。全年先后组织开展多次的打击传销专项整治行动，出动执法人员1225人次，执法车辆314车次，检查各类场所446间次。

【消费维权】 3月15日，实施新修订的《消费者权益保护法》，通过“新消法、新权益、新责任”为主题宣传，推进“12315”进商场、进超市、进市场、进企业、进景区规范化建设，完善、发挥“12315”社会维权网络体制机制，提升社会维权网络工作效能，多渠道畅通市场维权信息，快速解决消费矛盾，营造良好的市场环境和消费环境。全年受理群众举报132宗；

受理消费投诉145宗，其中调解86宗，处理率100%，成功调解率59.3%，消费者满意度100%，涉案金额105.66万元，为消费者挽回经济损失53.44万元。

表6

2014年江海区获广东省著名商标名录

商标注册人	商标名称	获得称号	核定使用商品名称
江门市得实计算机外部设备有限公司	得实	省著名商标	电子计算机及其外部设备（打印机）

表7

江海区个体工商户发展情况表

项　目	2014年	2013年	增减数	增减百分比
户数（户）	10799	10122	677	6.69%
从业人数（人）	20583	19728	855	4.33%
资金数额（万元）	19941.13	17864.29	2076.84	11.63%
按行业分				
农、林、牧、渔业	35	33	2	6.06%
采矿业	—	—	—	—
制造业	1775	1700	75	4.41%
电力、燃气及水的生产和供应业	0	0	0	0.00%
建筑业	239	235	4	1.7%
交通运输、仓储和邮政业	661	766	-105	-13.71%
信息传输、计算机服务和软件业	36	41	-5	-12.2%
批发和零售业	5618	5385	233	4.33%
住宿和餐饮业	952	653	299	45.79%
金融业	—	—	—	—
房地产业	33	27	6	22.22%
租赁和商务服务业	177	150	27	18%
广告业	—	—	—	—
科学研究、技术服务和地质勘查业	41	42	-1	-2.38%
水利、环境和公共设施管理业	3	4	-1	-25%
居民服务和其他服务业	1123	992	131	13.21%
教育	9	4	5	125%
卫生、社会保障和社会福利业	3	1	2	200%
文化、体育和娱乐业	93	88	5	5.68%
其他	1	1	—	—

表8

江海区私营企业发展情况表

项　目	2014年	2013年	增减数	增减百分比
户数（户）	4641	4056	585	14.42%
从业人数（人）	41090	36597	4493	12.28%
资金数额（万元）	683233	565267.25	117966	20.87%
按行业分				
农、林、牧、渔业	22	20	2	10.00%
采矿业	3	3	—	—
制造业	2280	2029	251	12.37%
电力、燃气及水的生产和供应业	4	3	1	33.33%
建筑业	167	148	19	12.84%
交通运输、仓储和邮政业	102	83	19	22.89%
信息传输、计算机服务和软件业	51	46	5	10.87%
批发和零售业	1267	1126	141	12.52%
住宿和餐饮业	41	30	11	36.67%
金融业	10	5	5	100%
房地产业	120	112	8	7.14%
租赁和商务服务业	218	165	53	32.12%
广告业	—	—	—	—
科学研究、技术服务和地质勘查业	229	173	56	32.37%
水利、环境和公共设施管理业	20	12	8	66.67%
居民服务和其他服务业	66	65	1	1.54%
教育	3	2	1	50%
卫生、社会保障和社会福利业	—	—	—	—
文化、体育和娱乐业	30	26	4	15.38%
其他	8	8	—	—

财政

【国有资产监管】　通过多种途径对资产物业进行盘活，提高资产使用效益，实现国有资产增值，完成年度租金收入1031.51万元。完成托管在市信金公司的199项资产过户至江海区银信公司。经批准同意报废的资产，根据有关规定采取集中移交、公开拍卖的方式进行处理。加强财务监督管理，协调督促各项目单位做好融资借款偿付工作，合理安排资金，以确保贷款本息依期偿还。全年偿还各种债务1.22亿元。

【解决历史遗留问题】　与住建、国土、地税等相关部门沟通，逐步完善原江南、西区、市区3家城信社部分追收资产相关办证资料，尽快完成办理权证手续。完成礼乐一路10号109及礼乐三路22号108首二层的办证过户工作。

【地方公共财政预算收支执行情况】 全区完成地方公共财政预算收入90118万元，为全区调整预算的87233万元的103.31%，超收2885万元，比2013年同口径收入完成数增长15.19%，排在全市第二，其中税收收入增长16.12%，排全市第一。税收结构较合理，税收占公共财政预算收入比重85.71%，比重排全市第一。完成地方公共财政预算支出114728万元，为全区调整预算的93629万元的122.53%，比2013年同口径支出完成数86381万元增加28347万元，增长32.81%。

【强化收入征管】 由于外部经济萎靡、国内原材料价格和劳动力成本上涨，加上受房地产政策、营改增政策、河道工程修建维护管理费征收政策等政策性调整因素的影响，对财税收入造成较大压力，采取应对措施包括分解落实全年收入目标任务，定期分析收入情况，力促收入与时间进度相趋；坚持财税工作联席会议制度，研究国家政策对全区财税收入的影响，结合实际制订和落实促进财税收入稳定增长措施；强化税源监控和调查分析预测，进一步完善调库统筹机制，合理安排调库进度；利用涉税信息交换与共享机制清理漏征漏管户，加大对重点行业发展的扶持力度；规范非税收入征收和入库工作，做到应收尽收。

【财政支出管理】 通过进一步优化财政支出结构，完善公共服务均等化财政保障机制，加大对基础服务、基本保障等重点领域和关键环节的财政投入，全年拨付教育资金20885万元为成功创建教育现代化先进区和义务教育发展基本均衡县提供保障；拨付社会保障和就业资金12669万元；拨付医疗卫生资金6510万元，其中应对登革热防控疫情落实经费保障90万元，足额配套各项计生奖励扶助专项资金；拨付人口与计划生育事业资金1494万元；拨付文化体育与传媒资金886万元，其中创文迎检经费100万元。落实强农惠农政策，完成2013年度1100亩高标准基本农田建设任务，拨付农林水事务资金5010万元。

【财政监管】 通过财政国库集中支付、预算动态监控、财务集中核算远程监控、政府采购远程监控、公务用车在线监督、启用公务卡系统、资产管理信息系统、推行预算绩效管理等监督管理手段，加大对财政资金使用情况、行事单位资产、政府采购实施情况及公务用车维修、加油、投保情况的监督管理力度。开展专项资金联动监督检查、会计监督检查、农村“三资”管理情况检查、贯彻执行中央八项规定严肃财经纪律和小金库专项治理工作等专项检查，规范各级单位、企业财政财务管理。

【承接市下放事权管理】 承接市的事权下划工作，按照市级事权调整，食药监局下放江海区管理，区域道路市政、园林绿化等社会事务由江海区承担，在市调整下划事权的财力基数以外，调整支出结构，落实安排下划部门的经费缺口，确保承接的事权管理。

【完善财政管理体制】 调整区街财政管理体制，制订区街财政管理体制实施方案，并完成体制调整。新财政体制是对现行财政体制的调整和完善，通过进一步实施税收属地征管，增强镇街发展动力，促进区街经济共同发展，推进基本公共服务均等化，调动发展经济的积极性，鼓励增收和逐步完善转移支付制度。

【落实重大财政政策】 全区农资综合直补补贴797.66亩，补贴标准每亩74元，补贴资金5.9万元；种粮直补补贴面积797.66亩，补贴标准每亩8元，补贴资金0.64万元。

【重点项目和民生保障支出】 全年重点项目支出包括健乐路新建工程546.07万元；富民路东段（永康路—金星路）工程534.82万元；礼乐社会福利综合服务中心工程254.13万元；横沥河整治工程322.21万元；连海北路（江海五路—中华大道）工程2804.89万元；连海苑小区工程7010.76万元。全年民生项目投入资金58236万元，占地方公共财政预算支出51.01%，其中10件民生实事支出5091万元，增长12.83%。

【政府债务监管】 开展对地方政府性存量债务进行清理甄别工作，2014年年底，江海区政府债务余额227358.81万元，其中政府负有偿还责任债务124758.81万元、政府可能承担一定救助责任的债务102600万元。

【深化政府采购制度改革】 扩大采购范围，把50万元以上100万元以下的工程建设项目以及20万元以上的监理、设计项目纳入政府采购；把办公用纸纳入协议供货范围。推进政府购买社会服务的开展，制订《高新区、江海区政府购买社会服务电子采购平台操作指南(2015版)》，引入政府采购代理机构竞争机制，政府采购代理机构不设区域限制。

【收支两条线管理】 全区非税收入管理系统上线以来运行平稳，为方便单位和个人缴费，推行非税收入POS机刷卡收费的工作。在POS机的推广过程中，针对个别执收单位和群众对POS机的安全系数存在质疑，与银行和银联公司组织相关的工程技术人员对POS机的操作人员进行技术指导和培训，及时解决POS机使用过程中出现的问题，确保非税收入 POS机刷卡缴费安全有序进行。

【行政事业资产管理】 全年办理行事单位资产的处置审批82项，完成区属企业资产租赁的审核75项。开展全区140个在册登记的行政事业单位进行资产年审工作，经审定全区行事单位资产总额8.16亿元、净资产总额5.67亿元、固定资产总额4.82亿元；组织开展全区3家事业单位所办企业进行资产清查工作，经审核资产总额5565.21万元，净资产122.86万元，固定资产83.06万元。

【预算编制】 按照全区公共财政收支预算编制的“量入为出、收支平衡、保障民生”的总体原则。全年高新区和江海区公共财政预算收入安排99130万元，同口径对比增长10%。地方公共财政预算收入加上预计省市税收返还款、预告知补助和上年结余，减去各项上解款预计可支配财力115334万元，拟全部用于安排支出，即高新区和江海区公共财政预算支出共安排115334万元，其中 “三公”经费、会议、培训费预算安排2142万元，比2014年预算压减338万元，下降13.65%。

【国库管理】 按照市对江海区的财政体制要求，加强高新区企业管理，联合工商、税务等部门在人民银行开设高新区国库，实施高新区一级财政体制管理；根据市对高新区有关收入支出范围规定，编排高新区2014年收支预算等，为高新区财政体制的运转及高新区国库的运行做前期工作。4月，高新国库测试完毕并正常运转。通过设计和调试出新版指标记账模块，进一步确保数据的准确性和实现数据互通，实现财政部要求的“横向到边、纵向到底”的大财政、大系统的建设目标。

【基金管理】 全区基金收入4310万元，加上上级补助3302万元，调入土地出让金收入8704万元，当年全区基金总收入16316万元。全区基金支出14563万元，总收入和总支出相抵后结余3250万元，全部结转下年支出。基金专款主要用于残疾人事业、城市公用事业、民政、教育等有关方面的支出。

【财政监督检查】 全年开展检查3项、检查单位17个，纠正违规金额141.49万元。开展农村“三资”管理情况检查，组织2013年城市基础设施配套费补助资金检查自查和2014年省级财政专项资金自查工作，进一步规范专项资金管理，确保专项资金合规、有效使用。

【政府采购管理】 调整货物、服务和工程的采购起点金额以及公开招标的数额标准，出台《高新区江海区2014年政府集中采购目录及采购限额标准》《高新区、江海区政府采购管理办法》《高新区、江海区一般办公用品网上询价规定》，加强对政府采购日常的监督管理，不按招投标文件的规定签订合同或不按合同履约的情况大大减少。贯彻落实节能环保和扶持中小企业政策，组织开展政府采购扶持中小企业调研，组织各街道和区直单位参加一般办公用品网上询价培训。全年政府采购预算金额4722.65万元，采购实际金额4082.75万元，通过政府采购节约财政资金639.9万元，节支率13.55%。

【财政投资评审】 全年累计支付工程资金333笔、13604万元。审定工程预算23761万元，核减1031万元，核减率4.16%；审定工程结算7478万元，核减437万元，核减率5.52%。主要完成横海南路道路、排水工程、高新区南湖市政配套变更工程、健康食品园区健乐路新建工程、高新区工业园服务中心工程、外海中心小学教学楼工程第一标段结算、外海中心小学教学楼工程第二标段结算等工作。

【会计管理】 全年办理会计从业资格证197个，办理会计人员有关资料调入和调出236人；开设会计从业资格考试6期，2393人参加考试，367人通过，合格率15.34%。办理625人参加2014年度全国会计专业技术资格考试的报考工作，其中中级资格考试报名140人，初级资格考试报名485人。是年，成立江海区会计学会，发动20家企业加入并成为理事单位。

【财政核算中心】 《新行政单位会计制度》实施以后，会计核算中心完成在财务管理信息系统中重新设置会计科目和会计报表的工作。举办操作性强的新行政单位会计制度转换及系统操作培训，指导区直单位会计人员进行会计核算。解决财务管理信息系统中使用功能分类科目核查数据不准确、报表格式不规范、会计不能从出纳账取数以及个别单位系统使用速度慢等问题。通过财务管理信息系统实现对预算单位会计信息的集中和监管，定期对区直77个单位98套账的会计核算情况进行通报，督促区直各单位及时入账。

【修订完善相关管理办法】 6月26日，高新区

(江海区)财政局向区法制局报送《关于〈高新区江海区政府采购管理办法（修订）〉呈报审查的函》；7月16日，高新区(江海区)财政局和高新区(江海区)住建水务局联合向高新区管委会、江海区政府报送《关于审批<高新区 江海区政府投资基本建设项目管理的意见（试行）>的请示》；8月20日，江海区财政局印发《委托中介机构评审高新区江海区本级财政投资项目业务管理制度》；8月29日，区党政办公室印发《关于高新区江海区政府投资基本建设项目管理的意见》；11月14日，高新区(江海区)财政局印发《高新区江海区本级财政性资金投资基本建设项目工程造价送审指引》；12月3日，区党政办印发《高新区江海区政府采购管理办法》。

税务

□ 国税

【税收收入】 全年组织工商税收收入162147万元，增长18.21%，增收24978万元。其中增值税收入119131万元，增长17.63%，增收17858万元；企业所得税收入42537万元，增长20.49%，增收7233万元；剔除免抵调库，实现直接税收收入131048万元，增长18.2%，增收20178万元；实现区级一般预算收入26769万元，增长18.09%。

【税收管理】 针对江海区税源分散、经济结构多元化、特色行业规模小的特点，着力推行重点税源重点管、一般税源行业管、小型税源属地管的三维立体税源专业化管理模式，实现点上管细大户，线上管好中户，面上管住小户的管理目标。做好铁路运输、邮政业、电信业“营改增”扩围工作，758户纳税人纳入“营改增”试点范围，应申报的“营改增”试点纳税人730户，与缴纳营业税相比，税负减少的纳税人717户，占98.22%，试点纳税人整体减少税额1052万元。做好年度企业所得税汇算清缴工作，汇缴面99.92%，应补企业所得税额7200万元，增长105.71%。推行出口企业分类管理，为273户企业评定出口退（免）税分类管理等级，对A类企业实行优先受理、优先审核。加强非居民企业管理与服务，全年非居民税收收入2837万元，增收2404万元，增幅555%。

【税收执法】 加强税收执法监督考核工作，利用税收执法管理信息系统，强化跟踪监控，加强对执法过错行为的跟踪追责处理和申辩调整工作，防范执法风险，税收执法考核正确率99.98%。全面规范执法行为，开展自查行动，清理取消相关进户执法项目，实行一次进户、统一实施、结果共享，避免“多头检查”“重复进户”，加强对取消进户执法相关项目的后续管理，堵塞管理漏洞。

【发票管理】 简化发票领购流程，纳税人申请发票时只需填写《纳税人票种核定申请表》，不再通过CTAIS系统走文书审批流程，取消实地核查，提速办税效率。8月起，全面推行金税盘、报税盘，停止发售金税卡、IC卡等税控专用设备，在油类行业率先推行新版增值税专用发票。

【纳税服务】 多措并举开展便民办税春风行动，5月起推行同城通办服务，让纳税人可以就近办税；推广税务登记免填单服务，缩短业务办理时间；12月添置2台自助办税终端机，实现全天候自助领取发票；全面推行《全国县级税务机关纳税服务规范》，梳理办税流程，简化审批程序。开展2012—2013年度纳税信用等级评定工作，评出纳税信用A级企业52户，比上一评定年度增幅44%。拓宽税企交流平台，开通使用江海国税官方微信，建立税企业务交流QQ群，及时发布权威、准确的税收信息，实现资源共享、互学互促。以纳税人需求为导向，组建实体纳税人学校，有针对性的实施教学，举办跨区迁移企业纳税事项、出口退税、同期资料业务和非居民税收政策等5期税收政策业务培训班，560户次企业代表参加培训。

【税务信息化】 自主开发以江海国税查询系统为应用平台的征管信息质量的风险监控平台软件，提高工作效率。推广出口退税远程申报系统，为纳税人提供便捷的出口退税预审渠道。利用出口退（免）税审核系统和出口退税评估预警系统，实现出口退税的准确计划、定期分析和实时监控，加快退税进度。率先推广“亿业车购税网络办税系统”。12月，启动金税三期工程优化版双轨运行。

【落实税收政策】 落实各项税收优惠政策，为农民专业合作社提供个性化的政策咨询服务。落实小微企业减半征收所得税、提高小规模纳税人增值税起征点、加快出口退税进度支持外贸增长等税收政策。全年办理出口退税53479万元；为26户纳税人办理增值税减免税备案，免税额1984万元；为37户次企业办理2013年企业所得税优惠，减、免所得税税额4154万元。

【税收宣传】 举办“童眼看税收 小记者国税行”活动，邀请江海区40名小学生记者走进江海区国税局参观体验，了解税收。利用税收宣传教育基地，开展“税收知识话你知”活动，为学生上税收普法课。开展纳税人大走访活动，走进企业问需求、听建议、送服务。举办税收宣传进社区活动。举办出口退税新政策专题培训班，为纳税人宣传解读现行出口退（免）税政策。开展江海区2013年度纳税十强企业的评选工作。

【纳税评估和专项检查】 设置专职纳税评估部门，通过“精准切入”抓好分析、“专题解剖”突出效果、“循循诱导”促进自查，有针对性地实施税收风险监控分析，全年评估核查企业55户，查补税款713万元。其中重点针对取得个别省份货运发票企业、税负偏低企业、印刷行业、化学原料和化学制品业、金属制品业和连续3年销售收入超千万的微利企业开展专项评估，查补税款394万元。

□ 地税

【税收收入】 2014年全国宏观经济增速放缓、营改增扩围、落实小微企业税收优惠政策、房地产行业持续降温等减收因素明显，在主体税源大幅下降的形势下，以改革创新为主线，推进绩效管理，首次实现税费总量突破20亿元，全年累计组织税费收入22.6亿元，增长16.63%。其中税收收入116427万元，增长12.65%，增收13073万元，完成税收计划的105.05%；费金收入109553万元，增长21.17%，增收19142万元。区级公共财政预算税收收入50523万元，增长15.23%，占江海区公共财政预算收入的56.06%。

【税收管理】 落实省局土地增值税清算管理

规程；落实“营改增”试点扩面工作；组织企业所得税汇算清缴，汇缴率99%；超额完成年所得12万元以上个人自行纳税申报市局下达任务。开展城建税计税依据差异信息分析核实；落实船舶车船税先完税后检验机制，配合江门海事局开展委托代征工作；开展房产土地登记信息核查补登工作。价格调节基金代征，征缴率98%；落实涉税信息交换与共享相关制度，交换涉税信息17731条。成立数据分析监控中心，加强数据分析利用；对房地产企业、建筑安装企业、高收入者个人所得税、教育培训机构和酒店业等开展专项评估工作，全年完成评估427户次，累计实现收入6208.73万元。

【社保费征收】 开展社保“全员、足额”参保工作，圆满完成社保扩面工作任务，社保费收入92717万元，增长22.01%，增收16727万元。完善社保费征缴体制，配合市国税局开发、完善社保费地税、社保、财政三方对账管理工作平台；实施《广东省地方税务局征收社会保险费欠费管理暂行办法》，规范社保欠费处理流程，实行下户检查制度；在24小时全天候自助办税服务厅增设社保自助查询机1台。

【依法治税】 落实各项税收优惠政策，小型微利企业所得税优惠政策落实工作列为年度重点督办事项，加大落实情况检查通报力度，全年办理各类税收优惠减免6756户次，减免金额6008万元；贯彻《广东省地方税务局规范税务行政处罚裁量权实施办法》和《江门市地方税务局行政处罚裁量权基准》，进一步规范税务行政处罚行为。加大欠税追缴力度，全年清理欠税4631万元。取消和下放部分行政审批项目；开展年度税收执法综合督察工作。

【纳税服务】 开展“便民办税春风行动”，先后推出派发《属地项目税收管理告知书》、外来施工单位结算开票当日“即办即走”等新型便民措施；举办税收知识话你知讲座；开展纳税人特色纳税辅导，举办各类型辅导课13场，参加1200人次；通过电话辅导纳税人1400户；编发《纳税辅导专栏》12期2600份；拓展办理税费业务渠道，设立利生车城车船税代征点；推行办税服务大厅预受理服务。

【税收信息化】 开展系统测试、业务岗全员培训，确保金税三期系统双轨试运行有序开展；深化24小时全天候自助办税服务，最大化自助办税终端功能；继续推广CA电子办税服务厅，落实CA用户资费补贴优惠措施，新增1538户纳税人享受便捷的CA服务；存量房评估系统扩围，土地、厂房非住宅类存量房交易税收纳入评估系统管理。

审计

【审计成果】 全年完成审计项目19个，为调整计划的100%；审计查出管理不规范金额14531万元，提出并被接纳合理化建议25条，提交审计报告19篇。

【财政审计】 对区本级2013年度预算执行和其他财政收支情况进行审计，查出管理不规范资金总额11885.17万元，提出审计建议4条。审计查出部分财政资金管理不到位；部分资金未纳入预算管理；部分资金沉淀以致未能发挥资金效益；社会抚养费、教育费附加、社保资金、新型墙体材料基金使用不规范和工程项目管理不到位等问题。财政预算暂付款余额21317万元，各专项账户累积应收未收的借出款、暂付款项20525万元，余额较大，清理效果不明显，未能按《财政周转金呆账处理规定》和有关规定进行妥善处理。对基层单位和区直部门财政财务收支审计方面，审计查出福利支出不规范、往来款挂账未能及时清理、部分单位对下属单位的监督不到位以致有滋生腐败的风险、应缴财政性资金未能及时上缴、部分完成的工程项目未能及时结转、经常性结余超支、内部审批手续未够完善和会计核算欠缺规范等问题。

【经济责任审计】 对5名领导干部进行经济责任审计，查出管理不规范金额49万元。经济责任审计工作中，发挥经济责任审计联席会议作用，加强对掌握重要经济决策权、执行权、管理权和监督权等关键岗位领导干部经济责任审计，把债务管理、民生改善、生态保护等指标和实绩作为重要评价内容，强化对权力运行的制约和监督；加大对落实“八项规定”“三公”经费使用、会议费和培训费支出等情况的审计力度；加强与组织人事、检察等单位的密切联系，及时把经济责任审计结果报告反馈给相关部门，推动经济责任审计结果与干部提拔、任用、管理和责任追究等工作的对接。

【专项审计】 开展专项资金审计，先后完成江珠北沿线高速公路江海区段征地拆迁工作项目审计、江海区人民法院审判大楼建设项目跟踪审计、2013年度城镇保障性安居工程跟踪审计、江海区外海横沥水闸改（扩）建工程项目审计、2011—2013年教育费附加专项资金审计和2011—2013年社会抚养费审计等工作。

【街案区审】 出台江门市首个“街案区审”《关于进一步规范街案区审的工作意见》文件，首次建立起街道案件审理工作的制度保障，推动“街案区审”制度化、标准化、效能化。2011年以来，全区共审结街道案件30宗，“街案区审”率100%，做到“零错案、零申诉”，实现审理工作政治、经济和社会效果的有机统一。

【特邀监察员】 5月22日，召开江海区特邀监察员聘任会暨培训会议，创新特邀监察员聘任方式，通过向社会公开遴选聘请包括行政单位人员、企业高管、律师和基层干部等特邀监察员13名，此举标志江海区新一轮特邀监察员工作全面铺开。

【民生项目审计】 组织开展对江珠北沿线高速公路江海区段征地拆迁工作项目、社会抚养费、教育费附加专项资金的审计以及城镇保障性安居工程的跟踪审计，并在财政预算执行审计中重点关注社保资金、新型墙体材料基金和福利彩票基金。审计查出征收管理不规范；未能按专项资金的用途使用资金；补助资金未完全到位和超范围使用福利彩票基金等问题。

城乡建设

CHENG XIANG JIAN SHE

基本建设

【重点项目建设】 全区重点建设项目58项，其中区住建水务局牵头负责项目10项，年度计划总投资115281万元，占全区计划总投资18.7%，配合参与的项目38项。全年累计完成投资12亿元。

【基础设施建设】 金瓯路(江门水道—港澳码头)改造工程一、二、四标段完成软基处理、雨水管安装、污水管安装；三标段完成软基处理的排水工程84%，人行道修整1100平方米。路面工程进入施工，主车道基层完成97%，拓宽段混凝土路面完成86%，四标段完成沥青混凝土下面层2500米。项目年度计划总投资28000万元，累计完成投资22853万元。

江睦路（五邑路—金瓯路）工程道路红线图范围基本完成拆除并交地。2号桥右幅梁板安装完成50%，左幅桩基础全部完成。路基堆载基本完成，1号桥头搅拌桩进入施工。项目年度计划总投资6000万元，累计完成投资5007万元。

广中江高速公路建设项目（江门段）签订补偿协议614.448亩（总量614.448亩），完成率100%；签订拆迁补偿面积59473平方米（总量70195.12平方米），完成率84.73%。项目桩基完成300根；龙溪路雨水管施工完成2200米。项目年度计划总投资30000万元，累计完成投资24556万元。

富民路东段（永康路—金星路）工程已完成污水管顶管工程完成400米雨水管、砼路面、中央分隔带，进入人行道施工，完成总工程量67%。项目年度计划总投资832万元，累计完成投资600万元。

【城乡建设】 鹿茵酒店项目占地45亩，主楼29层，总规模2.6亿元。完成主楼工程，商业裙楼进入设计方案调整等前期工作。胜利南安置小区渔山小区1—2号商住楼项目建筑面积30782平方米，主体结构工程基本完成。奕聪花园住宅小区项目，建筑面积23万平方米，二期工程全部完成，三期完成投资的30%。

【村镇建设】 至2014年，完成区内36条村的规划编制工作、25条村的整治工作，其中年内开展规划编制的村庄7条、村庄整治2条（外海街道麻三村、礼乐街道丰盛村），投入整治资金341.3万元，以环境整治为主。开展生态绿化工程，建设市级生态园示范镇1个、市级生态园示范村10条。

【建筑工程】 区属建筑业企业完成产值5.39亿元，增长64.8%，在建工程301项，建筑面积384.9万平方米，工程总造价61亿元。共发放建筑工程施工许可证147项，建筑面积118.32万平方米，办理工程竣工备案57项，建筑面积140.58万平方米，对外施工、监理、设计等企业进行登记备案62项。

【建筑工程招投标】 审核施工合同备案和竣工结算备案办理合同备案77项，建安费用17.04亿元；竣工结算备案93项，建安费用28.28亿元。处理工程结算纠纷案件3宗。完成招投标29项，节约资金771万元。开展“两场”（市场和现场监督）联动工作，检查中标单位落实投标承诺情况。

【建筑节能】 以建筑节能为重点，推动建设绿色建筑，推广使用新型墙材，发展应用散水泥，完成建筑节能备案116宗，民用建筑节能节水备案率100%，办结散装水泥、墙材专项资金申请手续41宗，返还金额3793664元，结转不予返还的新型墙材专项基金971536.8元。

【房地产开发管理】 配合市做好新建住房价格控制目标和稳定房价有关工作，全区新报建房地产项目面积59.82万平方米，商品房完成投资22.28亿元，销售面积25.73万平方米，销售金额15.53亿元，平均住房价格每平方米6011元。辖区7个楼盘参加江门市2014年房博会。完成民房、厂房的房地产权登记、初复审481宗。规范物业管理，对辖区24家物业服务企业开展专项检查整治，指导华茵堡、君悦居等小区成立业主委员会，处理物业纠纷投诉21宗。

【建筑设计审查】 审查新建、改建、扩建等建筑工程215单项，建筑总面积144万平方米，在审查施工图设计文件过程中共审查出违反《工程建设强制性条文》80条，违反各类安全性1212条，消除施工图设计文件安全隐患。

【住房保障】 全年审核新增公共租赁住房保障资格申请户81户，年审符合资格的续租户193户，实物配租35户，发放租金补贴73户。新建公租房项目江门市陈鲁米尼照明有限公司综合楼封顶，完成本年度新增公租房目标任务230%；年度基本建成目标任务数完成，江门市雷斯诺照明有限公司宿舍楼竣工验收。开展危房专项大检查，对检查发现的530间安全隐患危房提出解危要求，并做好区直管公房危房的解危工作。

【建设工程执法监察】 召开工程质量安全会议3次、工程质量大检查2次、节能专项检查1次，签发工程质量整改通知书48份、局部暂时停止施工通知书4份，质量问题整改意见153条。全区在建高层建筑结构混凝土强度专项检查合格率100%。开展建材打假工作，抽检在建工地建材产品72批次，工程质量合格率100%。开展工程质量通病（建筑裂渗）治理工作，强化样板间制度。开展安全生产大检查5次，检查工程项目131项，发出整改通知书129份、局部停工通知书23份、全面停工通知书1份、扣分通知书55份，排查安全隐患598条。组织建筑施工起重机械专项安全检查1次。

【水利基本建设】 南冲电排站工程。该工程主要解决礼乐街道礼西围1万亩农田的洪涝灾害问题，属于中型电排站工程，设计用地总面积39488平方米（59.23亩），设计总装机2280千瓦，抽排流量每秒36.9立方米，估算投资4393万元，工期计划21个月，完成测量、环评、可研等各项前期工作。

礼西围、礼东围穿堤水闸除险加固工程。由于受堤围和闸基土质的因素影响，建造的二泄水闸底板出现渗漏现象，经过水利专家对其他同期建设的12座水闸进行技术会诊，确认需要对12座水闸进行灌浆加固处理，预算投资268.85万元。完成施工招投标工作，计划11月中旬进场施工，工期8个月。

基层小型农田水利建设。安排专项资金105万元，用于补助农村基层小型农田水利基础设施建设；完成小海河等河道疏浚、清淤5500米；重建、维修农用排泵站4座。

麻园河清淤整治工程。该河整治总长7.04公里，其中示范段长0.94公里，清淤段长6.1公里，估算投资6600万元。

马鬃沙河整治。该河整治总长6.12公里，其中示范段长1.06公里，清淤段长5.06公里，估算投资10660万元。

【水资源管理】 落实水资源管理制度，制订《江海区节水减排实施方案》，实行用水总量控制。在世界水日、中国水周活动期间，出动宣传车、印发宣传单张和悬挂宣传横额开展宣传。探索河道保洁社会化模式，通过公开招标，由社会专业保洁公司对河道实行专业化保洁。每年投入河道保洁专项经费44万元，由专业公司对区内10条主要河道共25公里实行专业化的日常保洁管理。

【三防工作】 推进水利建设，完善三防安全保障体系建设，完成全区5个街道36个村委会、23个居委会共802名责任人登记录入工作。开展汛前大检查，防汛防风期间发布防风应急响应3次、组织督查28次、巡查堤防68次，检查水闸24座、电排站9座和堤围58公里，有效防御“0509”强降雨、台风“海贝思”“海鸥”袭击，实现全年全区无水利工程出险、无防汛安全责任事故发生。组织三防应急抢险人员58人在西江水域开展抢险实操演练，举办全区三防系统水利干部和职工共50多人参加的三防知识及泵站运行工实操培训班，电排站一线管理维护工作人员24人领取泵站运行工职业资格证书。联合高新区工业园公司探索创新水利规划体系，在高新区南湖、北湖水塘水网体系规划的基础上，完善江海区农村重点易涝区整治规划，解决两区排涝、水循环、水环境问题。

表9

2014年江海区商品房情况统计表

企业名称	计划总投资（万元）	本年完成投资（万元）	房屋施工面积（平方米）	房屋竣工面积（平方米）	销售面积（平方米）	销售金额（万元）	均价（每平方米元）
东华房地产开发有限公司（天鹅湾）	70000	37901	76237	—	43458	23801	5477
外海房产住宅发展公司（外海商住楼）	—	—	—	—	100	15	1500
外海城市建设综合开发公司（海逸华庭）	55000	86	—	—	211	127	6019
外海城市建设综合开发公司（怡德苑）	630	535	—	—	2311	995	4306
江门市富邦房地产置业有限公司（财富海景）	33228	11233	105826	—	22768	13253	5821
礼乐建委房地产实业公司（文昌花园）	14538	—	—	—	1425	621	4358
礼乐建委房地产实业公司（文昌花园127-150幢）	24000	5234	91445	—	—	—	—
礼乐建委房地产实业公司（文昌花园乐雅苑）	17920	7473	54395	—	21139	10865	4358
滘北建设开发公司	—	—	—	—	485	220	4546
银泉房地产开发公司（翠湖湾）	50000	4841	99673	81815	6465	3622	5603
良浩房地产（高新小区）	8820	21	33353	—	410	163	3976
江门市世家置业有限公司（帕佳图观园）	6545	2045	24867	24867	11830	5711	4828

续上表

企业名称	计划总投资（万元）	本年完成投资（万元）	房屋施工面积（平方米）	房屋竣工面积（平方米）	销售面积（平方米）	销售金额（万元）	均价（每平方米元）
帕佳图房地产开发有限公司（尚品）	32029	1800	77501	34396	35041	18828	5373
碧桂园房地产开发有限公司（江海碧桂园）	160000	5898	105912	102039	6103	6504	10657
碧桂园房地产开发有限公司（江海碧桂园）三期	90330	28220	294179	—	90421	51059	5647
华茵绿洲房地产开发有限公司（瑞华小区）	15000	1025	10555	—	83	36	4337
半岛华庭房地产开发有限公司（半岛华庭）	48006	5198	162828	—	1572	827	5261
江门市康禾投资有限公司（康城广场）	34997	10467	8920	—	—	—	—
豪仕（浪琴湾）	10560	2000	24586	—	—	—	—
豪江房地产（君汇熙庭）	83533	879	57044	—	21744	12314	5663
香港建设（奕聪花园）	114837	20797	164309	58152	16504	12114	7340
泰山房地产（江海海伦湾）	68350	8965	238632	—	3866	2512	6498
江门市润基置业有限公司（海瀛雅苑）	6653	—	—	—	716	322	4497
江门市汎港凯旋房地产开发有限公司（凯旋堡住宅小区）	20000	9891	4467	—	—	—	—
江门市江海区海逸名苑房地产开发有限公司（翡翠华府）	26153	19114	99424	—	40866	28384	6946
中国（江门）国际绿色光源博览交易中心	400000	32661	448247	—	—	—	—
江门市万隆投资发展有限公司（万隆.茗汇轩）	5850	4566	17932	—	3884	1936	4985
江门市新恒大经贸有限公司（乐雅居）	7500	700	12323	12323	272	203	7462
江门市江海区连海北路建设投资有限公司（连海苑）	24401	12447	45973	—	—	—	—
江门市中环置业有限公司（江海广场）	31977	9000	88000	—	—	—	—
江门市合盈地产有限公司（格林春天豪庭）	49278	18959	80917	—	—	—	—
合　计	1510135	261956	2427545	313592	331674	194432	5862

城市管理

【承接市下放事权管理】 根据市政府的工作要求，白水带风景区名胜区管理处、江门绿化管理所、江门市政维修处、江门市政设施监督站等事业单位下放到区，制订承接方案，加强与市财政局、市城管局和市园林局等部门的沟通衔接，8月1日接管，接收下放事业单位接收194人，其中在编28人、编外166人。

【市政设施建设和维护】 全年实施江海一路人行道盲道、江翠路路面、桥南桥东新村花圃路面等道路改造工程2832平方米，整治外海化工路、礼乐江礼一路水侵黑点，改造江翠路与南苑一街路口、中沙2号门前严重积水路段2处，在奕聪花园规划一路安装LED灯46盏。对辖区坑洼路面、下水道进行升级改造，更新、修复各类市政设施，维修沥青路面415.38平方米、混凝土路面2694.53平方米。协调外海、礼乐街道以电费返还形式完成LED路灯改造1834盏，节能效率40%。

【城市建设管理监察】 加大对违章建筑的监控巡查，查处违章建筑90宗，拆除违章建筑构筑物3250平方米，拆除临时建筑构筑物400平方米，拆除雨篷、棚架950平方米，查处违法的室内外装修、加建40余宗；通过卫星遥感监测图斑发现违法建设行为并调查处理，涉及全区遥感督查图斑6宗。针对外海、滘头街道的民房违章建筑比较严重情况开展调研，形成报告上报区政府。

【环境卫生管理】 每月清扫、收集、运输生活垃圾7300余吨，环卫保洁面积250万平方米，机械化清扫主次干道80万平方米。城镇生活垃圾无害化处理率100%，实现全区城乡垃圾收集、运输、处理全覆盖。完成环卫基础设施升级改造，新建改建垃圾中转站10座、新装果皮箱500个，公厕一体化建设工作按计划进度推进。管理保洁垃圾中转站29座、收集点7个，公厕71座、果皮箱1300个。配合、协调外海街道完成茶庵寺临时垃圾压缩性建设工作。做好各街道生活垃圾储运模式升级改造方案的设计和论证工作，协调指导外海街道金溪、麻一和东升3个村级垃圾中转站年内启用。举办高新区江海区垃圾分类科普宣传活动，全面推广垃圾分类。每月清扫、收集、运输生活垃圾7300余吨，城镇生活垃圾无害化处理率100%，全区城乡垃圾收集、运输、处理实现全覆盖。协调推进各街道“牛皮癣”清理的社会化工作，8月，外海、礼乐、滘头、滘北4个街道与专业清洗公司签订合同并开始“牛皮癣”清理的社会化运作，年承包经费123余万元。江南街道把“牛皮癣”清洗任务交由其辖区的环卫承包企业负责，并由区市政维修处出动2台清洗机加强清洗。

【污水处理厂建设】 江海生活污水处理厂配套截污管工程（二期）第一标段五邑路、金星路、南山路、富民路沉井、顶管和拖管工程完成；江海路顶管工程6月进场施工，7月底完成建设；连海路污水工程进入施工阶段，完成沉井施工4个，占该段工程10%。第二标段开标。项目年度计划投资7357万元，累计完成投资1598万元。礼乐片区污水管网第一标段新增沉井施工完成；顶管工程量完成90%。第二标段完成中心河河涌截污工程施工图设计送审稿并开展施工图审查和计价工作。项目年度计划投资5751万元，累计完成投资2416万元。

【园林绿化】 2014年是江门市实施绿色行动的第三年，围绕市委、市政府“森林围城、树林进城”的工作部署，计划投入5800万元，以提升大公园、打造景观路、升级社区公园、发动厂企绿化和送树下乡为措施，构建全区城市绿化体系，推进城乡生态园林一体化。建成区绿化覆盖率43.01%，绿地率41.02%，人均公园绿地面积17.2平方米。四大公园（南湖公园、北湖公园、白水带茶花园、江海绿化广场）中除了北湖公园尚在规划论证以外，白水带茶花园二期、江海绿化广场改造动工建设。“六大”景观路（行政小区道路、龙光塔—茶庵寺绿道、南山路之麻园河—青年河段、江睦路之中江高速—连港路段、连海北路）和“九条”主次干道（中华大道、江礼路、清澜路之光明一路、清澜路46号地段、彩虹路之连海路—临江路段、光明二路、35号地规划一路彩虹路之龙溪路—江睦路段、江睦路之江睦路—连海路段、连港路之江睦路—连海路段）都按计划推进。社区公园绿化改造项目竣工7个、施工3个、公示和招标阶段5个。生态园林示范镇建设，礼乐街道组织24条村、3个社区开展绿化绿建活动，完成绿化项目建设30个，占总数的81%。厂企绿化升级改造、绿色生态示范街、绿色生态示范村（居）基本完成。

【户外广告管理】 全年受理新设广告106宗，办理续期广告189宗，户外广告总收入30万元；对全区所有户外广告进行调查摸底，对私自设置、批准设置未续期或设置不合理不美观的进行整改；对全区12个广告位、2000平方米张贴公益广告，查处户外广告570宗，拆除户外广告1150平方米；督促广告业主排险加固各类广告牌8宗，台风过后处理破损广告牌17宗。

【城管综合执法】 出台《综合执法手册》指导执法日常工作，以一街一策的方式，对违章占道经营、流动摊档和商铺店外占道经营开展专项整治100多次，清理流动摊档6200余档，整治占道经营4100余宗，清理横幅800余条。开展泥头车专项整治，发现并处理违规建筑垃圾运输车辆6宗。开展通信类广告专项整治，对街道通信类广告拍照取证500宗，行政处罚违规拉挂通信类广告10宗。组织水利水政执法93次，查处涉河道违法建筑6宗、非法开采地下水2宗。

【燃气安全监督管理】 强化燃气安全管理，每月开展燃气安全检查1次。开展燃气安全进万家宣传咨询，先后在外海、礼乐街道组织开展安全生产警示日消防演练。开展瓶装气非法经营打击行动2次、查扣气瓶70余个和电子称、天那水、油漆、宣传单张等物品一批。

【新增调整公交首末站线路】 市公共汽车有限公司先后优化调整和新增公交线路15条，进入或途经江海区的公交线路32条，投入营运车辆177辆，其中进入高新区内线路5条，基本覆盖金瓯路、高新路、外睦路等主干道。加强光博汇、连海路公交首末站的建设，优化延伸、增设公交线路12条以上。

国土资源管理

【土地规划与编修】 2012年年底，按照国家和省的统一部署，根据上级文件的要求，全面开展江门市江海区土地整治规划的编制工作制订土地整治规划（2011—2015）。年内完成《江海区土地整治规划（2011—2015年）》编制工作并通过江门市国土资源局会审，经区政府批复同意实施。

【地籍管理】 完善地籍管理信息化系统建设。按照广东省土地登记信息监管系统建设要求，进一步完善国土资源业务网建设，配置网络核心路由器、隔离网闸等设备，实现国土系统资源业务网路的全面连接和运行安全。

【基本农田保护】 2012年，市下达全区高标准基本农田建设任务1200亩全部分布在礼乐街道，总投入144万元，由省财政按照每亩1200元的标准投入建设。区财政按照总投入的5‰配套工作经费7200元，建设镇龙村三面光排灌渠1112米，重建小型排涝水闸3座；建设威西村田间道路1条，长574米，采用掺和5%水泥石粉路面，年内工程竣工验收。2013年市、全区的高标准基本农田建设任务1100亩，全部分布在礼乐街道。总投资220万元，由省财政按照每亩1200元、市财政按照每亩800元，总计每亩2000元的标准进行建设。区财政按照总投入的5‰配套工作经费1.1万元。项目立项以后，完成项目规划设计方案并组织专家评审进行设计方案完善。年内，通过招投标并开工建设。

【土地登记】 全年完成土地登记发证6067个，其中国有土地使用权证4722个、集体土地使用权证1210个、他项权利证明书135个，抵押面积208.88万平方米，融资金额42.29亿元。

【土地调查】 落实耕地后备资源调查评价，全面查清耕地后备资源的类型、面积和分布等情况并建立江海区耕地后备资源调查评价数据库，为制定并完善相关耕地保护政策提供决策依据。完成江海区一村一镇一地图项目建设。组织到5个街道、36条行政村、25个社区开展调查，对每个村自然地形地貌、山水田林路的地名地址进行调查和标注，形成一个行政村一张地图，一个镇（街）一张地图。

【土地征收】 完成中心城区规模报送工作和落实征地报批工作，根据省、市要求上报江海区2014年度中心城区规模，涉及新增建设用地面积1000亩、农用地面积1000亩（其中耕地429.7亩）。经国务院批复同意全区2014年新增建设用地720亩；根据2012年度余下用地指标、2013年和2014年省国土厅下达江海区新增建设用地指标规模，可安排使用的新增建设用地2781.1215亩。为推进重点项目的征地报批工作，分9个批次组织安排胜利南路延长线、高新区公共码头用地、公共码头配套用地、江门农产品（冷链）配送中心项目等重点项目以及农村留用地的用地征转手续，使用新增建设用地指标1966.6215亩，余下814.5亩安排至下年度实施。

【土地供应】 全年供应土地23宗，面积1589.7亩，其中挂牌出让用地4宗、面积467亩；协议出让公共管理与公共服务用地4宗、面积440亩；划留留用地9宗、面积565.7亩；划拨村集体用地6宗、面积117亩；宅基地240宗，其中新建207宗、补办33宗。

【土地执法监察】 执行土地动态巡查制度规定，定期对违法违规用地易发地区实施动态巡查工作。对检查中发现的3宗涉及的31亩新增违法用地行为予以制止，责成违法用地单位进行整改，申报和完善用地手续，恢复土地原状。制定和出台《江海区国土规划和环境保护局行政处罚自由裁量权标准》《关于规划行政处罚自由裁量权的实施办法》，规范和约束国土、规划、环保管理行政处罚自由裁量权。开展2013年度土地卫片执法检查和违法违规用地查处整治专项行动，打击违法违规用地行为。对检查中发现的26宗涉及55.92亩违法用地（其中耕地11.95亩），除了省、市重点项目2个涉及7.24亩用地作非立案处理以外，其余24宗涉及48.68亩违法用地立案处理，追究违法用地单位（个人）法律责任，收缴罚款33.7166万元、没收违章建筑物3531平方米、拆除违章建筑物4943平方米、没收违法所得5.6056万元。违法用地立案率、查处率和结案率均为100%。

【地质灾害防治】 7、9月第9、15号强台风“威马逊”“海鸥”吹袭期间，2次启动地质灾害Ⅱ级应急响应，对白水带风景区、滘头街道樽山和渔山地段开展地质灾害隐患排查工作，落实防风、防雨各项措施。委托江门地质勘查设计院编制滘头街道樽山地质灾害隐患点整治工程方案，完成项目立项和预算编制工作。

【盘活和处置闲置土地】 制订闲置土地处置工作方案，对区内闲置土地的分布及利用情况进行调查摸底。全区共有闲置土地47宗2197.599亩（其中闲置工业用地19宗711.210亩、闲置商住用地27宗1207.4905亩、其他1宗278.899亩），通过采取约谈企业负责人和下达《限期动工通知书》等措施，督促10个建设单位加快步伐盘活闲置工业用地248.5亩。对检查中经认定属于企业原因而造成的10宗涉及397.136亩工业用地，移交市国土资源局追究其闲置土地责任。

规划管理

【规划编制】 完成《江海区城市综合发展规划》的编制、审查、论证和报批工作，开展《江海区城市设计》《江海区防洪排涝规划》《江海区市政工程专项规划》等多项涉及全区发展和基础设施布局的专项规划编制工作，提交规划成果并完成专家和部门论证。

【建设用地规划管理】 开展并完成《高新区公共码头后方陆域规划研究》《府西小区地段整合及控规修编》《高新区35、43号地（南湖周边）控制性详细规划》《高新区21、22号地（北湖周边）控制性详细规划》《礼乐上堡地段控制性详细规划》《礼乐武东地段控制性详细规划》等一批规划编制、研究和策划工作，为公共码头建设、府西小区开发、南湖光电研发中心、北湖水利和环境整治、冷链物流园等项目的开发建设做好前期准备。

【建设工程规划管理】 全年办理各类业务案件597项，其中审查建设工程项目设计方案85项、核发建设工程规划许可项目157项建筑面积100万平方米、临时建设工程项目7项、办理更改施工图和建设工程规划许可证103项、核定规划实施意见2项、办理规划验收101项、建设开工放线和验线88项。办理用地规划许可证10项，审查市政及修建性详细规划44项。按照规定核收城市基础设施配套费3226万元。

【城市规划监察管理】 出台《江门市江海区村民建造住宅规划管理暂行规定》，引导规划控制区内民房建设管理，以遏止新增违法建设势头，减少村民违规建房的现象。配合做好2014年第一期规划遥感督察违法图斑的核查工作，到现场核查每个图斑违法建设情况并实地照相，核定为违法建设的项目时把违法认定及相关资料移交区住建水务局执法部门处理。

环境保护

【承接市下放事权管理】 按照《江门市人民政府关于印发〈关于进一步理顺江门高新技术产业开发区管理权限的实施方案〉和〈赋予江门高新区市级经济管理和相关行政管理权限事项目(第一批)〉的通知》，履行市下放全区环保事项5项的管理职责，完善网上办事大厅环保审批事项三级深化建设，简化审批流程，实现网上政务一站式办理。

【建设项目环评审批】 建立重点项目环保协调服务机制，对建设项目涉及环评审批的在项目选址前提前介入。协调处理长优实业、龙庭小区、光博汇周边道路等10多个重点项目的环评审批问题。配合推进商事登记制度改革，配合市编办制订并组织实施《在江门市区开展餐饮服务行业行政审批标准化试点工作方案》，对餐饮行业率先实行环保审批改革。办理建设项目环评审批64项，其中审批报告表项目26项、登记表项目38项。严格验收项目污染防治设施和运行处理效果，办理六种行业（餐饮、文化娱乐、洗车场、机动车维修、建筑材料、废品回收）环保验收项目41项，其中机动车维修21项，饮食13项、公共浴室和旅业7项；核发污染物排放许可证92个，其中新办56个、变更17个、换证19个。

【主要污染物总量减排】 配合有关部门开展大气污染防治法执法检查，督促企业深入开展大气污染治理；配合市环保局开展环保专项行动和污染减排检查。联合农业部门和礼乐街道开展农业养殖场污染防治专项检查。全区农业源污染排放总量COD（化学需氧量）排放量889吨，氨氮排放量103吨。

【水环境综合整治】 召开全区水环境综合整治工作会议，出台《高新区江海区潭江流域水环境综合整治工作方案》，明确有关工业、农业、生活和河涌污染整治的责任分工和工作要求，推进水环境综合整治。

【环保信访处理】 全年办理完成涉及环保的建议提案15件，其中市级5件、区级10件。受理环境信访事项189宗，其中废气类（含油烟）投诉113宗、噪声类投诉59宗、废水类投诉1宗，其他类投诉16宗，处理率100%。

【生态村建设】 按照市环保局的工作要求，结合全区开展的宜居村庄创建工作，指导外海街道麻二村、中东村和礼乐街道五四村3个行政村开展环境综合整治、创建市级生态村工作，对照《江门市生态村建设指标（试行）》的要求，对申报的行政村进行材料初审和现场核查。年内，申报的3个行政村通过市环保局组织专家组的考核验收，被市环保局命名为江门市生态村。

教文体卫

JIAO WEN TI WEI

教育

【学校改造】 投入1155万元，改造外海中学宿舍楼、礼乐中学图书馆、礼乐第二初中教学楼建设和滘头小学新校区改造；投入100万元，完成全区5所中小学的厨房改造；投入100万元，完成全区21所公办中小学的校园监控工程。

【实施免费义务教育等惠民工程】 春季和秋季2个学期，实施免收书杂费入学，分别有25208人和26769人受惠。全年免费义务教育公用经费补助标准继续提高，达到小学950元，初中1550元，全年区财政给予免费义务教育补助2944.23万元。落实省下达的每学期对小学初中学生进行生活补助的制度，78名学生受惠；落实普通高中国家助学金制度等多项帮扶制度，422名学生受惠。

【区级教育信息资源平台建设】 全面完成区级信息资源库建设工作、完成各中小学校及部分幼儿园的网站建设，建立中小学195G容量电子图书阅读系统。根据《江海区教育信息化“十二五”发展规划》要求，全区4年教育信息化建设投入1160多万元，新建电脑室8个、电子阅览室1个，配置交互式多媒体电子白板教学平台69套。全区100%学校实现与省、市基础教育网络互联；通过组建区教育网络服务中心，建设江海区教育局网站1个、全区学校（幼儿园）建设校园网站39个，实现8个100%，即100%学校有门户网站，100%的学校实现电子政务、电子校务，100%学校建有计算机室、100%学校有校园网和校本教学资源库、100%实现“校校通”“班班通”、100%教室配备多媒体教学平台、100%教师有办公电脑、100%学校与省市基教网互联。建立江海区教育资源中心及校本资源库，教育资源容量超过1500G，教育资源数量超过20万件。各校与区教育局网络互联互通，教学资源库和学习资源库组成江海教育资源公共服务平台。电子阅卷系统、教学质量监测平台在中小学得到广泛应用，共有多媒体教学平台546套，其中班级教学平台495套。信息技术课程采用义务教育阶段学生信息技术应用能力测评系统软件，实现在线实时测评，规范信息技术课堂教学，提高学生信息技术水平。

【完成各项教育指标】 全年全区义务教育阶段适龄儿童入学率100%，三类残疾儿童入学率100%，小学辍学率为零，初中辍学率0.16 %，小学毕业生升学率100%，初中毕业生升学率99.2%。高质量普及高中阶段教育，高中阶段毛入学率102.53%，普通高中毕业生升学率92.2%，高中阶段优质学位100%。学前三年入园率99.06%。

【中考高考考试招生】 按照《中华人民共和国义务教育法》要求，根据江海区实际制定义务教育阶段学校招生简章，实行全区统一时间，分点报名，统一报名系统，统一录取的办法，依法保障外来人口子女接受义务教育的权利，解决全区外来人口子女入学问题。全年公办初中一年级入学2034人，民办初中一年级入学497人。公办小学一年级入学2550人，其中招收外来人口子女1344人，占招生人数的52%，民办小学一年级招生1250人。全区共招收高一年级新生1061人。

【民办学校及托幼机构管理】 开展区内民办学校及托幼机构年审工作；与安监、消防、卫生等部门开展联合检查，提出整改意见，促进民办学校及托幼机构的健康发展。加强对江南幼儿园、外海幼儿园申报省级优质幼儿园工作的指导。

【学校法制教育】 开展法制知识进校园活动，开设法律教育课，全区25所中小学聘请法制副校长，为师生作法制报告40多场次，受教育师生3万人次。与区禁毒办等单位部门联合组织开展“江海区中小学崇尚科学、反对邪教”和“江海区中小学禁毒宣传教育活动”，组织中小学生禁毒征文比赛。加强中小学生违法犯罪预警，建立预警监测网络，对有不良行为和违法犯罪学生开展帮教工作，全年中小学学生违法犯罪率为零。

【班主任培训】 落实《中小学班主任工作规定》，做好班主任的培养工作。配合市教育局的“中小学班主任能力建设计划”，组织全区优秀班主任参加江门市的班主任能力大赛；加强业务和理论学习，结合各学校的实际，开展德育队伍培训，提高德育副校长、政教主任和班主任的工作水平。

【公开招聘教师】 采取试教形式，公开招聘研究生学历高中教师10名；采取竞争性选拔考试形式，公开招聘初中小学教师33名。至此，全区高中教师研究生学历比例19.9%。

【教师培训】 组织教师参加2014年教育部乐高技术教育创新人才培养计划项目培训等省级培训33项，江门市中学骨干教师北师大华东师大培训等市级骨干培训33项，英特尔未来教育培训等继续教育全员培训2271人次。

【名师名校长培养】 与华南师范大学合作，成立广东省中小学教师（校长）工作室江海工作站，吸收11个学科70位教师（校长）作为第一批学员到华师附中等10所省级名校跟岗研修学习。召开江海区研究生学历教师座谈会，引导研究生教师提升业务素质向区级名师迈进。

【教研教学】 举办同课异构等教学研讨活动，树立教师“有效教学、高效课堂”的课堂教学理念，提升整体教学水平；组织全体教研员、中小学教学骨干出外取经学习、教研交流500多人次。鼓励教师开展课题研究，全年省级课题结题2项，市级课题中期研究6项，区级课题结题34项。其中省级课题《中小学古诗词审美教学研究》获得课题评审组专家好评并在《广东教学研究》上刊出。组织指导学校和教师参加各级教学能力比赛，其中18人次获得省级奖励。

【广东省推进教育现代化先进区督导验收】 2009年，江海区创建成为广东省教育强区以后，坚持“科教兴区”战略，优先发展教育，着眼教育公平，以办好每一所学校、教好每一个学生为目标，实现从农村教育到城市教育的根本转变，实现由教育强区向教育现代化先进区的跨越。全区有中小学校25所，其中完全中学2所、初级中学4所、小学15所、九年一贯制民办学校4所。在校中小学生29998人，教职工1646人；幼儿园40所，在园幼儿7763人，教职工992人。辖区有国家示范性高中江门市第一中学、国家重点中专江门幼儿师范学校、广东省十佳民办学校江门中港英文学校和高等教育学校南方职业学院。江海教育经历普及发展、跨越发展、转型发展阶段，坚持优先发展、优质发展、人才强教、创新发展、育人为本、协调发展和内涵发展，加强开放交流，提高现代教育国际水平。在成效与特色上，做到以均等服务为基础，普惠群众为目标，教育公平实现新的发展；以学校特色为抓手，优质内涵为主线，教育质量实现新的突破；以现代理念为先导，创新转型为推力，教育发展实现新的跨越。2009年4月，江海区创建成为广东省教育强区。对照县域教育现代化先进区评估指标体系，分析研究全区“争先”不达标的13个重点难点问题并采取相应的办法和措施，做好有关重点难点问题的整改工作。对省教育厅提出的16个存在问题，制订整改措施逐项落实整改，先后3次形成向省教育厅反馈整改情况报告，并通过省的督导验收。2014年5月，江海区创建成为广东省推进教育现代化先进区。

【江海区创建全国义务教育发展基本均衡区】 全区2014年义务教育学校25所（含2所完中初中部），其中公办学校21所，义务教育公办学校在校生20661人。义务教育公办学校中，初中共有133个教学班，平均班额46.7人；小学共有301个教学班，平均班额48人。在编教职工1366人、专任教师1316人，其中义务教育专任教师1090人。全区进城务工人员随迁子女12940人，100%解决入学问题，其中就读公办学校7643人，比例59.1%。近年投入4700多万元，新建扩建外海中心小学、礼乐中心小学、银泉小学、新民小学等4所学校教学楼和体育馆等；投入1200多万元，新建外海中学、礼乐中学、麻一小学、礼贤小学、新联小学塑胶运动场；教育装备建设投入1900多万元，各中小学实验室、学科教学专用室建设和常规教学仪器设备配置基本达到省规范化学校的标准要求。全区21所公办学校通过义务教育规范化学校检查验收，标准化学校100%。在推进义务教育均衡发展上，做到保障入学机会、落实保障机制、加强队伍建设、强化管理和依法治教。对照义务教育发展基本均衡区评估标准要求开展自评，找出差距，拟定措施并落实整改，通过全国义务教育发展基本均衡区省级督导评估。对专家组提出的8项问题基本完成整改工作。建立督导运行机制，制订《江海区推进督导责任区制度实施方案》。2014年12月，江海区通过全国义务教育发展基本均衡县（市、区）评估认定。

【新办教育机构】 根据《中华人民共和国民办教育促进法》《中华人民共和国民办教育促进法实施条例》《江海区民办教育管理办法》有关民办教育办学机构的审批规定，研究、批复同意设立江海区海逸华庭幼儿园（地址外海街道海逸华庭小区）、江海区礼乐文昌东南幼儿园（地址礼乐街道东红叶兴西里原东南小学旧址）2家民办幼儿教育办学机构；开办江门市江海区现代教育培训中心（地址东海路103号之一至之八）。

【全区中小学义务教育标准化达标】 年内，全区25所公、民办中小学办学达到广东省义务教育标准化学校标准要求，包括完全中学的外海中学（初中）、礼乐中学（初中）、江门市第十一中学、外海麻园中学、礼乐第二中学、礼乐第三中学；江南小学、华兴小学、滘头小学、外海中心小学、外海中路小学、外海麻一佑启学校、外海麻二金紫学校、外海银泉小学、礼乐中心小学、礼乐新民小学、礼乐新联小学、礼乐武东小学、礼乐礼贤小学、礼乐礼东小学；九年一贯制民办学校的文昌中英文学校、博雅学校、阳光学校、陈伯坛实验学校。

文化

□ 文化事业

【江海区文化馆建设】 江海区文化馆是江海区政府批准设立的文化艺术工作事业单位，位于江海一路92号，建筑面积3000平方米，室外活动面积30000平方米，内设多功能室、电子阅览室、书画展览厅、舞蹈室、曲艺室、会议室、档案室等，内设培训部、创作部和办公室。现有工作人员6人。先后组建合唱队、舞蹈队、曲艺队和读书小组等10余支文艺团队，开展一系列文化活动，包括组织文化志愿者进社区提供免费培训指导，特色文体培训进学校、进企业等。文化馆每周开放时间合计不少于45小时，开放音乐、舞蹈（含瑜伽、健身操）、曲艺、展览和电子阅览视等项目，全年免费开放。

【主要公共文化体育设施】 全区有国家三级文化馆1个、省特级文化站1个、省二级文化站2个、社区（村）文化室62个，构成区、街道、社区（村）三级公共文化服务体系。区内有文体广场61个，各级公共电子阅览室29个，公共文化设施免费开放，开放项目包括图书借阅、电子信息阅览、展览展示、辅导培训、文体活动等，实现社区（村）全覆盖。

【非物质文化遗产保护】 6月10日，经区政府批准，江海区佛庄狮艺被列入江海区第二批区级非物质文化遗产名录。端午节期间，礼乐街道举办全球龙舟大赛征联活动、龙舟摄影大赛，并于6月2日端午节在江门睦洲水道流沙河段举办礼乐龙舟大赛。

【文化馆站室建设】 推进公共文化服务设施建设，全区社区（村）文化室均达到“五有”（有活动室、书屋、文体广场、服务网点、宣传栏）标准，文化信息资源共享工程服务网点全覆盖。全年建成公共电子阅览室25间。至此，全区共有各级公共电子阅览室31间。各街道文化站按照评估定级标准开展升级达标建设各项工作。

【图书馆建设】 全区共有江门市五邑图书馆分馆11间，流动图书馆6间。各街道文体服务中心均设有图书馆（室），藏书量3.1万册。

【发展文化产业】 组织召开江门艺术玻璃文化创新与发展研讨会，邀请文化部中国艺术研究院、广东省南方文化产权交易所、江门市工艺美术协会和五邑大学等单位的专家学者与广大艺术玻璃爱好者，针对艺术玻璃文化创新与发展进行研讨交流；组织江海区金达玻璃文化有限公司参加第10届深圳文博会活动。

【文化服务百镇千村行】 全年文艺下乡演出活动60多场，演出地点分别在外海街道30场、礼乐街道30场、江南街道6场、滘头街道4场、滘北街道3场，超额完成市下达的任务。组织各文艺团队到农村、社区或到区外乡镇等演出70场以上，其中60%以上演出在农村。

【文艺创作】 邱菁萍等创作的舞蹈《木棉花开》获得广东省首届中老年舞蹈大赛创作、表演双银奖和广东省第6届群众音乐舞蹈花会舞蹈类决赛铜奖。美术家协会推荐漫画作品《无题》，书法家协会推荐的作品《秋声堂册页》

获得江门市第11届精神文明建设“五个一工程”奖评选活动优秀作品奖；小品《较量》获得入围作品奖。何峰创作的歌曲《早安，江门》《大舞台》参加江门市第11届“百歌颂中华”歌咏活动群众歌会获得银奖、创作的歌曲《衣食父母》获得2013年度广东省群众文艺作品评选音乐类铜奖，曾小洁创作的《老年乐》参加第三届广东省曲艺大赛获节目一等奖，邓荣宗编剧的微电影《让爱从心开始》获珠中江“最美天使”最佳影片奖，周敏的年画入选全国第12届美术作品展，华振陆的国画《向日葵》荣获2014年江门市职工书画作品展金奖，李国英的摄影作品《村民选举》参加广东省第25届摄影展获得金奖等。市文广新局组织的2013年度江门市群众文艺作品评选，选送的小品《谁之过》、曲艺表演唱《老年乐》获一等奖，小品《丝发情缘》获二等奖，相声《最牛补习中心》、歌曲《衣食父母》获三等奖。省文化厅组织的2013年度全省群众文艺作品评选，选送的曲艺《最牛补习中心》获二等奖，曲艺《老年乐》、歌曲《衣食父母》获三等奖。市委宣传部组织的市第11届精神文明建设“五个一工程”奖暨优秀文艺家评选，选送的漫画《无题》、行书《秋声堂册页》入选优秀作品奖，小品《较量》入选入围作品奖，漫画《无题》、行书《秋声堂册页》入选江门市“五个一工程” 优秀作品奖。

【文物保护】 江海区是辛亥革命先驱陈少白的故乡，区内有被联合国教科文组织誉为人与自然最佳结合林的主灌河生态防护林、白水带风景名胜区以及佛教名寺茶庵公园等旅游景点。区内省级文物保护单位有陈少白故居，市级文保单位有陈少白墓、茶庵寺（六祖寺）、白水带水月宫、外海五大祠、三座石拱桥（跨龙桥、中正桥、南溪桥）、马敏卿墓及其马氏祖祠、江门造纸厂旧址。《中华人民共和国文物保护法》公布实施以来，召开专题工作会议，成立专项工作小组，利用媒体等多种形式进行宣传，并建立和完善文保安全目标责任制，健全文保安全责任体系，进一步完善“市、区、街”三级管理网络，按“属地管理”原则，落实文保护单位巡查制度，定期对全区8处文物保护单位进行工作检查。成立可移动文物普查领导小组和工作队，按照普查要求印发《关于印发区第一次全国可移动文物普查宣传工作方案的通知》《关于印发区第一次全国可移动文物普查实施方案的通知》，收集全区各有关单位共计97家的情况，进行确认、校对、分类和整理。

【文化市场管理】 全区有网吧18家、娱乐场所9家；新设立文化经营单位2家、结业1家。年内市文广新局调整下放文化市场行政审批事项5个，实现工作重心向事中、事后监管倾斜。全年受理各类文化市场审批办件23件；参与全市文化市场综合执法案卷评选工作，推荐上报平安娱乐场所1家。组织网吧业主赴周边地区等地学习网吧行业转型升级工作，探索乡镇网吧转型升级的新模式。推进环球网吧等试点单位发挥示范带动作用，引导网吧向“人性化、规范化、多业态”转型发展。全年检查网吧、歌舞娱乐场所62家次，受理网吧投诉举报4件；受理文化经营单位审批事项23件，其中设立变更3件、营业性演出备案 4件、文化经营单位核准许可证 2家，受理投诉举报事项5件。召开法制宣传教育专题会议5次、文化市场管理工作专题会议4次、网吧业主会议4次，强化行政审批服务和规范市场管理工作。

【新闻出版包装印刷业管理】 拓宽协会工作领域的作用，促进印刷业相关经济产业的合作交流，全年办理变更业务10件、办理新申办业务10件；印刷业经营许可证年检136家、三印（复印、影印、打印）12家、出版物零售11家和音像制品零售1家等。组织会员单位到东莞参加包装印刷和材料展览。

【特色旅游】 针对全区旅游业较为薄弱的现状，通过多次调研、开展论证工作，制定江海区旅游“一公司、两节日、三景点”的工作策略，从软、硬件上强化全区旅游产业发展并付诸实践。

“一公司”。由辖区有实力的集团公司筹建汇侨文化旅游投资发展公司，主要负责开发和整合江海区本地的旅游资源，兴建星级酒店，大力开发旅客市场，提供旅游增值服务。

“两节日”。7月举办“活力高新、魅力江海”万人游暨礼乐首届“葡萄生态旅游节”活动，采取“政府主导、企业与社会参与”的办节方式，以江海区经济发展与自然生态休闲旅游相结合，以艺术创意项目加生态美食为突破口，借助辖区旅行社力量，组织旅游团队、自驾旅客，打造“绿色、科技、文化、休闲”为特点的田园生态观光游，带动葡萄销售和第三产业发展。活动期间，接待游客（含自驾车游）1.8万人次，实现旅游总收入超200万元，增长11.5%，刷新江海区历届文化旅游节保持的记录。11月至12月初，举办题为“体验休闲生活，品尝健康美食”的2014“高新•江海美食节”活动，由江海区餐饮协会组织9家美食商家，各餐厅特色制作，主推“色、香、味”为标准的围餐，以实惠价格宣传推广。通过展示特色侨乡文化、旅游资源及其美食，加强餐饮企业的交流，邀请香港美食团、烹饪大师、名厨评出江海十大特色菜，组织粤港澳美食团品尝特惠套餐；邀请各大传媒记者寻访江海美食“体验之旅”。

“三景点”。包装打造江海区礼乐美食街，争取市旅游局资金支持，选址在礼东美食街入口处建造一个代表礼乐龙舟精神的雕像，有关工作正在推进。结合文明旅游，根据AAA级景区条件和标准，推进白水带景区质量等级管理的规范化、制度化、标准化建设并提升管理档次和服务水平，整合五大祠、陈少白故居、茶庵寺、白水带等资源和旅游线路。组织江海区作家协会、摄影学会、老一辈文学作家部门成员，开展以“体验雪峰白水，品味人文风光”文学创作采风活动。指导汇侨文化旅游投资有限公司举办3D梦工场立体画展、建立3D巧克力文化展览馆，展示各种3D卡通画和以迪士尼卡通人物为主题的巧克力产品，体验其生产过程以及发展历史。6月指导金达玻璃文化公司建立玻璃艺术展厅，引入玻璃工艺现场表演并销售侨乡特色玻璃艺术产品，并与“万人游江海”活动结合打造成为江海区工业旅游示范项目，把侨乡特色的玻璃艺术产品推广给珠三角及港澳游客。

□ 档案

【档案基础设施建设】 江海区档案局（馆）总建筑面积1901.2平方米，其中档案库房747.2平方米，总建筑面积比去年增加236.8平方米。采取调整办公用房，逐年增加档案馆库的方法，争取3年内馆库总建筑面积达到省档案局关于珠江三角洲地区区级档案馆总面积不少于2600平方米的要求。投入21万元改善硬件设施，安装闭路电视监控系统、防盗报警系统和阻燃遮光窗帘，添置服务器2台、五层档案柜

30套、档案目录柜2套、抽湿机9台、空调机6台、档案缝纫机2台和计算机4台。

【档案馆业务建设】 全年接收档案8165卷（件、张），整理征集档案119件，荣誉实物档案141件，照片档案1591张。其中接收文书档案229卷、5739件，科技业务档案154卷、141件，婚姻档案33卷，光盘18张。指定专人做好档案出入库登记、库房温湿度管理。定期更换杀虫药物和检查消防设备。对荣誉实物档案及图书重新排列上架。全面更换库房平面示意图及所有档案箱柜标签。对新增入库及借出的档案在入库前进行全面消毒，共消毒档案8806卷（件）。创新档案征集渠道，主要对区直部门出版的书报刊以及民间族谱、华侨来信的征集，共征集档案119件。

【档案信息化】 累计完成馆藏档案数学化案卷级目录81511条、文件级目录363592条。实现档案数字化7万页，总量251万页。根据上级档案部门涉密档案不数字化的要求，严格检查新进馆需要数字化的档案，剔除涉密文件，共删除5420份档案数字化数据66906页。为进一步保证已开放档案不泄密不失密、不涉及不利于社会安定的内容，对外海、礼乐街道开放的馆藏档案暂停开放，对实体重新进行全文鉴定，并完善其目录信息，待鉴定后再对社会公开利用，确保档案保密安全。档案信息网站全面改版，并更名为“江海区档案信息网”，并进行改版，保留政务公开、档案法规、现行文件利用、开放档案、业务指导和业务动态等板块，新增江海百态板块。

【基层单位档案管理】 做好江门高新区、江海区合署办公以后撤并机关的档案管理工作，下发《关于调整高新区、江海区部分党政机构全宗设置的意见》，进一步规范档案整理和档案数字化等外包服务，要求承包的档案中介服务机构必须在所在档案行政管理部门备案登记，不得外包给未经备案登记的服务机构。先后审核区社会保险基金管理局、区国土规划和环境保护局、区经济和科技促进局的保管期限表及分类方案，确保归档文件材料的齐全完整规范，提高档案管理质量。邀请市档案局有关领导和会同教育局领导到礼贤小学指导档案目标管理工作，对礼贤小学档案目标管理工作进行检查指导，并提出整改意见，进一步促进学校档案综合管理工作的规范建设，为实现档案管理升级打下坚实基础。6月13日，礼贤小学档案目标管理省特级的达标认定以95.3分顺利通过省市级评审组的评审。

【现行文件利用】 全年接待社会各界档案利用者372人次，查阅档案2334卷、1006件，复印档案资料3069页，配合区婚姻登记处核实有关人员婚姻资料278人次。协助完成规范性文件调查清理工作，查找规范性文件200多份。为协助做好公证档案网上查阅工作，抽调专人查找1985年至2002年期间1151人的遗嘱信息，为平台提供准确的信息资料。

【档案宣传】 配合江门市档案局在东湖广场举办以“走进档案——档案连着你、我、他”为主题的宣传活动，编印《“6·9”国际档案日宣传手册》，详细介绍江海区档案局的机构设置、职责、馆藏、档案知识、征集范围和服务指南等，现场派发家庭档案盒和《家庭档案的分类与整理》宣传资料。征订50本档案宣传手册和10套《档案管理违法违纪行为处分规定》宣传挂图，分别在机关大院各主楼、机关食堂以及各街道办事处的宣传栏均张贴，并向区直各单位发送档案宣传画册。

【档案培训】 组织区直各单位档案人员参加市档案局举办的相关培训，包括档案人员岗位培训27人、市档案信息化培训班36人、市新农村及社区档案人员岗位网络培训班110人。与区工商联联合发文，组织全区民营企业档案人员参加江门市民营企业档案人员岗位网络培训班。

【档案执法】 开展2014年度档案目标管理复查工作和2014年度文件材料归档专项检查，组织对实现档案综合管理满5年的单位进行复查，对15个单位的文件材料归档工作进行抽查，进一步巩固和发展档案综合管理工作。

□ 地方志

【地方志年报与年鉴编纂】 落实地方志资料年报制度实施方案，接收各单位报送2013年度的年报资料，为下一轮修志做好资料准备。江海区首部综合年鉴《江海年鉴（2009—2010）》公开出版，全书29.6万字，印刷600册。完成《江海年鉴（2011－2012）》全书送审稿送交出版社审核。完成《江海年鉴（2013年）》资料收集工作，按拟定纲目编排初稿。

【地情网站建设】 完善江海区地情网的栏目内容和及时更新信息。全年网站发布文章643篇，总数997篇；图片280幅，总数323幅。其中一级栏目发布文章走进江海113篇、工作动态3篇、网上展厅1篇、今日往事526篇，发布图片图说江海280幅。走进江海的二级栏目发布文章江海人物108篇、江海区情1篇、姓氏源流2篇、大事回眸2篇。

【地方志资源开发利用】 完成地方志资源开发利用项目，编写《外海太虚拳发展情况研究》专题调研报告。通过对外海太虚拳的历史、现状、作用及文化等情况进行调查研究，对拳法学习和普及等问题进行分析，借鉴其他拳法推广的优秀经验，提出今后做好外海太虚拳传承和发展的一些建议。完成《敢为人先——改革开放广东一千个第一》专题文史资料，上报《江门金羚集团有限公司研制出中国第一台自动型洗衣机》《江门金羚集团有限公司研制出中国第一台全自动洗衣机》《江门金羚集团有限公司研制出中国第一台模糊控制全自动洗衣机》3个专题文章。

体育

【全民健身运动】 第六个全国“全民健身日”期间，围绕“全民健身促健康，同心共筑中国梦”主题，举办趣味运动会、千村居篮球赛等系列活动；举办高新区江海区JBA篮球争霸赛。借助各街道社区文体小广场，联合区义工联举办体彩杯社区趣味运动会，作为广东省第14届体育节期间全区的特色体育活动。全年社区趣味运动会举办52场，每个社区举办2场共48场；在江南文化广场举办大型活动4场。在第6个全国“全民健身日”期间，举办趣味运动会、千村居篮球赛等系列活动。

【体育竞技与交流】 8月，选送外海中学代表队参加广东省百万职工第9套广播体操比赛(江门市)预选赛并取得季军。外海中心小学和礼乐中学代表全区参加2014年江门市体育彩票杯校园足球冠军赛，获得到全市小学组第3名和初中组第2名。12月，派员参与2014年江门市青少年锦标赛夺得乒乓球铜牌2面，田径类金牌4面、银牌7面、铜牌6面，跆拳道金牌5面、银牌1面、铜牌4面。在外海中学选派4名少数民族学生代表江门市组团参加广东省第5届少数民族传统体育运动会项目获体育风尚奖。

【文体小广场建设】 全区文体广场61个，其中全民健身广场8个，文体小广场53个，实现全覆盖。省、市体育部门决定把江南文化广场定为广东省社区体育公园试点，结合实际，投入20多万元对广场进行升级改造，新增篮球场2个、乒乓球台3张、健身路径20站，兴建淋浴室、足球场、风雨篷等配套设施，江南文化广场成为全区首个社区体育公园。全年投入体彩公益金30万元，维修健身器材65件，新增器材124件。

【打造本土特色体育项目】 对江海区中小学校特色体育项目资金扶持方案，会同区教育局召开全区中小学校体育负责人座谈会，筛选篮球、田径、乒乓球等有竞争力项目及太虚拳、龙狮等9个有本土特色的项目作为第一批体育扶持项目进行扶持，以增强全区体育项目竞争力。

【全民体育事业管理】 7月起，江海区域内非临时性高危险性体育项目经营活动许可权限下放江海区管理。贯彻国家体育总局印发的《经营高危险性体育项目许可管理办法》规定，会同市体育局到辖区游泳场所检查5次，对无证照经营和不合符安全要求的游戏场所责令停业整顿；做好非临时性高危险性体育项目经营活动许可证换证工作，对相关场所设施、人员配备进行核查。提前完成第六次全国体育场地普查工作。做好全区全民健身计划（2011－2015）实施效果评估工作，把省、市要求逐项细化务求取得实效。国民体质监测工作为每年体育工作的大事，年内监测对象年龄为20—69岁，335人参与体质检测和问卷调查，达标率90%以上。建立市级社会体育指导员服务站5个，区龙狮武术协会成为省级社会体育指导员服务站。

卫生计生

【落实国家基本药物制度】 全区实行基本药物的医疗机构共38家单位，包括区人民医院和区中医结合医院2家区级医院和江南、滘头、滘北等3家社区卫生服务中心、桥东、新中两个社区卫生服务站以及31个村卫生站，辖区内所有政府举办的基层医疗卫生机构全部实现基本药物制度全覆盖。其中区人民医院和区中医结合医院基本药物品规数占全部用药品规数比例分别为50%和84%，基本药物销售金额占全部药品销售金额比例均在40%以上，达到省要求的二级医院基本药物销售额40—50%的比例。31个村卫生站全部配备使用基本药物和实施一般诊疗费收费。

【建立平价医疗服务体系】 制订《江门市江海区平价医疗服务体系建设实施方案》并组织实施，在全区推进平价医院、平价诊室、平价药包等平价医疗服务工作，为群众提供方便、价廉、安全、有效的基本医疗服务。选取江海区中西医结合医院作为平价医院试点单位，区人民医院建立4个平价诊室，所有政府举办的基层医疗机构均使用平价药包，各基层医疗机构发放“平价药包”6538个。平价医院人均门诊、住院费用低于全区同等级医院平均水平。做好平价医疗服务产生的政策性亏损补偿工作，确保医改成果惠及群众。

【提升基层中医药服务水平】 加强基层中医药服务网络建设，全区下属7家医疗单位均设立中医科、中药房，其中区人民医院中医康复科1个，区中西医结合医院中医诊室2个、中药房1个。辖区内所有社区卫生服务机构开展的中医药“简、便、验、廉”特色服务，运用中药、针灸、推拿、火罐、敷贴、刮痧等中医药适宜技术，辨证治疗社区常见病、多发病。有关业务工作达到《基层中医药服务能力提升工程实施方案》的年度目标，包括100%的社区卫生服务中心、100%的社区卫生服务站、80%的村卫生站能够提供中医药服务；基层医疗机构均配备至少1名全科医生。

【开展家庭病床服务】 推进家庭病床和家庭医生式服务工作，探索开展“医养融合”工作，出台《印发江门市江海区家庭医生式服务工作方案的通知》以来，区人民医院、区中西医结合医院开展家庭病床及家庭医生式服务，增设家庭病床科，全区医院家庭病床建床人次数230人次，签订家庭医生式协议165户。区中西医结合医院做好与礼乐社会福利综合服务中心对接准备，成立分管领导和相关职能科室负责人组成的联络组和家庭病床科，为该中心入住的老人医疗保健开通绿色通道，老年人突发疾病、大病时可出诊或转诊。其他医疗单位根据实际情况分步启动家庭病床服务，达到小病不出社区，大病社区康复的社区卫生服务目标。

【完善公共卫生应急机制】 进一步完善《江海区突发公共卫生事件应急预案》和各专项预案，加强应急设施和监测报告网络建设。重点应对人感染H7N9禽流感、手足口病、麻疹、登革热等急性和季节性传染病。加大应急物资储备，启动发热门诊，开通医疗急救绿色通道，落实消毒、隔离、疫情报告等制度，严格控制院内感染。加强学校和托幼机构公共卫生管理，加强传染病网络直报管理。统筹做好全区大型活动包括龙舟比赛、中考考试、观音开库和重阳登高等医疗保健工作。开展防控应急演练、防空警报试鸣演练和危化品运输车辆交通事故现场处置应急“双盲”演练等公共事件应急救援演练。1月，全区出现江门市首例人感染H7N9禽流感死亡病例以后，加强对人感染H7N9禽流感的防控。联合工商、安监等部门对全区17个农贸市场活禽销售档口开展屠宰、存栏、销售三分离改造，加强联防联控。手足口病病例在 4、5月份病例激增，开展全区小学、托幼机构手足口病防治工作知识培训，督促学校、托幼机关加大晨检、午检力度，对部分医疗单位手足口病防治工作进行督导。8月28日，发生全区首例登革热病例，至11月17日共发生265例，占全市病例的46.57%，5个街道均出现疫情，没有重症病例。组织开展灭蚊专项行动596次，登革热防控知识宣传教育活动31场次，培训医务人员622人次，所有接诊的疑似病例，全部得到及时和有效的治疗。

【开展社区卫生服务】 推进基本公共服务均等化，实施和扩展12项重大公共卫生服务项目和流动人口基本公共服务。推进妇幼卫生健康服务和科学育儿指导项目，启动妇幼健康优质服务创建和妇幼健康服务机构规范化建设等活动，开展免费“两癌”筛查、免费孕前优生健康检查、孕检及出生缺陷筛查工程，免费为3500名育龄妇女进行“两癌”筛查；免费为育龄群众提供健康咨询、孕前优生健康检查和出生缺陷筛查，1—10月全区实施夫妇免费孕前、婚前检查738对，占初婚人数的61.81%，对检查发现的156名地贫、45名G6PD患者予以指导性治疗；为1286名农村育龄妇女增补叶酸，超额完成全年1200人的工作任务；开展妇幼三网监测工作，全区孕产妇死亡率为0，预防艾滋病母婴传播检测610人，检测率100%，接受乙肝阳性免费干预服务的产妇28名，覆盖率93.33%。

【爱国卫生运动】 加大卫生创建力度，外海街道银泉社区、墟镇社区成为创建省级卫生村；滘北街道在通过巩固省卫生镇工作暗访并启动国家卫生镇创建工作，通过市级和省级评估；礼乐街道新华村成为全市首批健康村的创建试点单位。完成卫生户厕新建、改建388户，完成全年任务数的97%。投入16.86万元对辖区公共环境下水道口安装四防装置1862个。结合城乡环境卫生整治行动、爱国卫生活动月和登革热防控工作，开展多次全区性环境卫生整治和灭鼠灭蚊大行动。

【单独二孩政策宣传】 组织各街道卫计生局领导、工作人员进行业务培训，对独生子女的界定、计划生育管理政策的衔接问题、再生育申请和审批流程等进行统一宣传，制作《条例摘录》宣传版块65块、印制《广东省人口与计划生育条例》小册子4万本。全区收到单独二孩申请393宗，办结再生育审批393宗。

【完善行政审批事项】 出台《关于做好江海区卫生计生局有关行政许可审批流程工作的通知》，规范医疗机构执业许可证、母婴保健技术考核合格证、母婴保健技术服务许可证和医师执业注册、护士执业注册等审批（核准）项目的审批流程，提高审批效率和服务质量。全年受理行政审批46件，办结46件。

【打击非法行医和两非专项行动】 联合市卫生监督所及相关部门开展打击非法行医活动2次，依法取缔非法行医窝点2个，收缴牙科治疗椅、牙科压缩机及其他药械一批。参加市组织的打击“两非”（非医学需要胎儿性别鉴定、非医学需要选择性别人工终止妊娠）专项整治行动，对江门市玛丽医院“两非”行为进行查处。联合市食药监局、区市场安监局等部门在全区开展集中打击“两非”专项整治行动，对区人民医院、区中西医结合医院、益民诊所、礼东门诊、外海供销社医疗室、区慢性病防治所、各卫生院、各大药房等单位进行专项督查。通过突击检查、查看资料、现场询问等方式，重点对有B超服务项目的单位进行检查，并对流动人口较集中地方的药房进行暗访，暂未发现有“两非”行为。

【科学育儿指导】 根据《江海区科学育儿指导项目实施意见》实施科学育儿指导项目，组织科学育儿干部培训班1期、现场交流学习会1次、家长培训班2期，指导各街道开展形式多样的宣传活动，如外海街道科学育儿知识开放活动、江南街道科学育儿亲子活动文艺表演、滘头街道科学育儿知识讲座，制作科学育儿宣传资料1.5万份，向0—3岁的婴幼儿家长派发科学育儿服务卡，各村（社区）工作人员上门对家长进行相应的育儿指导。全区人次享受科学育儿指导服务，占目标人群的98.75%。建立全区社区0—3岁婴幼儿科学育儿信息资料库，聘请医生、教师等组建区级科学育儿师资，定期举办专题讲座和亲子活动。

【健康教育】 结合爱国卫生月、无烟日、爱眼日、高血压宣传日、红十字会日和科学育儿指导项目等专题，开展宣传活动。开展健康服务进万家工程，与教育部门建立中小学开学第一课健康教育长效机制；定期在社区开展健康教育，每月2次健康讲座；开展公众健康咨询活动75次；举办健康知识讲座66次。

【人口数据共享】 推进人口计生、公安、卫生、社保和民政等部门的人口信息互通和资源共享，加强人口实时动态监测，建立人口数据预警预报制度。全区户籍人口162281人，累计出生1641人，政策外出生115人，其中政策外多孩出生14人，符合政策生育率92.99%；政策外多孩率0.85%。落实计划生育手术1477例，其中上环824例、结扎307例、采取补救措施342例；出生人口性别比108.78。

【流动人口基本公共服务均等化】 落实国家基本免费服务项目，免费为流入育龄群众办理一孩生育证登记、初次入学计生验证、享受免费孕前优生健康检查等。礼乐街道实施流动人口节育奖，流动人口落实结扎措施的给予一次性500元奖励；外海街道对落实上环、结扎长效节育措施的流动育龄夫妇购买家庭意外伤害保险1份；滘头街道对流动人口落实结扎措施的奖励500元，对落实上环措施的奖励200元。继续开展意外伤害保险工作，为4379户计划生育家庭免费购买意外伤害保险。

【推进河南片区医疗单位的资源整合】 针对江南、滘头、滘北3个街道辖区内医疗门诊和卫生院的设置较零散，规模小、服务能力有限且建设不规范，无法满足群众日益增长的基本医疗卫生服务和公共卫生管理需求，制订河南片区医疗单位机构改革方案，整合、统筹区机关门诊部等5个基层医疗机构资源，建立社区卫生服务中心，承担江南、滘头、滘北3个街道辖区内疾病预防等公共卫生服务和群众一般常见病、多发病的基本医疗服务职能，形成“小病在社区，大病进医院，康复回社区”的医疗格局。

【应急救护培训】 开展红十字应急救护志愿服务工作，制订《2014—2016年江海区开展“博爱家园——红十字应急救护志愿服务进社区”活动方案》，深入企业、学校、社区，开展初级急救员培训班5期、急救知识进社区志愿服务活动5期，发放初级急救员证123个，普及救护知识培训3000人次。全区累计具有救护师资共18人。

【救助活动】 利用“5·8”世界红十字日、“5·12”防震减灾日、“6·14”世界献血者日、“世界急救知识日”等纪念日，组织志愿服务送健康活动，开展免费义诊、送医送药，免费接受义诊600多人次。为全区80位贫困低保老人发放价值2万元的春节慰问款物。“一元爱心日”活动共募集各类善款1.8万元，接受定向捐赠医疗器械一批，价值60.26万元。募捐款用于救助先天性心脏病儿童，报送先天性心脏病患儿救助申请1例。

【无偿献血】 按照《江门关于做好江门市2014年无偿献血工作的通知》要求，做好宣传发动工作，全区无偿献血量410390毫升，完成年度目标献血量的71.85%，连年实现全区临床用血100%来自无偿献血。落实造血干细胞和人体组织器官捐献的宣传发动工作，成功登记造血干细胞捐献者2名、人体组织器官捐献者1名。

社会事务

SHE HUI SHI WU

优抚安置救济和社会福利

【社会福利机构和企业】 全区社会福利企业共有2家，职工总人数558人，安置残疾人241名，残疾职工月均收入2106元。

【福利服务设施建设】 5个街道各自建成街道级居家养老中心并投入使用，实现城市社区居家养老服务全覆盖；在外海、礼乐街道基本建成10个农村幸福院，其中8个投入使用，实现农村居家养老服务基本覆盖。打造区域性养老、助残等综合性示范中心江海区礼乐社会福利综合服务中心，为全省唯一一家涵盖老年人、残疾人、专业社工服务等多种元素整合的综合性社会福利机构，以公建民营模式实施运营，累计筹集到位资金1200万元，完成公益创投，由广东瑞健医疗管理投资有限公司运营。全区共有养老床位654张。

【村社区建设】 指导外海街道完善永康社区、彩虹社区的建设；礼乐街道设立中福社区有关工作，落实各社区专职人员综合经费。完成江海区5个街道公共服务中心和60个村（社区）公共服务站的建设，实现区级和各街道行政服务中心与村（社区）公共服务站的三级网络连通。与五邑大学信息工程学院合作，制订社区网格化方案，做好滘北街道社区试点工作，开展数据系统设计。

【公益金筹集及使用】 举办慈善公益万人行的捐款活动，共筹得善款285.1万元；全区扶贫济困日的捐款活动筹得善款人民币35.3万元、港币50万元。通过免税资格认定，配合捐赠者做好各定向项目捐赠工作。

【福利彩票发行】 全年江海区福利彩票销售4635万元，完成江门市福彩中心任务的109%，增长12.3%。其中电脑形彩票销售3853万元，增长12.8%；即开型福利彩票共销售782万元，增长9.8%。

【殡葬管理】 出台《江门市高新区江海区2015年清明节期间群众祭祀活动安全保障工作方案》，会同外海街道、白水带风景区管理处处理白水带风景区出现新坟的问题。出台《高新区江海区免除殡葬基本服务费用实施办法》，对全区户籍人口免除5项总额不超过1300元殡葬基本服务费，为市辖区减免群众殡葬基本服务费用最高的区。

【双拥工作】 春节、八一节和中秋节期间，开展走访慰问驻军单位，协调和组织召开军政军民座谈会活动，走访慰问活动23场次，发放慰问金、物品87万多元。按照每人购买100元的意外保险标准，继续为辖区119名现役军人购买人身意外保险。为驻军部队未就业随军家属3人，发放生活补助费17000元。区人民医院和区中西医结合医院为部分参战退役人员进行免费健康体检。区中西医结合医院开展“关爱功臣，送医送药”活动，为烈士家属、因公牺牲军人遗属、病故军人遗属、残疾军人、在乡（孤老）复员军人、带病回乡退伍军人等重点优抚对象和国民党抗战老兵进行义务诊治和送药。

【抚恤优待】 按照《关于调整部分优抚对象等人员抚恤和生活补助标准的通知》，从2014年10月1日起提高部分优抚对象等人员抚恤和生活补助标准，参战涉核退役人员生活补助标准由原来440元提高至480元，60周岁以上农村籍退役士兵生活补助由每服一年义务兵役每人每月补助10元提高至15元，全区共有“三属”、残疾军人、在乡复员军人、带病回乡退伍军人、参战退役人员和60周岁以上农村籍退役士兵等各类优抚对象819人，为819名优抚对象发放定期抚恤补助金317万元；补贴参战涉核退役人员基本养老保险、基本医疗保险资金105万多元；为优抚对象解决临时困难86人次，支出补助资金17.8万元；补助困难优抚对象子女上大学43人，发放助学金15.3万元。全年发放定期抚恤补助金300多万元。完成换发残疾军人证资料的报送工作，完成重点优抚对象二代身份证和户口信息需要录入全国优抚信息管理系统的采集工作。

【军转退役人员安置】 深化自谋职业、技能培训和推荐就业服务“三位一体”的退役士兵安置模式改革，接收2013年冬季退役士兵31人和1名转业士官，发放城镇退役士兵自主就业一次性经济补助金59.7万元，农村退役士兵一次性生产生活补助金43.3万元；发放义务兵家属优待金54.6万元。开展退役士兵免费职业技能培训，全区32人参加培训。

【救灾救济】 完善区自然灾害救助应急预案，规范救灾应急工作程序，做好冬春救助工作，救助困难群众1609户4145人，支出救灾资金19.48万元。按照省、市减灾委员会的统一部署创建“全国综合减灾示范社区”，为外海街道永康社区和江南街道竹苑社区开展创建工作下拨每个社区专项资金7万元。投入专项资金20万元，建设在新会区崖南礼乐围垦庇护站和物资救灾仓库。

【慈善捐助】 全年慈善会慈善资金总收入598.28万元，其中慈善公益万人行收入431.65万元，云南鲁甸地震1.52万元，扶贫济困收入163.15万元，利息收入1.96万元，资金总支出340.34万元。其中慈善公益万人行支出165.45万元、云南鲁甸地震支出1.52万元、扶贫济困项目支出173.3万元、银行手续费支出720元。

【城乡居民最低生活保障】 从7月1日起，城镇低保标准由每人每月380元提高至500元，农村低保标准由每人每月300元提高至400元，月人均补助水平分别为372元和191元，均超过省、市要求城镇月人均补助343元和农村月人均补助158元的任务水平。全年保障城乡低保对象1214户、2842人，其中城镇低保对象399户、801人，农村低保对象815户、2041人，发放低保资金684万元。

【五保供养】 落实五保供养标准自然增长机制，从6月1日起，集中供养标准由每人每年8520元提高至9720元，分散供养标准由每人每年8280元提高至9480元，达到不低于当地上年度农村居民人均纯收入60%的要求。全区保障农村五保对象55人，其中集中供养10人，分散供养45人，共发放五保资金52.4万元。

【老龄工作】 开展银龄安康计划配合保险公司宣传推广，全区80岁以上的户籍老人、60岁以上的五保户、城乡低保户老人的参保标准为每年每人10元。

【低保救助工作】 全年发放困难群体临时救助245多人次，发放临时救助金31.2万元。免除低收入群体丧葬基本服务费用371宗。

【医疗救助】 为贯彻落实好《广东省城乡特困居民医疗救助办法》，出台《高新区江海区城乡特困群众医疗救助办法》，把城乡低保对象基本医疗住院救助比例提高至70%；患重特大疾病门诊或住院，其自付费用给予80%予以救助。对农村五保供养对象和城镇“三无”人员因患疾病门诊或住院自付费用给予全额资助，扩大救助对象的范围和提高救助比例。全年救助特困居民265多人次，支出医疗救助金75.63万元。

【社会组织登记管理】 至2014年止，共有社会组织154家，每万人拥有社会组织9.6家。开展非营利组织免税资格认定工作，江海区晨光社工中心成为全市首家获得非营利组织免税资格的社工机构。筹办区社会组织评估委员会，委托社会服务发展中心拟定社会团体、民办非企业单位评估细则，开展社会组织评估工作。

【村务公开】 完善全区62个公共服务站建设，明确综治、司法、信访、民政、公安、国土、劳动保障、农业、卫生、计生、工商、供电等部门在村（社区）开展的社会管理和公共服务项目，村公共服务站服务项目132项，由公共服务站直接办理、代办服务、约请办理、指导咨询。建立“首问负责制、办理回复制度、工作承诺制度、服务公开制度、考勤制度、投诉处理制度、情况通报制度”等制度，编制《公共服务站制度汇编》。

【婚姻登记】 全年共登记结婚446对、892人，离婚112对、224人。开展创国家3A婚姻登记处有关工作，经过省民政厅的初步检查验收，待通过民政部审核后成为江门市首家国家3A婚姻登记处。

【收养登记】 全年办理收养登记审批2宗。

劳动和社会保障

【人才引进机制及实施】 全区新增1家就业见习基地为江门吉华光电精密有限公司，新增就业岗位6个。23家企业进入江海区高校毕业生见习基地，提供就业见习岗位70个，拟招聘人数610人。为促进见习基地的良性发展，实行高校毕业生见习补贴政策，共有50名高校毕业生申领见习补贴，申请补贴122040元。

【专业技术人才管理】 农村实用人才是江海区中长期人才发展规划的其中一个项目，通过评审农村实用人才进行奖励，奖励标准为中级每人800元、初级每人400元，30人申报，19人通过评审，其中2人取得中级职称资格，通过率63%。为推进、完善规范评审动态管理，组建农村实用人才中级评审委员会库，17名掌握农村实用人才职称评审办法人员入库。

【专业技术资格申报评审】 对辖区158人进行初次考核认定。全年申报高级职称6人、中级职称24人、初级职称14人。根据《广东省高、中级专业技术资格评审委员会评审委员库管理暂行办法》《江门市初级专业技术资格评审委员会组织管理办法》要求，经区工程技术初级资格评审委员会评审通过，14位技术人员具备工程初级专业技术职务任职资格，通过率100%。

【专业技术人员继续教育】 为做好继续教育公需科目培训工作，新增1家继续教育施教机构为江门电大，委托五邑大学、江门职业技术学院、江门电大3所高校开展公需科目，2216名专业技术人员参加“新型城镇化实践与发展”培训。

【人力资源市场】 向下延伸公共人力资源服务平台，健全人力资源市场运行机制和监管体系，建立以区人力资源市场为主体，完全覆盖城乡的公共就业服务体系。建成市、区、街、村（居）四级覆盖城乡的公共服务人力资源服务平台，街道、村居劳动就业服务平台信息网络实现100%全覆盖。全区统一推广、使用就业实名制信息平台系统，通过企业用工平台开展求职登记、招聘信息发布、职业介绍、用工登记备案、用工申报、毕业生报到、档案代理等就业服务项目，实现基层公共服务信息化，互联互通、数据共享。

【农村劳动力转移就业培训】 全年开展广东省农村劳动力技能培训1263人，完成目标任务105.25%；农村劳动力转移就业1172人，完成目标任务的117.2%。

【扩大和促进就业工程】 全区城镇登记失业率2.36%，低于3.2%的控制率；城镇新增就业人数5451人，城镇失业人员再就业4416人，就业困难人员实现就业364人。落实就业优惠扶持政策，加大对各类失业人员的帮扶力度，开展走访及电话访问普查工作，摸清辖区内需要就业援助的对象底数并进行登记认定，围绕需求主动开展送政策、送岗位、送服务，直到帮扶对象实现就业。启用“企业用工及人力资源社会保障服务平台”应届高校毕业生进行实名制登记，开展“一对一”就业帮扶服务，提供求职登记、职业介绍、职业指导、政策咨询等就业服务。

【劳动关系协调与管理】 全年移送涉嫌拒不支付劳动报酬罪案件3宗，包括2014年5月14日江海区和信达电子厂实际经营者欠薪逃匿案和2014年6月4日吴川市建设工程公司（一诠科技有限公司led项目部工地）工地外墙班组承包人欠薪逃匿案。全区劳动争议案件立案580宗，涉及623人，涉案金额1900.5万元，全部结案；受理工伤认定申请719起，受理劳动能力鉴定203宗，劳动能力确认42宗全区劳动合同签订率93.2%。全区签订集体合同企业710家，指导2个工业园区开展创建和谐劳动关系示范区工作。

【人事档案管理和人事代理服务】 全年接收毕业生898人，就业率97%，双困生就业率100%。至2014年，区人才中心存档案6450份。其中2014年新增代理数1024人、转出档案74份、审核工龄12人、办理退休12人、查阅档案每次78人。通过工作平台对2013年毕业生发信息提示办理大中专转正定级手续，为代理人员办理转正定级118人。

【劳动维权和信访】 全年受理信访投诉案件951宗，涉及3823人，金额5548.4万元，追回被拖欠工资3288.5万元。其中处理“12345”投诉80宗，信访转办17宗，处理群体性突发案件（5人以上）25起，涉及2966人，涉及金额5234万元。处理轻微劳资纠纷302宗，受理政策咨询1130件，劳动保障监察行政立案97宗，其中2宗涉嫌拒不支付劳动报酬罪的案件移送公安机关。开展企业日常巡查406次，针对中小型企业劳动合同签订率低、社会保险参保率低、工资支付不规范、劳动规章制度不规范等实际问题，对投诉举报量集中的企业进行检查；开展专项检查7次，包括清理整顿人力资源市场秩序专项行动、用人单位依法用工专项检查、有毒有害企业用工执法检查、企业参加社会保险专项执法检查、用人单位遵守劳动用工和社会保险法律法规情况专项检查、劳务派遣用工专项执法检查和年终用工备案申报和社会保险法专项执法检查工作领导小组及执法检查，引导企业新签劳动合同350余份，督促51家用人单位为120余名劳动者参保。

社会保险

【社会保险扩面征收】 江海区城镇职工基本养老保险（含企业职工基本养老保险）、城乡居民社会养老保险、城镇（乡）基本医疗保险、失业保险、工伤保险、生育保险参保人数分别完成目标任务的117.41%（其中企业职工基本养老保险120%）、118.5%、103.9%（其中城镇职工基本医疗保险105.45%）、111.97%、106.17%、104.1%。根据《关于2014社保年度江门市社会保险缴费工资上下限和缴费比例有关问题的通知》，7月1起，调整企业职工基本养老保险缴费工资下限为2139元，上限按照全省上年度在岗职工月平均工资标准的300%（即13404元）执行，企业职工基本养老保险缴费比例21%，其中用人单位缴费比例13%，个人缴费比例8%。城镇个体工商户和灵活就业人员养老保险缴费工资下限同步调整2139元，缴费比例20%。失业、工伤、生育保险缴费工资上限按照江门市上年度在岗职工月平均工资3571元的300%（即10713元）执行；下限仍按照2291元的60%（即1375元）执行。

【养老保险】 江海区参加城镇职工基本养老保险14.18万人，基金征收62399万元，支付40899万元。其中参加企业职工养老保险12.11万人，缴费人数8.85万人，基金征收61976万元，支付40788万元。在领养老金18553人，月人均养老金1757.16元。根据《关于2014年度调整企业退休人员基本养老金的通知》要求，全区参加养老金调整17217人，调整后全区平均养老金1811.03元，人均增加178.27元；高级职称的企业退休科技人员156人，其中正高职称2人，人均增加209.54元，调整后平均养老金3460.42元；副高职称154人，人均月增加210.37元，调整后平均养老金3272.61元。全区2013年6月30日前（含当日）满75周岁退休人员2698人，一次性发放每人960元。

【医疗保险】 江海区参加城镇职工基本医疗保险11.71万人，基金征收23772万元，支付26852万元。其中享受城镇职工基本医疗保险住院待遇13066人次，发放待遇11716.98万元。全区参加城乡居民基本医疗保险9.18万人，基金征收3722万元，支付5755万元。其中享受城乡基本医疗保险住院待遇11125人次，发放待遇4896万元。根据《印发江门市城乡居民大病保险实施方案（试行）和江门市职工基本医疗保险大病保险（补充医疗保险）实施方案（试行）的通知》《江门市大病保险经办业务管理规程》要求，开展大病保险工作，城乡居民基本医疗保险年度累计最高支付限额由原来20万元提高至30万元；职工基本医疗保险年度累计最高支付限额由原来的范围内费用30万元提高至60万元。

【失业保险】 江海区参加失业保险8.23万人，基金征收2779万元，支付931万元。城镇户籍人员领取失业保险金8011人次，发放待遇810.26万元，农业户籍人员领取失业保险金210人次，发放待遇44.22万元。

【工伤保险】 江海区参加工伤保险8.36万人，基金征收1203万元，支付1110万元，享受工伤保险待遇722人次。根据广东省人力资源和社会保障厅下发的《关于2013年度调整工伤保险伤残津贴的通知》规定，调整工伤保险伤残津贴，调整按照普遍调整和适当倾斜相结合的原则，采取定额调整和定比调整相结合的办法。调整以后，全区一至四级工伤职工人均伤残津贴平均上调每月324.37元。

【生育保险】 江海区参加生育保险8.12万人，基金征收651万元，支付209万元，享受生育保险待遇942人。

【农村社会养老保险】 江海区城乡居民参加社会养老保险5.21万人。全区城乡居民参保补助和基础养老金(含一次性丧葬抚恤金)支出250264人次，金额1795.72万元。全区11个村确认为全征地集体村组织，全征地村民14714人，完全被征地农民参保补助和基础养老金总支出33402人次，总金额465.19万元。根据《关于调整2014年城乡居保社会养老保险基础养老金标准的通知》要求，从7月1日起，城乡居民社会养老保险基础养老金发放标准由每人每月65元增加至80元。

【基金管理】 严格执行基金财务管理制度，实行收支两条线管理，规范基金支出操作流程。按照有关财务制度分设账簿，专项核算，做到专款专用，不与其他社保基金相互挤占和挪用。提高对社会保险基金的监管能力，提高资金使用效率，确保社会保险基金安全运行，加强基金宏观监控，防范风险，保证各项基金的正常支付和社会化发放。

外事侨务

【侨情调查】 按照市要求启动侨情调查工作，组织各街道侨务干部到新会区大泽镇学习交流，召开全区侨务领导干部动员会和系统录入操作培训班，调查员入户调查。至12月底基本完成入户工作。全年受理华侨回国定居申请2批2人次。

【对外联络交流】 1月11日，接待海峡两岸工商代表，介绍市、区投资环境和光博汇项目洽谈合作事宜；3月1日，接待越南驻广州总领事，推介中越在海防市建立的工业园项目；5月10日，接待回乡祭祖的香港外海同乡会一行60人；5月12日，印尼广肇总会代表到访参观光博汇；5月29日，接待香港五邑青年总会；5月29日，香港广东社团总会到访参观光博汇；11月8—9日，香港工程师协会一行26人参观考察江海区规划发展和投资环境、新会南车和江门市规划展览馆等。

【外事活动】 1月14日，参加香港五邑青年总会成立大会暨首届就职典礼；3月，区政府在香港开展春茗、招商活动，与40多家区内投资企业座谈；3月14日，参加香港江门五邑侨联联谊总会、香港江门五邑同乡联谊总会举行的春节联欢大会；3月18日，参加2014年度香港工程师学会大会。外海籍乡亲陈普森获得“特别成就大奖”；3月23日，参加香港台山商会第21届理监事就职典礼暨会员春节大会；5月3日，参加香港四邑商工总会第33届理监事就职典礼暨2014年会员春节联欢大会；5月24日，参加四邑会所有限公司第22届理监事就职典礼；12月5—7日，参加在香港举行的第4届世界江门青年大会。

【侨属慰问】 配合市外侨局、市侨商会做好慰问困难归侨活动，为全区10户困难归侨送上节日的问候和慰问金5000元；中秋节前给42户困难归侨侨眷送去月饼；配合香港又一村狮子会、麦罗武慈善基金会开展“侨乡江门快乐行——关爱母亲 温暖儿童”活动，对全区6位困难归侨子女送上助学金6000元。

【涉台服务】 全区台资企业40家，通过举办台商座谈会，就台商关心的劳动和税收等问题作解释。全年共办理居民因私赴台行前教育18批19人次，协调处理涉台信访5件。

【因公出国和赴港澳台管理】 执行因公出国（境）团组任务经费审核制度，全年办理因公赴港澳证件377批451人次、外国人入境申请86批117人次、因公出国4批16人次。

民族宗教

【宗教事务管理】 茶庵寺按照广东省创建和谐寺观教堂评分标准创建全国和谐寺观教堂，经市宗教局考评基本符合创建标准和要求，报省民族宗教委审批。茶庵寺年内在全市万人行慈善活动中向市捐款200万元。出台《江海区开展创建平安宗教场所工作方案》，深入各宗教场所召开动员会，指导各宗教场所按照四有（活动有布置、创建有计划、工作有检查、考核有结果）要求推进创建活动。申报茶庵寺和基督教外海堂为区平安宗教场所示范单位。6月5－12日，茶庵寺举办2014年“水陆法会”，茶庵寺管理方制订活动工作方案、应急处置方案、落实安全隐患排查工作，区民族宗教局协调交警、公安、安监、卫生等有关部门做好安全工作。

【民族工作】 按照开展民族团结进步模范社区示范点创建活动的工作方案要求，把外海街道银泉社区作为创建民族团结进步模范社区和“民族之家”并明确创建目标、计划和要求。春节期间，分别慰问区内6个宗教活动场所、3户少数民族困难户、3家少数民族经营店，送上慰问物品和慰问金。协助审查办理更改少数民族成分1宗，接待有关少数民族成分更改、升学加分学生读书补助等来访8人次。为组队参加在惠州市举行广东省少数民族传统运动会的“秋千”项目比赛任务，在外海街道体育公园内建设训练场地，挑选出外海中学土家族、瑶族和蒙古族4名学生开展训练。9月，江海区代表队随江门市少数民族传统运动代表团赴惠州市参加比赛获得体育风尚奖。

【宗教场所管理】 做好宗教场所消防安全工作，从消防安全建设、组织落实灭火和应急疏散演练、安全出口设置、灭火器材设施、用火用电管理是否符合安全规定、建筑室内装修装饰材料防火性能是否符合要求等方面，检查全区6个宗教活动场所并落实整改。加强在建工程的安全管理，加强火、电、油、气使用管理，定期开展火灾隐患自查自纠，做好隐患监测排查工作。

街道概况

JIE DAO GAI KUANG

外海街道

【概述】 外海街道位于江门市东部，东与中山市古镇镇隔河相望，南与新会区睦洲镇相连，辖区面积47.1平方公里。2014年，户籍人口5万人，流动人口5.7万人，华侨、港澳同胞4万人，辖21个村（社区），包括麻一、麻二、麻三、南山、东南、东升、直冲、东宁、前进、七东、七西、中东村，金溪、石鹤利、清兰、沙津横、四大、墟镇、银泉、永康、彩虹社区。下设事业单位8个，包括外海环卫站、外海文体服务中心、外海水利所、外海广播电视站、外海农业综合服务中心、外海街道财政结算中心、外海街道安全生产巡查队、外海街道计划生育服务所；驻街道的行政执法与司法单位有外海司法所、外海法庭、外海检察室。外海街道具有悠久的历史和丰富的文化底蕴，旅游资源丰富，素有“文化之乡”的美誉。著名的旅游景点包括佛教名寺外海茶庵寺、革命先驱陈少白故居、具有清代建筑艺术风格的外海陈氏五祠和白水带公园等。外海街道有江海路、连海路、五邑路、金瓯路以及江中高速公路；南面的客货运码头，每天有高速豪华客轮频繁往返香港、澳门，北面外海货运港口是国家级的口岸，是广东省第二大内河港，枯水期3000吨货轮可直达香港等地；广珠轻轨江门支线江海站位于辖内。

【经济发展】 全年实现地区生产总值76亿元，增长8.5%；地方财政一般预算收入26609万元，增长26.58%；规模以上工业增加值43亿元，增长12%；固定资产投资50.5亿元，增长23%；进出口总额与去年持平；实现城镇居民人均可支配收入37626元，增长9.5%；实现农村人均纯收入18116元，增长10%。依托4平方公里的绿色产业基地发展LED中高端封装产品企业，LED产业基本形成完整产业链，新增投产MOVCD机10台，现有封装生产线500条，实现绿色光源产业产值9亿元，增长12.5%。2014年，街道获得“广东省半导体照明专业镇”称号。推进优质企业上市挂牌，10月30日，地尔汉宇在深交所创业板挂牌上市，是IPO重启以后江门第1家A股上市公司，是辖区内继量子高科、聚科照明之后的第3家上市公司。

【重点项目建设】 由街道牵头的列入市区重点项目范围的13个项目完成投资173240万元，完成率90.28%，完成率居全区第8。3个工业投资项目完成年度投资，德力光电9月投产；地尔汉宇增资项目设备入场调试；一诠科技一期工程基本完成；LED博览交易中心C、D区完工。推进海逸酒店、碧桂园酒店等三产项目。公共码头征地，涉及中东村7个村民小组签订征地协议；与9间工厂签订拆迁协议并拆除5间。35号地涉及马鬃沙农场和农业公司830亩土地征地工作基本完成。推进高新区2、3、4号地收地工作，直冲村签订征地、收地协议。广中江外海段拆迁完成，连海北路完成拆迁工作。

【村级经济】 引导各村（居）利用自留土地资源建设厂房、商铺等村级物业，村级厂房或出租土地建设厂房140万平方米。村级集体净收入1.6亿元，增长2.91%，麻一、麻二、麻三、东南、金溪、沙津横、直冲7条村超过1000万元，麻三、直冲2个村超过2000万元。沙津横头股围“三旧”改造项目完成地上物拆迁，办理供地手续和补缴出让金手续。完善街道农村集体“三资”交易平台建设，年内进入平台交易198宗，成交合同总额3亿元。全街道村级集体

"净收入" 1.6亿元，增长2.91%；麻一、麻二、麻三、东南、金溪、沙津横、直冲7条村超过1000万元，麻三、直冲村超过2000万元。

【基础设施建设】 街村两级投入1000多万元，用于社会主义新农村建设项目，金溪方涵、雪峰寺路、村（居）内巷道改造、铺设下水道、村级垃圾屋改造工程和绿化公园升级改造等项目已竣工。连海北路项目完成江海五路至光博汇特展馆段的路基工程80%，其余路段路面工程完成70%。江睦路（五邑路-金瓯路）工程完成征地拆迁并进行基层施工；金瓯路（江门水道—港澳码头）改造工程完成全线征地拆迁并进行道路施工；协助完成麻园路麻二、麻三村地上物清理和有关管线协调工作，麻园路D段工程完成方涵及排水工程，实施路面工程施工。

【环境卫生】 推进河道清淤保洁工作，解决水污染和内涝问题。巩固垃圾无害化处理率100%的成果，加快高新区垃圾中转站工程建设。投入90万元，建设东升、东宁、七西村3间高标准垃圾屋。推动墟镇社区和银泉社区争创省卫生社区，完成相关项目建设与整改待验收。每年投入80多万元，用于"牛皮癣"的清理工作；投入130多万元，整治坑洼道路、集贸市场升级改造、购置垃圾桶、增加日常保洁人员等项目；投入60万元，用于村居、市场创文迎复检测评。麻园片首次列入创文复评测评的城中村。组织开展以灭蚊预防登革热工作为重点的爱国卫生大行动，出动4711人次，清理卫生死角9361处。投入2800多万元专项资金，用于巷道改造、坑洼道路整治、下水道建设、广场公园升级改造、垃圾房建设和更新公共设施等40多个民生项目。

【慈善组织】 通过"注资"村级慈善联谊会，完善街、村两级慈善救助体系。为鼓励村级成立慈善组织，街道向2014年内及以前注册成立村（居）慈善联谊会并且筹集慈善款10万元的村级慈善会捐款3万元，向2015年内注册成立村（居）慈善联谊会且筹集慈善款10万元的村级慈善会捐款2万元。共有12条村(社区)成立慈善联谊会，占村、居(不含纯社区)总数的70%。各级慈善会共救助特重大疾病群众100多人次，救助金额70多万元；助学500多人次，救助金额50多万元。外海街道慈善会对考上一本、二本大学的应届贫困优秀学子分别每年支持1万、5000元，直至毕业。

【社会保障服务体系】 建立街道支持、村（居）为主的居家养老服务模式，先后建设石鹤利社区居家养老服务站、直冲、东南、前进、中东、麻三5个村"幸福院"，其中麻三"幸福院"成为江门市农村幸福院居家养老•助残公益创投的亮点单位。通过街道、村级的资金投入，由村（居）与社工组织签订购买服务合同，购买专业社工服务。街道对村（居）委会制定绩效奖励方案政策，支持和鼓励村（社区）建设农村幸福院。全面推进全征地农民政策实施，年内清兰、麻二、麻一、南山4个村共计9181人纳入全征地保障范围。继续发放老人春节慰问金，安排300万元发放全街道8523名60岁以上老人的春节慰问金。用于安置连海北路项目拆迁户的连海苑安置小区主体工程竣工并进行装饰工程。

【文化教育】 配合江海区通过省推进教育现代化先进区和国家义务教育发展基本均衡区督导验收。继续实施奖教奖学措施，安排85万元奖励给高考、中考成绩优秀的学生和教师。文化教育全年获集体省级奖项5个、市级奖项17个、区级奖项14个。投入50多万元，建设外海聚贤坊项目，把收集的30多位外海历史名人碑记和革命英烈事迹简介、外海名人诗作刻石树立。该项目于年内完工。建设外海乡情展览馆，以文字、图片、实物、民间传奇等资料展现外海的历史、人文发展。展览馆将于2015年2月5日开馆。举办文艺晚会、书画摄影展、象棋赛等各种文体、宣传演出活动43场次，组织送戏下乡活动6场、免费播放电影283场。激励社会组织培育，创新社会管理，对初次在外海街道注册成立的社会组织支持激励资金3000元以购买服务。

【村社区换届】 依法完成新一届村（社区）“两委”换届选举工作，“一肩挑”比例100%。针对部分村委会成员年龄偏大的问题，出台相应的待遇报酬方案，明确对达到男60周岁、女55周岁的依法当选为村（居）两委干部的人员，只能领取每月扣除社保养老费用后的工资金额。新一届“两委”成员的年龄结构整体上趋向年轻化，平均年龄43.3岁，最年轻的“两委”干部25岁。

【上报十大亮点工程简介】 一、高新区生活垃圾压缩中转站完成主体工程建设。高新区垃圾中转站项目选址在高新区42号地江海污水处理厂西南侧，日转运垃圾能力200—600吨。项目规划用地面积12874平方米，建设用地面积7955平方米，建筑面积2237.6平方米。主要建设内容包括物资储藏室、压缩站房、控制室、办公楼、员工宿舍及值班室等，并配套垃圾压缩机、水电设施和进场道路及环境保护设施等。该项目为BOT项目，土建工程开工时间为8月25日。年内完成主体工程建设。

二、加快社会主义新农村建设解决群众出行难问题。2014年，街、村两级投入1000多万元，用于社会主义新农村建设项目，主要项目包括金溪方涵、麻园路D段、雪峰寺路、村（居）内巷道改造、铺设下水道、村级垃圾屋改造工程和绿化公园升级改造等。年内，所有项目完工。市政工程麻园路D段（东环路—雪峰寺路）工程，位于麻园片，总长390.373米，道路规划路基宽度30米。投入380万元的金溪方涵改造工程，把旧河涌改造成盖板涵（方渠），解决因雨季汛期带来的安全隐患。

三、推进平安外海建设实施治安监控全覆盖。共建摄像头448个，其中在建318个、已建130个，总投入250多万元。视频监控工程建成以后，全街道基本实现治安监控全方位、无缝隙、全覆盖视频监控格局，实行24小时网上动态视频巡逻，监控图像直接记录犯罪嫌疑人、车辆的特征和活动轨迹等，为公安机关等部门结合调查获取的信息，提供线索和证据支持。

四、外海街道荣获“广东省半导体照明专业镇”称号。外海街道有企业2500多家，其中LED绿色光源产业企业230多家，规模以上企业50多家。产品覆盖范围主要包括芯片、电路板、感光油墨、荧光粉、LED显示屏等产品。2011年，外海街道获得广东省火炬计划半导体绿色照明产业基地称号。近年引入光博汇、德力光电、真明丽、一诠科技、聚科等一大批LED产业龙头企业。年内，外海街道获得“广东省半导体照明专业镇”称号。

五、街村共建打造社会服务体系。整合街道和村级的资源，打造社会服务体系，包括建立村（居）为主的居家养老服务模式。先后建设5个村“幸福院”，并把麻三村“幸福院”作为市、区“公益创投”试点。通过街道、村级各出部分资金，由村（居）与社工组织签订合同，购买专业的社工服务。制定村（居）委会的绩效奖励政策，支持和鼓励村（社区）建设农村幸福院；“注资”村级慈善联谊会。向2014年内及以前注册成立村（居）慈善联谊会并且筹集慈善款10万元的村级慈善会奖励3万元，向2015年内注册成立村（居）慈善联谊会且筹集慈善款10万元的村级慈善会奖励2万元。共有12条村(社区)成立慈善联谊会，占辖区村居(不含纯社区)的70%。对初次在外海注册成立的社会组织奖励3000元激励资金，并对在外海辖区内成立的社会组织，参加街道或以上组织的各项活动并获得前3名进行奖励。

六、连海苑小区主体工程完工。连海苑小区项目总建筑面积73395平方米，其中住宅面积52381平方米，商业办公面积4776平方米，公共服务设施面积666平方米，架空层及办地下车库面积15572平方米，主要建设内容包括规划用地内建规划11幢高层住宅。内设小区管理用房、消防控制室、水泵房、消防水池和垃圾站等。项目2013年12月动工，计划2015年5月完工，估算总投资24401万元。项目主体工程完工，进入装饰工程阶段。

七、广东德力光电有限公司投产。该公司主要从事LED外延片、芯片的研发、生产、销售。协调落实市、区、街道三级对该企业采购MOCVD设备的补贴资金。该公司LED外延片生产线（第一期）项目2012年8月动工，主体建筑土建工程65000平方米全部完工并投产。该企业有MOCVD设备10台，配有特气系统、厂务空调系统、纯水系统、特气纯化器系统等设备，其他配套工程如道路、排水、配电、消防、弱电智能化、装修等同时运行。

八、地尔汉宇深交所正式上市。10月30日上午9时25分，地尔汉宇股份有限公司董事长石华山与邓伟根代市长一同敲响深交所开市宝钟，宣告地尔汉宇（股票代码 300403）在深圳证券交易所挂牌上市。广东省副省长陈云贤、江门市代市长邓伟根、市委常委旷仁山，市政府秘书长林飞鸣、副秘书长梁启华等参与。江门市地尔汉宇电器股份有限公司成立于2002年，为中国排名第一、世界排名第二的洗衣机、洗碗机专用排水泵供应商和国家首批高新技术企业。

九、市、镇（街）首台自购计生B超车投入服务。外海街道面积47.1平方公里，常住人口49775人，流动人口57372人，育龄群众58981人。街道购进价值31万元医疗设备齐全的计划生育服务车1台，到工业区为妇女环查孕、查病普查与治疗，服务车活动超过1万公里，惠及育龄妇女1万多人次。

十、推进文化惠民工程建设。为展现外海的历史文化，2014年，外海街道建设外海聚贤坊和乡情展览馆2项文化惠民工程。以上项目将于2015年1月对外开放。外海聚贤坊原名外海文化碑林，位于五大祠右侧，项目占地面积776.5平方米，存放和记录30多位外海历史名人碑记和革命英烈事迹简介、外海名人诗作等。外海乡情展览馆设在五大祠桃溪陈公祠内，展览馆面积720平方米，主要以文字、图片、实物、民间传奇等历史资料展现出外海的历史、人文发展状况。

【村社区简介】 麻一村　麻一村位于外海街道西南3.5公里，处于麻园市场东侧西与麻二村接壤。麻一村由9个自然村里组成，分14个村民小组。村总面积492.75亩、山林576亩。2014年，户籍人口4330人、流动人口7598人；村级总收入1769万元。

麻二村　麻二村北接白水带风景区，东接麻一村，西连麻三村，南接五邑路、中心路、东宁工业城，占地3.17平方公里，下辖4个村民小组。2014年，户籍人口2615人，流动人口4047人。五邑路、金瓯路贯穿全村。现有工业用地390亩，主要以租赁业为主。2014年，村级经济收入1575万元。

麻三村　麻三村东接东宁工业城，南为江海区行政中心，北靠白水带风景区，中心路，五邑路、金星路纵横贯穿全村，面积3.6平方公里。2014年，户籍人口3539人，流动人口9311人。麻三村委会下设10个村民小组。2014年，村级经济收入2390万元。

东南村　东南村面积2.6平方公里，北接东升村，西与金溪社区、南山村接壤，有外滘公路、五邑公路经村，由12个村民小组组成，户籍人口4111人，流动人口3054人。村经济发展以厂房物业出租为主，2014年，村集体年收入1643万元。

南山村　南山村位于外海街道西面，东接东南村，西至麻一村，南至外海中心路、北与金溪社区相连，总面积1.6平方公里。户籍人口1767人，流动人口5084人。南山村为城乡交汇点，五邑路、金瓯路贯穿全村，现有工业用地150亩，主要以租赁业为主。现有厂房3万多平方米，企业50家。2014年，村级经济收入799万元。

东升村　东升村距街道办事处0.5公里，江海四路贯穿而过。户籍人口1951人，流动人口969人。下设村民小组8个。2014年，村级收入295万元，人均分红1565元。

沙津横社区　沙津横社区位于外海街道北部边沿，距街道办事处1公里，占地2.3平方公里，西江从东北流经。西北、西南分别与清兰、四大、直冲等村、社区接壤，辖居民小组10个，户籍人口2300人，流动人口1147人。2014年，村级集体收入1020万元。

石鹤利社区　石鹤利社区位于街道办事处后面，东到中华大道，南临西江，西接金溪社区，北与清兰社区相连，面积0.8平方公里，户籍人口820人，流动人口514人。2014年，村级集体收入198万元。

金溪社区　金溪社区位于江海三路，东临西江河，南面为白水带风景区。辖区面积1.53平方公里，户籍人口916人，流动人口3265人。2014年，村级集体收入1443万元。

直冲村　直冲村地处外海街道腹部，东连连海路，北接中华大道，南邻中路片，西与东升村、四大社区相连，毗邻江门港澳客运码头，与外海大桥近在迟尺，水陆交通方便。村总面积5平方公里，辖村民小组19个，人口5173人，流动人口1807人。2014年，村集体收入2742万元。

墟镇社区　墟镇社区位于外海街道下街9号金居大厦，居民居住分布各村、社区。辖区包括中华大道、外海市场、赤岭新村、昔园新村、利亨新村和江海四路等。社区户籍人口8336人，流动人口3728人。墟镇居委会先后被评为“广东省城市体育先进社区”、“全国综合减灾示范社区”“广东省六好平安和谐社区”等称号。

四大社区　四大社区位于外海街道北部，距街道办事处0.3公里，北与清兰社区、东与沙津横社区、南与直冲村、西与石鹤利社区相连，社区内有中华大道、中华路、大康路、杏林路等主要大道，面积1.5平方公里，户籍人口669人，流动人口1026人。下设居民小组4个。2014年，社区集体收入286万元。

清兰社区　清兰社区位于外海街道北面，东接沙津横社区、南至中华大道、西与石鹤利社区相连、北临西江，面积0.8平方公里。户籍人口1058人，流动人口1028人。2014年，社区集体收入450万元。

七西村 七西村位于外海街道东部，距街道办事处3公里，北与七东村相连，西与前进村隔河相望，东临西江，面积1平方公里。户籍人口1441人，流动人口650人。下设村民小组4个。2014年，村集体收入302万元。是年，改造村内500米合计2000平方米的下水道及混凝土路面。

东宁村 东宁村位于外海街道东面，距街道办事处2公里，东临西江，北接直冲村，南与七东村接壤，外睦公路、中路河经过村内。下辖村民小组7个。2014年，户籍人口1534人，流动人口1165人。村级集体经济主要有厂房、铺位出租。2014年，村级集体收入385万元。

前进村 前进村位于外海街道东南部，北靠江海路，江睦路纵横贯穿全村，有塘冲堑、塘冲围、沙罗滩、龙眼基、兰花围5个自然地域所组成，面积2平方公里。户籍人口2057人，流动人口1135人。下设村民小组7个。2014年，村级集体收入218万元。

七东村 七东村位于外海街道东部，北连江海路，西连连海路，南面毗邻江门港澳客运码头，面积1平方公里，距街道办事处3公里。户籍人口1677人，流动人口1016人。下设村民小组7个。村内设有老人活动室4间、幼儿园1间。村内有100亩工业园，村民分配以厂房、铺位、土地出租收入为主。2014年，村级集体收入160万元。

银泉社区 银泉社区位于银泉花园锦泉街10号，管辖范围包括银泉花园和翠湖湾，面积0.8平方公里，绿化率40%。管辖范围共分6个小区，全部落成后预计管辖3238户，其中有一个物业管理小区翠湖湾，其他5个小区由业主成立自主管理小组管理。社区户籍人口2529人，常住人口1930人。社区居委会编制9名，现有工作人员10名。社区先后荣获全国综合减灾示范社区、省“六好”平安和谐社区、市“宜居社区”等称号。

中东村 中东村地处外海街道南端，与新会区睦洲镇牛古田村接壤，东邻西江，北与七西村接壤。总面积1.8平方公里，现有耕地面积1800亩。下设村民小组7个，有户籍人口2407人。2014年，村集体收入381万元。

永康社区 永康社区位于金瓯路189号，管辖范围有江海碧桂园、君汇熙庭、高新小区等，户籍人口785人，流动人口6762人。现有社区工作人员7人。社区设有图书阅览室、老年活动室、党员活动室、会议室、婚育分校、计生服务室、青少年之家、心理咨询室、民兵营，社区警务站、社区卫生服务站和综治信访维稳工作站等。

彩虹社区 彩虹社区管辖范围东起西江沿岸，南至外海街道与新会区睦洲镇自然分界河，西达龙溪路，北至海逸华庭北侧。建设完成的海逸华庭小区及在建的海伦湾、财富海景、奕聪花园住宅小区，预计管理户籍人口1.5万人。高新区清兰路、金瓯路、明辉路、江睦路、科苑路、科苑西路、科苑东路、浩瀚工业园、北苑路、LED产业园、彩虹路、高新东路、高新区34号地、中东云沁路、东睦路、创业路、连海路等属地厂企属于彩虹社区管辖范围。在册的工商企业400多家，“三小”（小档口、小作坊、小娱乐场所）场所200多家，户籍人口300人，流动人口5000人，日常管理人口2.5万人。

礼乐街道

【概述】 礼乐街道位于高新区(江海区)西南面，东邻江门高新技术开发区和江海区人民政府行政中心，西接新会区，北跨江礼大桥通市区，南接新会区睦洲镇、三江镇，办事处设在礼乐街道长兴街122号。南北相距9.1千米，东西相距9.3千米，总面积50.81平方千米。下辖社区居民委员会4个和村民委员会24个。2014年，常住人口83668 人，户籍人口65495万人。24个村集体经济总收入3993万元，城乡居民人均年收入21071元。

【基础设施建设】 礼乐片区污水管网工程首期项目第一标段竣工验收，第二标段完成工程量65%，礼乐中心河综合整治工程启动前期工作。完成礼东二路、东海路接南环路的自来水管铺设。完成胜利南路延长线征地签名工作，启动开工仪式。礼睦路扩建工程动工建设。完成生物健康产业集聚发展区规划编制，园区配套的健乐路首期工程建成通车，高标准配备给水、排水、路灯、燃气管道等。新增商品房建筑面积16万平方米，乐雅苑、乐雅居、万隆花园、帕佳图三期、文昌花园高层住宅小区封顶，销售面积5.57万平方米，销售额2.93亿元。江门纸厂“三旧”改造项目缴交一期土地出让金，总平面规划上报审批；联合化纤“三旧”改造项目办理供地手续；推进江门船厂“三旧”改造项目前期工作。完成40条道路993盏LED路灯改造，东环路、礼东公路新增路灯工程进场施工。

【经济发展】 实现地区生产总值19.78亿元，增长12.59%；完成规模以上工业增加值6.07亿元，增长19.2%；实现社会消费品零售总额12.67亿元，增长21.10%；完成固定资产投资7.58亿元，增长23.5%；完成进出口总额和实际利用外资年度任务的100%。银帆—巴斯夫项目和量子高科一期建成投产，兰花食品、金钻辉、长优实业二期技改项目、江门纸厂“三旧”改造项目完成年度建设和投资目标，6个重点项目累计完成投资6亿元。利生车城全年销售额超过11亿元，带动街道汽车销售增长33.7%。

【文化教育】 全街道有完全中学1所，初中2所，小学6所，幼儿园15间，托儿所1间，公办学校在校学生8211人，民办学校在校学生3500人；公办在职教师501人。2014年，礼乐中学高考本科入围率25%；礼乐中学中考总平均分排在江海区第二名。完成礼乐中学区修远图书馆主体建设，礼乐二中新建教学楼完成招投标。投入100多万元，对中小学食堂进行改造，全面安装校园监控系统。江海区青少年宫落户礼乐街道东方红小学，年内9月投入使用。组织举办5年一届的礼乐龙舟大赛。赛前举办礼乐龙舟文化楹联征集大赛，赛后举办龙舟摄影大赛，擦亮礼乐“龙舟之乡”文化品牌。开展形式多样的文体活动10多场次，送戏下乡82场，粤剧义演184场。坚持举办LBA篮球联赛、村际篮球赛等体育活动。

【环境卫生】 加大城乡环境卫生整治，关闭张围河垃圾池，新装垃圾桶、果皮箱400个，改建户厕160户。年内辖区发生登革热237例，投入351万元开展防控工作，开展统一灭蚊行动32次；包括参加无偿献血367人，献血量88660毫升。投入849.4万元，完成22项民生工程，包括改造文苑社区旧花槽57处，对文昌小苑、社区篮球场、社区健身小公园进行升级改造，划定小车、摩托车停车位490多个；完成文昌市场两侧道路和交警门前的下水道整治；实行“牛皮癣”社会化管理，共开展义工活动12场次。

【治安管理】 全年共立刑事案件732宗。其中“两抢一盗”案件发案257宗。侦破刑事案件303宗，破案率41%，破获积案一批。发生治安案件339起，查处151起，查处率44%。村级综治维稳工作站调处化解各类矛盾纠纷225件、治安案件63起。通过司法和人民调解受理的民间纠纷38起，调解成功率100%。成功化解历史积案1宗，为区携养信访案件。

【社会保障】 全面铺开社会保险扩面征缴工作，城镇职工养老保险参保人数13026人。城乡居民、职工基本医疗保险年度累计最高支付限额分别提高到30万元、60万元。对农村五保供养对象和城镇“三无”人员实行门诊或住院费用全额资助。

【卫计工作】 2013年10月至2014年9月，户籍人口出生745人，其中政策内出生693人，政策外出生52人，符合政策生育率93.02%，出生人口性别比112.86；流动人口共出生156人，其中政策内出生140人，政策外出生16人，符合政策生育率89.74%。共征收社会抚养费510.34万元，历年征收率71.99%，当年征收率64.11%。全面铺开“单独两孩”生育政策，办理“单独两孩”申请76份。贯彻落实计划生育各项奖励政策，发放各类计生奖励金、扶助金138万元。免费为630人开展免费孕前检查。登记在册出租屋1350间，登记在册流动人员15700人，办理居住证1989张。流动人口共出生156人，其中政策内出生140人、政策外出生16人，符合政策生育率89.74%。

【上报十大亮点工程简介】 一、强强联手打造化工龙头企业。银帆化学与世界500强、化工龙头企业德国巴斯夫的合作项目位于威东第一洼下间围地段，项目规划用地面积42326平方米（63.5亩），建设用地面积33539平方米（50.31亩），主要建设研发中心、生产厂房和培训中心。建成以后生产规模扩大至年产环保汽车涂料20000吨。项目投资1.5亿元人民币，建筑面积26800平方米，项目投产后预计年产值2.8亿元。项目建成并试产。

二、量子高科一期试投产。量子高科（中国）生物股份有限公司微生态健康产业基地一期项目地块位于武东村第4号围，规划用地面积80.21 亩，建设用地面积65.40 亩。项目总建筑面积32000平方米。一期生产厂房1栋2层、宿舍楼2栋共6层、配套用房1栋。项目总投资12836万元，其中固定资产投资11636万元，最低流动资金1200万元。工厂和配套设施建设完成并试投产，配套工程健乐路建成通车，量子高科一期投产运行，预计年产值33120万元。

三、升级改造文苑球场。在市人大、区委宣传部和文昌集团的支持下，对文苑社区篮球场实施升级改造工程，该工程投入资金13万元，包括重新铺设篮球场水泥地面、安装新篮球架、增设休闲石凳、安装球场灯光、增设防护网、周边下水道改造和涂刷地坪漆。工程完工并投入使用。

四、举办2014年龙舟赛。举办5年一届的礼乐龙舟赛，礼乐传统的八坊龙舟组队560多人参加比赛，并通过江门电视台对龙舟赛事进行直播。赛前在全世界范围内开展龙舟楹联征集和赛后进行龙舟摄影展览。

五、推进农村幸福院建设。为推进广东省“幸福计划”和江门市“大民政”工作，构建多元化社会养老服务体系，纳入2015年建设计划的向民村农村幸福院提前投入建设，利用处于村址侧一闲置场所进行装修改造，室内施工面积200平方米，投入资金15万元，设有老年人活动室、日托休息室、图书阅览室、庭院休闲区和配餐服务区等功能场室。正在进行基建验收和购置设备，预计于2015年1月竣工并投入使用。

六、中沙大堤加固工程建设。中沙大堤加固工程于2014年2月动工，2014年6月竣工，加固堤围并新建机耕路1770米，重建穿堤引水灌溉涵窦14座，工程投资268.49万元。

七、加快道路设施建设。江海区健康食品园区健乐路新建工程，北连东乐路，南接礼东公路，全长861米，规划宽度30米，按照城市次干路标准设计总投资概算1760万元。新建工程分两期实施，年内实施首期工程19米宽道路，年内11月工程竣工通车。

八、实施道路整治。礼乐路为城市主干路，沿线农科所中心桥和月塘里桥，桥台两侧道路沉降严重。年内对以上2座桥梁进行改造，农科中心桥桥头两侧各100米的旧路，重新铺设混凝土路面，使道路与桥梁衔接。月塘里桥拆除重建，新桥采用箱涵形式，长8米、宽16.5米。年内5月工程竣工通车。

九、推进礼乐片区污水管网一期工程。礼乐片区污水管网一期工程总投资6151万元，项目截污管的服务城区包括礼乐街道镇区和文昌沙片区，总汇水面积1.97平方公里。本项目分3个标段实施，第一标段沿礼乐一路、五邑路匝道、礼义二路新建污水主管。第二标段设计总长6.77公里，起点英北村南溪桥，终点礼乐一路，在礼乐二、三路新建污水主管，在中心河布设截污支管。第三标段为中心河（新华、新兴村段）截污管网建设。礼乐片区污水管网首期工程2013年9月铺开，其中一标段年内6月完工，二标段7月完成招标工作，完成工程量的75%。

十、推进礼乐产业园区供水管网建设。礼乐产业园区包括精细化工园区、健康食品产业园区和上市企业集聚园区，落户企业有长优、优美科长顺、量子高科、兰花食品、银帆—巴斯夫等。为解决进园企业生产所需的供水、供电问题，市供水部门同意投资2300万元沿东海路新建总长3680米直径800毫米的供水干管；沿礼东公路、南环路各铺设总长度2000米、直径400毫米的供水支管，其中南环路400米、礼东公路1400米长。工程基本完工。

【村社区简介】 英南村　位于礼乐街道南部，距街道办事处0.5公里，东北邻东红村，西接跨龙村、东仁村，南临南冲公路、环镇路和南环公路。由南乐里、北乐里、聚兴里、西龙里和南雄里组成，有15姓村民聚居，较大姓氏为谭、胡、李3姓。辖区面积约2.09平方公里，耕地面积1863亩，以种植水稻、蔬菜、甘蔗为主。有企业50家。全村557户、2142人，下设7个联络组。建有一个12600平方米的文化体育广场，有北乐里公园、卫生站和老人活动中心。村级集体收入76万元，人均年收入955元。2014年，英南村获得“广东省宜居村庄”称号。

跨龙村　位于礼乐街道南部，距街道办事处0.5公里，东邻英南村，西邻雄乡村，北邻雄光村，南通南冲公路，由忠心里、南安里、东胜里、南胜里、西安里、护龙里、龙兴里共7个里组成，有8个村民小组，有36姓聚居，较大的有张、李、林、胡4姓。全村578户、2487人。2014年，村级集体收入64万元，人均年收入12360元。全村耕地面积2196亩，其中水稻面积100亩，鱼塘面积800亩，作物面积1163亩，以种养甘蔗、养殖塘鱼为主。甘蔗是主要的经济作物，其中黑皮蔗品种是本村传统农作物；鱼塘主要养殖南美白对虾、罗氏虾及四大家鱼。村内建有礼乐街道第二初级中学。

雄乡村　位于礼乐街道西南面，东邻东仁村，南接跨龙村，北接雄光村，由西贤里、西兴里、源兴里、汇龙里、南龙里和兴龙里组成，有梁、陈、谭、李、周、区、刘、廖姓村民聚居，大姓为梁姓。全村512户、2145人，下设村民小组8个。总面积1.5平方公里，其中耕地面积2350亩，种植水稻、甘蔗、水果、蔬菜，兼养塘鱼以及南美白对虾。2014年，村级集体收入41.7万元，人均年收入13000元。完成西贤里旧巷改造工程、梁家围冲口至南龙里河边石堤工程、东方红文体广场工程、雄乡桥重建工程、南龙里下水道和水网升级改造工程。

雄光村 东与礼乐中心市场为邻，西与田围接壤，南接雄乡村、跨龙村，北与墟镇园林新村、敬和村为邻，村址位于西昌里南巷11号，全村宅基地面积150亩，耕地面积2400亩。全村483户、2093人，下设6个村民小组，外来人口22人。2014年，村集体经济收入571382万元，其中鱼塘发包收入191220万元、各小组上调管理费275256万元、幼儿园发包收入25290元、其他收入79616元。

五四村 位于礼乐街道西部，东临张围河，西临江门水道，南邻雄乡村双桓围，北邻新民村。村委会辖下有6个村民小组，由礼和里、龙滘里、逢兴里、聚龙里四个里组成。村内建有阳光学校（原五四小学）、幼儿园、卫生站、老人之家5间、篮球场3个、休闲健身绿化公园2个。村东河旁修筑长1.2公里、高3米的围堤，铺设长1.2公里、宽7米的水泥路，路两边绿化。全村面积1.25平方公里，绿化面积3400平方米，住户900户，人口3500人，其中常住户677户，常住人口2685人。有企业20户，“三小”场所（小档口、小作坊、小娱乐场所）15户，主要从事五金、油脂、浮皮加工生产零售。设党总支部，党员65人。村委会办公面积500平方米，设有多功能会议室、警务室、文化书屋等，现有8名村干部，平均年龄40岁，大专以上学历占75%。

东红村 东临环镇路工业开发区，南接英南村，西邻东仁村，北靠英北村和镇龙村。由攀桂里、叶兴东里、叶兴西里、东兴里、英东里组成。有谭、吴、周、谢、刘、邓、梁姓村民聚居，大姓为谭姓。全村总面积1.4平方公里，其中耕地面积1500亩，农田保护区800亩。常住户籍人口2553人、595户。辖下村民小组9个。农业以果蔗、蔬菜、水稻种植为主，兼花卉种植及鱼、虾水产养殖。2014年，集体收入67万元，农业生产总值997万元，其中粮食种植面积38.9亩，产值59900元；水产养殖面积1200亩，产值970万元，人均收入14420元。工业以食品加工、纸制品和五金加工为主。每个耕作区可通行10吨载重量的中型汽车。村内有老人活动中心1所、500多平方米的灯光篮球场和健身器材10多套。全村500户安装广播、有线电视或宽带网络。

东仁村 位于礼乐街道中心，东面与英北村、东红村隔河相望，西邻雄光村和墟镇的双圹里，南邻跨龙村，北邻墟镇社区。辖下有村民小组10个。东仁里（镬耳围）、芳兴里、新城里（死水围）、福禄里、永兴里6个里组成，后两个里分别为20世纪80、90年代建设的新村。由于墟镇社区夹在村中，近百户村民居住长兴街、立新街、新街、解放路。姓氏有谭、陈、李、邓、黄、区、林、刘、梁等，较大的姓氏谭姓，源流于南雄珠矶巷；陈姓源流于南雄珠玑巷、荷塘荔枝基；李姓源流于杜阮松园。全村总面积1900亩，耕地面积1000亩，有492户、2064人。农业以果蔗、蔬菜、鱼塘为主。工业有印刷业、食品加工业等。2014年，村集体经济收入68万元。村内巷道全部铺水泥路面，栽树种花，安装路灯。村内古建筑有礼乐乐善堂、芳兴里牌坊。

镇龙村 位于礼乐街道东南部，由九如里、镇龙里、板龙里组成，东南与东红村一河相隔，西邻东仁村，北邻英北村农田。宅基地面积150亩，耕地面积1370亩，工业用地面积6亩。全村252户、1066人，村民小组4个。全村经济收入来源以出租厂房、耕地、鱼塘为主。2014年，村集体经济收入31万元，村民小组收入34万元，人均纯收入10500元。

英北村 位于礼乐街道东部，东邻乌纱村，西邻墟镇，南邻东仁村，北邻威东村。由民乐里、大社里、英盛里、兴盛里共4个里组成。以种养蔬菜、甘蔗和养塘鱼为主，全村面积195338平方米,耕地面积1150亩。有23姓村民聚居，以朱、陈、李、黄姓居多。下设村民小组9个，492户、2093人。2014年，农业总产值1250万元，其中粮食种植面积47亩，产值8.5万元；水产养殖面积345亩，产值350万元；蔬菜及其他作物种植面积110亩，产值630万元；畜牧业产值400万元。村内有礼乐中心小学，村内有大小厂房11家。2014年，村集体经济总收入37.12万元，人均年收入12000元。

敬和村 东临威西村，南靠雄光村，西至五四村，北至新创村。由张围里、月塘里、敬和里、祈丰里、新塘里、金和里、祈新里、新和里组成。有21个姓，较大的有区、麦、张、吴4姓。全村总面积198000平方米，有村民小组9个，907户、3653人。耕地面积1653亩，水产养殖面积911亩。2014年，农业产值1754万元，村集体经济收入71万元，人均年收入12500元。村内有农家书屋、卫生站、幼儿园、老人活动中心等。2014年，位于敬和村和威西村的礼乐街道颐养居第二期工程基本竣工，内设有竞技天地室、放眼看世界室等10多个功能室，并设有应急避难楼。敬和村一洼大型泵房现已投入使用。

威西村 位于礼乐街道中心，东邻威东村，西接敬和村，南接街道办事处；另有新村位于乐祥东路南北两侧、乐中市场东面，环镇公路东西走向贯穿其中。辖内有接龙里、迎龙里、聚龙里、东胜里、新地里、泗源里、南昌里、永胜里、永贤里、永盛里等10个里，下设村民小组7个；区内原有刘家祠、区家祠（竹溪祖），刘、区姓居多。另有李、陈、黄、梁、甘、罗、潘、卢、何、邓、胡等姓。村民人口2351人，农业户557户。全村总面积1.5平方公里,其中农用地面积2104亩，大部分位于第四洑至老罗围之间，主要种植蔬菜、甘蔗、香蕉、花卉树木等；鱼塘面积1000多亩，集中老罗围一带，主要养殖南美白对虾、罗氏虾、养殖肉猪和小面积“四大家鱼”。2014年，经济收入730300元，人均收入14834元。村内有腊味加工私营企业11家，大型纸业制品工场4家。先后兴建村民集资楼和村民公寓综合楼各1幢，建筑面积分别为3000平方米和3200平方米，留出1000平方米用作村委会办公室，有商业铺位6间、住宅单元15套。兴建楼高3层村民文化娱乐活动中心1幢，占地面积84平方米，建筑面积360平方米，配套水冲式公厕、娱乐室、图书室和文化娱乐健身活动设施。建成标准的体育篮球场1个、文体公园3个：东胜里文体公园、新地里文体公园和平安公园，公园内设置健身器材、兵乓球台、象棋台、健身路径等。

威东村 东邻乌纱村，南邻英北村，西邻威西村，北邻武东村，由中路里、荣江里、东华里和华路里组成，有李、傅、区、曾、陈、吴、卢、邓、潘、梁、林、杨、何、冯14姓村民聚居。宅基地面积210亩，耕地2325亩。全村813户、常住人口2996人，其中农业户675户，农业户口人数2798人。2014年，村集体经济收入76.04万元。建有老人娱乐场所、灯光球场、文化公园、农家书屋。全面修整礼西片、礼东片农田道路；完成村址二楼会议室的翻新；完成与乌纱村交界的24米路的道路混凝土铺设和村文化公园重新规划建设。

乌纱村　东邻武东村水田，以乌纱桥涌为界；南邻镇龙村，以礼东公路为界；西邻威东村，以乌纱涌为界；北邻武东村水田，以乌纱涌为界。以曾、区、胡、付、邓姓居多，总人口1799人，农业户口391户，下设村民小组5个。2014年，村集体经济收入250万元，人均年收入13415元。有化工、腊味制品、五金制品、饮食等企业80多家。村内装有监控视频、路灯，设有文化娱乐健身活动场所、篮球场；村内道路均为硬底水泥路并铺设下水道排水系统。

武东村　位于礼乐街道礼西片北面，东邻睦洲水道，西接威东村、威西村、新创村、新华村等；南接威东村、乌纱村；北至睦洲河道。环镇公路与乐祥东路贯穿于东西与南北，全村总面积3.2平方公里,其中耕地面积1610亩，鱼塘1100亩。全村1682户、5057人，下设村民小组19个，外来人口1225人。2014年，村集体经济收入350万元，村民人均年收入13710元。村内有企业110多家，主要为化工、腊味制品、厨具、五金制品企业。全村工业总产值20亿元，农业总产值2.1亿元。在乐祥东路自建商铺3400平方米出售。年内投入资金14万元，用于村内环境卫生、道路维修建设方面；投入资金2.1万元，用于助学奖励；投入资金10万元，用于登革热防控经费支出和开展爱国卫生行动；投入资金5万元，用于学校、幼儿园的建设；投入10万元，用于本村困难、低保人员的救助。全村参加新农保1430人，占全村人数28.2%。领取新农保金额798人，占全村人数15.7%。

新创村　东邻武东村、威西村，西接五四村，南接威西村、敬和村，北至新丰村。有陈、李、区、张、黄、何、谭、黎、邓、吕、吴、梁、林、胡、杨15姓，较大姓氏为陈姓。全村总面积1.3平方公里，其中农业用地面积1550亩。全村391户、1728人，下设村民小组4个。2014年，村集体经济收入34.89万元，村民人均收入6800元。以建筑业、五金制品为主。在乐祥东路自建商铺750平方米出租。村委会占地面积800平方米，内设办公室、会议室、财务室、计生室、综合室、图书室。在新创围尾塘建成体育篮球场1个，有休闲、健身公园2个。

新丰村　东邻武东村，南邻新创村，西靠礼乐大道，北邻新华村。由三福里、流沙里组成，有邓、梁、区、何、宋、谭、李7姓村民聚居，较大的有邓、梁2姓。以种养蔬果、养殖鱼虾为主。常住人口353户、1536人。现有耕地面积770亩，其中鱼塘500亩，花卉地100多亩，耕作地20亩，工业用地150亩，有企业30多家。利用东海路、江中高速公路开通的机遇，先后投入500多万元建设基础设施，先后引进民资30多家，投资超过1亿元。2014年，村级集体经济收入300万元，人均分配每年每人1000元。村内有体育篮球场1个、体育健身公园1个、农家书屋1家。2012年，成立新丰联谊会；市土地管理收储中心征用村600多亩的土地作为未来城市综合体的建设用地。

新兴村　东邻新华村，以石敢当河冲为界，南连新丰村，西靠江礼公路，北至礼义路。总面积1.1平方公里，其中耕地面积1438亩，村委会位于西兴里37号。村民人口1534人、360户，下设村民小组4个，外来人口150人，村民居住分布在仁让里、西兴里、纸扇里、仁兴里。农业以水产、花卉、蔬菜等种养业为主，经济收入来源以土地、鱼塘出租为主。2014年，村集体经济总收入73.6万元。在西兴里建造休闲公园1

个，配套乒乓球、羽毛球场、健身运动器材等。

新华村　由睦洲水道分割为二大板块，礼西片东邻武东村，南接新兴村；礼东片位于江海区政府南面。土地面积1400亩，下辖村民联络组6个，常住人口2320人，户籍人口1516人、365户。2014年，集体经济收入208万元，人均收入11800元。农业主要以鱼类养殖为主，分布礼东片永茂围、东升围和暗洲围。礼西片工业园区以五金、电器加工为主。礼东片为礼东食街。投入250万元先后完成新、旧村道路和下水道建设维修工程，实现村内道路水泥化、水渠硬底化，安装路灯。

新民村　位于礼乐街道北面，毗邻江门市区，江鹤二期高速公路和五邑路贯穿其中，广珠城际轻轨礼乐站设站在村中心。下辖南安里、东安里、西宁里、聚安里、五冲里、义兴里和六冲里，有21姓杂居，较大姓氏有李、吴、区3姓。总面积3000多亩，其中耕地面积798亩，工商业用地619亩，公益事业用地560亩。村民人口4178人，农业户1054户，劳动力2912人。2014年，村集体经济年收入1123万元，村民人均年收入13191元。辖内有江门市长优实业有限公司、江门市艾加得电子有限公司、华源混凝土公司、利生机动车有限公司、天风墙体材料公司、展图不锈钢厂、典艺展示器材厂、联福纺织公司、欣福纺织助剂公司等。先后获得“江门市宜居村庄”“广东省卫生村”等称号。村内建有村民活动中心，中心内配套健身室、图书室、娱乐室、音乐室、保健室、曲艺室等功能设备室，室外配套绿化、健身器材、游乐器材、羽毛球场等。建有占地面积33亩的文化体育公园，园内有篮球场2个、羽毛球场2个、舞台1个、儿童沙池1个、600米跑道、183米小径、250米停车带，并种上绿化树木和安装路灯。村内有7197平方米的综合市场1个和农贸市场1个，新民小学、新民幼儿园和医疗卫生站，村内明渠全部改暗渠，路面水泥化，并安装路灯。建有无公害公共厕所5座、公共垃圾池10多个，村道两侧种植绿化树木100多株，种植花草10000多平方米。

向前村　东邻主灌河，西近新华、新创村农田，南与向民宅基地交界，北与新丰、新华农田交界。由大利里、瑞利里组成，村民共20姓，以梁、区、陈3姓较多。全村人口365户、1510人，村民小组4个。全村总面积1.5平方公里,其中耕地面积1100亩。以种养水稻、蔬菜、甘蔗、水果和养塘鱼为主。有篮球场、健身场、老人之家、幼儿园、卫生站等健康福利设施。有防洪设施电房4座、泵房5座。出租厂房用地200亩，出租铺位220平方米。村委会有会议室、娱乐室，图书室及文化娱乐健身活动设施。2014年，村集体经济收入150万元，人均收入9100元。村主干道扩宽到7.5米，贯通西北，全长760米。旧巷水泥路工程改造，全长810米。向前幸福院改造工程年内8月竣工。

向荣村　位于礼乐街道东南部，东、北靠礼睦路，西接睦洲水道。有22姓居民聚居，大姓有陈、李、吴3姓。全村面积1200亩，耕地面积636亩，工业用地面积140亩，下设村民小组3个，常住人口222户、1080人，有企业30家。2014年，村集体总收入125万元，人均纯收入12000元。

向民村　东与丰盛村相隔，南与向荣村相近，西与向前村相邻，北间礼东青年堤与外海街道相望。由同丰里、同兴里、泗丰里组成，有21姓村民聚居，大姓有李、曾、陈3姓。主要种蔬菜、水果和养殖塘鱼，总面积1.5平方公里，其中耕地面积1810亩。全村人口2158人、492户，下设5个联络组。葡萄种植面积600亩，产值410万元。有企业20多家。2014年，村集体经济收入54.1万元，人均收入9800元，自建商铺720平方米，礼东市场1035平方米。建有老人娱乐活动中心1个、体育篮球场1个，村主干道路种植木棉、垂榕、紫荆等。

丰盛村 毗邻向东村，拥有江海八景之一的礼乐主灌河，全村总面积0.7平方公里，其中耕地面积785亩。全村户数235户、人口914人，有村民小组4个，劳动力人数561人。建有中小型排灌站15座，硬底排灌渠5000多米，无公害蔬菜生产基地有525亩，水产养殖面积260亩。全村道路铺设水泥路面。村内有篮球场1个，图书阅览室1间。2013年，吸引外资完成工业园区50亩厂房建设；2014年，集体年收入提高69万元，增长77%。农业重点是菜篮子工程建设，生产无公害蔬菜。村民人均纯收入1.54万元，增长10%。投入资金3万元，改造六河路两岸绿化，种植大红花2400棵、美丽木棉24棵、黄槐100棵。完成400平方米丰盛村幸福院建设。

向东村 位于礼乐街道东南面，临靠礼睦路。距离江海区政府8公里，由东成里、合城里和永盛里组成，村民有28姓。农业以蔬菜种植、花卉栽培和塘鱼养殖为主，特色农业桃花、菊花栽培闻名珠三角地区。全村总面积3000亩，耕地面积2500亩。下设生产小组7个，农业户558户、人口2493人，劳动力1745人。2014年，村集体经济收入137万元，其中村收入83万元、小组收入54万元。

文苑社区 成立于1997年，东邻文昌沙社区、南邻新民村、西面与新会区一河之隔、北邻中福社区。辖区面积0.25平方公里，在册户数4052户、户籍人口4217人，有流动人口和外来务工人数7804人，总人数12021人。有居民小组15个，居民小组长15名，居民代表34名，党员84名。2014年，社区篮球场升级改造。有文昌幼儿园、蓝天幼儿园、七彩幼管所、文昌卫生门诊部、文苑社区卫生站，建成休闲公园、篮球场、游泳池、残疾康复室、购物和饮食商铺等。文苑社区办公楼现有面积450平方米，设有办公服务厅、会议室、党员活动室、电教室、民兵营、计生服务室、图书阅览室、综合减灾办公室等多功能服务室，居委会现有工作人员6名。

文昌沙社区 位于礼乐街道侧面，东邻江睦河道，西接文苑社区、新民村；南接新华村、新兴村；北至江礼桥，连接蓬江区。礼乐一路、礼乐二路、礼义二路贯穿社区，管辖总面积1平方公里。在册户数2380户，常住人口数7154人；流动人口数6431人，共计总人口13585人。社区现有工作人员6名，下设居民小组15个。社区办公楼面积600平方米，设有办公服务厅、义工服务站、多功能会议室、计生服务室、调解室、民兵营、党员活动室、图书室、防灾减灾办公室、康园中心。社区公园设有健身器材、健身舞台。纸厂新村家属区设有文昌沙长者服务中心、篮球场和健身器材等。辖内有工商企业52家、农贸市场1家，工商个体488家。

墟镇社区 东靠东仁村，南靠东红村，西靠雄光村，北靠威西村。社区管辖面积0.5平方公里，共有楼宇56幢，住宅小区3个，平房60多间，常住人口4384人、2148户。居民大部分居住解放路、长兴街、新街、园林新村、乐祥路、礼乐三路等，还有少数分散在23个村，社区人口分布较散。服务居民娱乐活动场所有乐中公园、颐晚园、康乐园、会堂广场，并设有健身器材。

中福社区 东邻文昌沙社区、南邻文苑社区、西面与新会区一河之隔、北邻蓬江区。辖区面积0.7平方公里，在册户数771户，户籍人口1826人，有流动人口和外来务工3732人，总人数5558人。有居民小组4个，居民小组长4名，居民代表12名，党员37名。辖内有文昌幼儿园，建成休闲公园、残疾康复室、购物和饮食商铺。中福社区办公楼面积350平方米，设有办公服务厅、会议室、党员活动室、电教室、民兵营、计生服务室、图书阅览室、综合减灾办公室等多功能服务室。

江南街道

【概述】 江南街道位于蓬江河南岸，东连外海、滘北街道，西靠滘头街道，北与蓬江区接壤，是通向粤西和中山、珠海的重要通道，行政区域面积2.3平方公里。常住人口3.3万人，常住户数1.3万户，户籍人口2.2万人，暂住人口9000人。辖区内有市、区机关、企事业单位175家，中学、小学、幼儿园托儿所共10所，个体工商户1030户，下辖6个社区居委会。属江门市老城区，是一个纯城市型街道，办事处办公地址桥南大道1号。辖内有香港469人、澳门135人、台湾15人，以及马来西亚、印尼、日本、英国、美国、加拿大、委内瑞拉、巴西、智利、厄瓜多尔等国的外籍人士。

【基础设施建设】 投入200多万元，改造新南公园、江南市场后商业街、增设运动场地及健身器材、照明灯光等，规划道路停车位，修剪内街树木绿化带，治理周边环境卫生、乱涂鸦、乱摆卖、占道经营，粉刷楼道等。投资130万元，扩建江南幼儿园副教学楼工程，建成后教学面积增加760平方米，设置课室3个和小礼堂1个。推进4个区级重点项目建设，包括江海商业广场完成2层地下车库的工程建设；广东春燕“三旧”改造完成《项目认定》《改造方案》《规划条件》审批，进行地上建筑物的面积测量和价格初步评估；凯旋堡房地产项目完成山体边坡挡土墙建设，进入打桩施工，完成负1—3层地下室施工；江翠路158号国鑫公司“三旧”改造地块厂房项目计划占地面积33亩，建设面积5.5万平方米，总投资额2亿元，计划2017年内完成。规划建设总长400米、宽40米的新中大道延长线扩充工程，有关设计、基础数据登记和《新中大道延长线征收补偿方案》业已上报。

【经济发展】 完成地方财政预算收入2192万元，增长14.11%，完成预算的64.39%；完成固定资产投资1.55亿元,增长21.64%,完成目标的83.97%；完成规模以上工业增加值2.84亿元,增长15.2%,完成目标的80.04%；完成社会消费品零售总额2.27亿元，增长16.6%,完成目标的68.84%。完成进出口总额1.09亿元，完成目标的73.4%；完成实际利用外资33万美元，完成目标的12.93%。

【文化教育】 辖内有公办中学1所，公办小学2所，公立幼儿园1间，民办幼儿园3间，幼儿托管机构3间。各学校结合自身特点和学生兴趣，开发一系列特色课程，江南小学开展国学教学、太虚拳特色教育；华兴小学的书法教育、少年醒狮培训独具特色；第十一中学的武术特色教育成绩突出。扶持鼓励民办托幼教育机构发展，指导民办幼儿园升优评级。 投入130多万元，扩建江南幼儿园副教学楼，为江南幼儿园创建省一级创造条件。2014年，江门市第十一中学获市首批法治文化建设示范点；江南小学获得市五邑侨乡武术大赛冠军等奖项。开展文艺表演、曲艺展演、“道德讲堂暨身边好人巡讲”、社会科学进社区等活动。举办“中国梦•我的梦”世界读书日活动、“侨乡情地质情”文艺演出。组织队伍参加高新江海第三届文化艺术节暨南粤幸福周活动。组织居民群众开展篮球、乒乓球、象棋、拔河比赛。建立义工服务站、志愿服务队，开展“心手相连”青少年课程辅导，在社区开设“430”学堂（学生放学以后开展助学助教和其他服务活动）。组建新中社区老年人协会、江翠腰鼓队、篮球队、书法协会和摄影协会等文艺团体。

【社会管理】 推行社会治理创新，实行“选聘结合、三位一体”的社区“两委”换届选举新模式，调优配强社区“两委”班子。以“政府投资、社区监管、社会经营、市场运作”的社区居家养老服务管理模式。投入30万元专项资金，与区义工联合作开展“3+1一家亲”爱老活动、“残健同行”康园助残、“拥抱阳光”启智义工服务、为服务对象提供生活照料、心理抚慰、健康保健、文体健身等服务；与鸿雁艺术团合作开展“秀我风采”社区文艺表演服务；与五邑大学社联合作开展“心手相连”爱心义教、社区服务；与五邑大学政法学院签订合作协议，开展人员培训、社会实践、课题研究、联谊交流等项目。扶持本地社工机构——江海区惠民社会工作综合服务中心，在居家养老服务中心开设“爱心饭堂”，为空巢独居老人提供助餐服务；推广平安钟服务系统，为有需要长者装上“平安钟”，提供24小时回应转介救助服务；发展“社工带义工”的工作模式开展社区服务活动，为社区老人提供义修义诊、医疗转介、医疗保健、文化娱乐、知识讲座和法律维权等便利服务。探索义工个案服务结对帮扶，对辖区老人走访、调查、筛选，对有需要的对象提供家务协助、营养配餐送餐、日用品助购、家电维修、陪护、管道疏通和日式托老等生活照料服务。以江翠、新中为试点，推行“志愿楼长”，鼓励居民自治。扶持成立蓬苑知音曲艺协会、中沙妙韵曲艺协会、竹苑老年人棋艺协会3个社会文艺团体。

【劳动保障】 做好困难家庭、弱势群体社会救助、残疾人康复帮扶、参战退役人员体恤优抚工作。街道共有低保家庭117户210人，每月发放低保金7.6万元；低收入家庭128户310人。落实城乡居民临时救助制度，受理40户困难户的临时救助申请，发放救助金11.25万元；特定病种救助3人，发放救助金3.84万元。落实高龄老人津贴，办理84名80岁老人、4名90岁老人高龄津贴申请。发放3名义务兵家属优待金3万元；2名退役士兵一次性补助金7.78万元；优抚对象慰问金3.5万元，慰问品490份。利用企业用工及人力资源服务平台实现“一对一”就业帮扶。为145名就业困难人员实现再就业。

【治安管理】 创新社区综合治理网格化管理，把辖区划分为332个安全网格化，各社区自行管理网格区域，编制网格化管理责任架构图，定人定职定岗、责任到人。率先在新中实行综治网格化试点，投入20万元，进行开放式小区升级改造，完成封闭管理，收集联络网格的居民动态信息。完善防控网络，成立社区治保会、义务巡逻队等自治组织，驻点民警、治安队员、社区义务巡逻队分段全方位交叉巡逻。辖内有摄像头40个，监控系统、重点路段实现全天候、全方位监控。开展社会治安重点整治，年内刑事发案285宗，下降33.1%；破刑事案件132宗，破案率46.32%，上升3.13%；受理行政案件157宗，查处66宗。刑事拘留59人，逮捕41人，行政拘留91人，强制隔离戒毒22人。开展“百日会战” 防邪教、“6•26”国际禁毒日宣传活动。以“远离危险、远离犯罪”

为主题，深入中小学校举办法制专题讲座，讲解《未成年人思想道德建设》《青少年维权法》等法制法规。开展“矛盾化解年”行动，落实“源头治理”，处理上级交办信访案件7宗，“12345”政府热线投诉140宗，全部办结，办结率100%。调处矛盾纠纷539宗，调解539宗，调处率100%。

【卫生和计划生育】 落实计划生育目标管理责任制和层级管理责任制，做好计生工作。年内，户籍人口22091人，已婚育龄妇女4526人，户籍人口出生148人，出生人口性别比105.56，出生率6.65‰，自然增长率0.58‰，符合政策生育率93.92%，落实“四术”139例。常住人口30229人，已婚7296人，常住人口出生239人；流动人口8091人，已婚育龄妇女1925人，流动人口出生52人，符合政策生育率92.31%，落实“四术”104例，查环查孕率达84.62%；依法征收社会抚养费140.15万元，历年社会抚养费征收率69.37%，当年社会抚养费征收率100%。发放城镇独生子女父母奖励金、计划生育家庭伤亡扶助金等共计89.56万元。有72对夫妇符合“单独两孩”政策并办理申请。

【上报十大亮点工程简介】 一、大力推展430学堂活动。为给未成年人提供一个健康、安全的课后学习和活动环境，2012年起，在新中社区学习站开设书斋，免费为辖区未成年人提供课后辅导、课后扩展等430学堂活动。11月，在江翠社区开展“430学堂”活动。

二、推进社区“志愿楼长”项目。以新中社区、江翠社区为试点，组建2支志愿管家队伍，以实施群众管理群众的社区现代化服务管理模式，共同维护社区环境。

三、定期举办“公益墟日”活动。在每个月最后一个周六上午开展义剪、义卖、义诊等活动，吸引街坊群众到场。通过举办活动让更多的社会人士来关注长者的生活。

四、学习雷锋共建文明社区。新中社区招募注册志愿者461人，其中以义教队伍金牌义工王坚、义演队伍欧雪兰和义修队伍文宝健为优秀代表，多位义工被评为星级义工。组织志愿者开展志愿活动20多场，社区志愿者自发组织开展义务劳动10多次。新中社区被评为市、区学习雷锋活动示范点。

五、领导驻点加大创文工作力度。包括市委宣传部部长柯文仲多次带队到江翠社区调研指导工作；区长周惠红带队到挂点社区桥南社区调研；区委常委宣传部部长周婉玲到江翠、新中社区调研；高新区管委会副主任何腾多次带队到桥南社区指导江南市场后街商铺整治工作；街道党政领导张成富、高英豪及班子成员分别为各社区及居民群众办实事，解决“老大难”问题。

六、社区网格化管理服务。探索综治网格化管理新模式，整合治安防控力量。以新中社区为试点，把社区划分为大网格8个，小网格63个，由1名派出所责任片警、8名网格管理员、63名楼长负责管理，每名网格管理员分别负责250至300户居民。

七、江南市场后街整治。为解决江南市场后街消防安全隐患和桥东新村低洼地段水浸问题，对江南市场后街服装店进行升级改造。高新区管委会副主任何腾多次带领工商、住建、规划环保、供电等部门和江海设计院负责人现场指导并召开协商会议，提出改造需要满足消防安全通道，新建商铺需要规划并临时报建。

八、江南幼儿园申评省一级幼儿园升级改造项目工程。江海区把江南幼儿园创建省一级幼儿园的工作列为年度民生实事教育发展项目，对照省一级幼儿园评估标准，江南幼儿园的园舍建筑面积存在较大的差距。江南街道为江南幼儿园办理土地使用确权并筹集资金兴建副教学楼。是年12月，江南幼儿园副教学楼竣工。

九、社区文化建设。每两年一届的社区体育运动会，社区文艺表演比赛和每年一届的摄影、美术、书法展览等成为江南街道的特色亮点。组织98个作品参加2014年高新区•江海区第3届文化艺术节暨南粤幸福周活动，获得金奖10个、银奖7个、铜奖15个、辅导老师奖2个，总分以207分在全区内排名第一，被授予最佳组织奖。

十、推进学前特色教育。辖内幼儿园重视特色教育的发展，注重培养幼儿在成长中学会发现和解决问题的能力，鼓励幼儿在探索中走进科学、热爱科学。根据幼儿对科学活动的兴趣，开展不同种类的课程。江南幼儿园在五邑潇湘棋院的指导下成立江南棋苑，在中班以上普及围棋活动，以围棋启迪智慧，提升孩子的综合素质。2014年，江南幼儿园组队参加第九届鸿业杯广东省围棋公开赛，获得幼儿组团体冠军。

【社区简介】 桥南社区　桥南社区成立于1984年，办公地点设在桥南新村11号侧。桥南社区管辖面积0.4平方公里，管辖地段包括桥南新村、桥东新村、江海路、江海一路、活力路、松庆里、华庆里、龙上里、江南二路、凤鸣苑；桥南大道、横坑工业区、江南工业园。现有居民户2295户、人口5946人，其中户籍人口1465户、4298人；非户籍户数830户、1698人。60岁以上老人723人。辖内厂企36间，个体私营店铺120多家。社区内设有党员活动室、电教室、益寿园、居家养老中心、五邑图书馆桥南分馆、文体小公园、廉政公园等活动场所；组建有曲艺队、乒乓球、羽毛球等文体小组并经常开展活动。开展“五好文明户”“文明家庭”评比，举办老年人曲艺表演，暑期“十个一活动”等，社区先后被评为广东省“六好”平安和谐社区、全国敬老模范社区，2014年度获广东省巾帼文明岗称号。

蓬苑社区　蓬苑社区位于飞鼠山南部，管辖面积0.43平方公里,管辖地段包括蓬苑、南苑里、南苑商城、江海玉圭园、江翠路（部分）、江南路（部分）、桥南大道（部分）、江海一路（部分）。辖内有幼儿园2间，学校1间，个企私营企业265家。社区居民小组35个，居民代表57名。住户3217户8007人，其中户籍人数1742户、5054人；非户籍人数1475户、2953人。设有警务室、计划生育服务室、多功能会议室、党员活动室，电教室、青少年活动室、未成年人心理咨询室、乒乓球室、棋牌室、图书阅览室、多功能活动中心和1个1000平方米的蓬苑广场。2014年，被评为江门市文明社区。

江翠社区　江翠社区位于河南烟墩山范围，管辖面积0.45平方公里，管辖地段包括翠园里1—67号，江翠路（双号），中沙52—54号，江南新村56—59号，江南路10—17号，江海一路2—32号（双号）及翠鸣苑小区。总人口7520人、2352户，有机关事业单位6个，学校2所，幼儿园1所，个体私营企业220家，共有党员95名。社区设有社区义工队、义工服务站、社区残疾人活动中心、妇女学校、家长学校、老年人学校、外来工学校等各类型分校，青少年心理咨询室和社区未成年公益上网网点。组建曲艺队、舞蹈队、腰鼓队、篮球、羽毛球等7支业余文体团队。社区先后获得全国巾帼文明岗、广东省平安和谐社区、广东省绿色社区、广东省民主法治示范社区、广东省体育先进社区、广东省科普示范社区、广东省居务公开管理示范社区等称号。2014年，被评为广东省宜居社区。

新中社区　新中社区管辖面积0.4平方公里，管辖地段包括新南里、新中里、太宁里、长隆里、大井里、丰宁里、新中大道（部分）和江翠路（部分）。绿化面积21000平方米。社区住户2269户、6886人，其中常住人口1325户、3648人。辖区内有幼儿园1间，企事业单位96家。设有人民调解室、星光老年之家、残疾人康复场所、消防展示室、警务室、法制课室、社区义工服务站、妇女学校、家长学校、老年人学校、外来工学校、青少年心理咨询室和社区未成年公益上网网点等多功能活动中心。建有面积7850平方米的新南文化小广场和面积750平方米的廉政公园。先后获得全国综合减灾示范社区、全省城市体育先进社区、广东省绿色社区、广东省“六好”平安和谐社区、广东省充分就业星级社区、广东省巾帼文明岗、广东省居务公开示范社区等称号。2014年，被评为广东省“青少年维权岗”。

竹苑社区　竹苑社区位于竹山左前方，管辖面积0.25平方公里，人口4510人，其中常住户数1036户、2894人，流动人口1616。有厂企1间，个体私营店铺52家。社区设有党员活动室，益寿园，康复中心、图书室、体育建身路径、文体小公园、廉政文化公园等。社区先后获得广东省“六好”平安和谐社区、广东省文明社区、广东省人口计生基层群众自治示范村（居）等荣誉称号。2014年，被评为全国综合减灾示范社区。

中沙社区　中沙社区位于铁桥左侧，辖区面积0.4平方公里，管辖地段有中沙路1至51号、红门楼、江南路。社区居民户1411户、4664人。辖区内有幼儿园3间，企事业单位1家、个体工商户94家。社区分为20个居民小组，有共建单位5个，区内设有警务室、党员活动室、电教室、图书室、健身活动场地、羽毛球场等运动娱乐设施。社区先后被评为广东省“六好”平安和谐社区、广东省居务公开管理示范社区等称号。

滘头街道

【概述】　滘头街道位于蓬江南岸，地处江海区行政中心区域，面积6平方公里，下辖5个社区居委会，分别是仁美、建联、银城、正南和永明社区居委会；有股份经济合作社10个，分别是红星、新星、建星、联星、五星、银星、正安、南雄、永星、明星股份经济合作社，户籍人口1.9万人，常住人口3.5万人，旅居海外的华侨、港、澳、台同胞3000多人。

【经济发展】　完成规模以上工业增加值8.31亿元，增长17.3%；固定资产投资8.6亿元，增长30.13%；社会消费品零售总额4.86亿元，增长18.59%;实际利用外资500万美元；合同利用外资1100万美元。外贸进出口总额17689万美元。年内，引进江门市高新捷盛项目管理有限公司、江门市叠轩皮革制品有限公司、江门市康禾投资有限公司、江门市裕华墙纸有限公司、江门市逸骏装饰设计中心、江门汇嘉置业投资有限公司等上规模的企业。新增企业总数300户，其中新办个体执照222户，新增有限公司76户，新增个人独资企业、合伙公司2户。

【重点项目建设】　街道牵头的4个区重点项目累计投资完成率112.31%，超过时间进度28.97%，排名全区第1位。银星经济社“三旧”改造项目开始施工，年度投资完成率125%；兰花食品“三旧”改造项目开展相关报批手续和部分建筑物拆除工作，年度投资完成率112.5%；云景华庭项目F2、F3年内封顶并开售，年度投资完成率104%；胜利南路（五邑路—金瓯路）项目完成收地工作和填土工程，基本完成路基水泥搅拌桩工程，年度投资完成率83.33%；胜利南路延长线（金瓯路—南环路）年度投资完成率100%；鹿茵酒店年度投资完成率80.47%；渔山安置小区年度投资完成率87.8%。

【环境卫生】 投入100多万元，开展滘头东路综合整治；投入20多万元，进行新民大桥桥底综合整治；投入15万元，对东海路东侧道路进行维修工程；投入110万元，对永星、银星、建星、中心公园等公园进行升级改造；投入13万元，对辖内文体设施进行完善和改造；投入45万元，对建星、联星垃圾中转站进行升级改造；投入13万元，更换和安装果皮箱101个、垃圾桶316个；投入10万元，对仁美路、南安路、明星村道的树木进行修剪。加大对滘头市场综合整治力度，开展经营秩序联合整治行动4次，参与200人次。投入11万元粉刷楼道；投入47万元修补辖区坑洼道路60处；投入50多万元率先把“牛皮癣”和建筑垃圾清理工作社会化。年内共清除淤泥，瓦渣230吨；整治卫生死角450处、14500平方米；划设车位80个；清疏下水道12次。

【劳动保障】 完成低保低收入年审工作，实行低保动态管理，每月发放低保救助金4.5万元。为贫困残疾人提供康复服务、社会保障救助、居家无障碍改造等服务，推广康园工疗模式。做好城乡医保参保、城乡养老保险续缴费和年审工作，促进企业“全员、足额”参保。全街道参加城乡医疗6685人，城乡居保1639人。推进完全被征土地养老保险，红星、正安、南雄3个股份经济合作社被确定全征地农村集体经济组织资格。推行社区养老服务网格化，年内共采集养老服务信息3450份。推广居家养老服务，投入14万元向晨光社会工作综合服务中心购买服务，为60周岁以上老人提供居家养老服务；投入25.95万元，向2595名60周岁以上户籍老人发放重阳节老人津贴每人100元。成立滘头慈善会，投入32.2万元对37名考取本科A线以上院校的户籍学生实施奖学。

【卫计工作】 常住人口出生率10.24‰，政策生育率96.05%；流动人口出生159人，政策生育率91.82%；落实“四术”措施367例，征收社会抚养费221.66万多元。在全街道范围内开展以灭蚊、清理蚊孳生地为重点的登革热防控工作。投入29.6万元，组织、出动1412人次，清理、清查12784户，清理卫生死角13170个，购买灭蚊药3834斤。

【社会管理】 全年共受理市政府“12345”热线案件185宗，办结176宗，办结率95.13%；受理区交办信访案件10宗，办结10宗，办结率100%；社会矛盾化解排查12宗，化解12宗，其中化解省交办信访积案1宗。接待群众来访批6批31多人次。开展对涉粉尘抛光企业、涉氨企业等重点行业以及“三小”（小档口、小作坊、小娱乐）场所、无证照加工场等重点部位安全大检查。出动1081人次，检查218家单位，发现隐患497处，整改率99%以上。推进标准化创建工作，年内共签约进场创建标准化的企业15家。

【上报十大亮点工程简介】 一、江海康城广场项目。江海康城广场项目（滘头银星股份合作经济社“三旧”改造项目）位于五邑路城际轻轨江门站以南、东海路以西，改造面积

47.34亩。项目改造主体为滘头银星股份合作经济社，改造后土地用途为商住用地，项目以商业及房地产开发为主，容积率3.5，拟建设30层高的公寓楼1栋、23层高的住宅楼3栋，住宅建设总套数600套，总建筑面积约65000平方米，项目总投资额3亿元，预计2016年完成。年内车库建成；东北角二层商铺(销售部）进入装修阶段；西北角二层商铺封顶，南侧住宅楼1、2号楼进行首层施工，3、4号楼建至3层。

二、滘头兰花味精“三旧”改造项目。滘头兰花味精“三旧”改造项目（暂命名星海湾）位于蓬江河以南、胜利南路以西、百宝路以东、仁美路以北。项目规划用地面积124.2亩，建设用地面积99.93亩。项目改造主体为江门市志力贸易有限公司，项目改造后土地用途为商住用地，项目以商业及房地产开发为主，容积率2.7，总建筑面积25万平方米，其中商业2.7万平方米，住宅15.3万平方米，地下车库万平方米；小区共规划住宅1500多户、地下车库停车位1800个；项目总投资6亿元，预计2018年完成。首期商业街于2014年10月动工。

三、胜利南安置小区渔山小区建设项目。为配合胜利南路建设，安置胜利南路拆迁户，2010年起筹备渔山小区项目。渔山小区位于胜利南路东侧渔山边，由18层商住楼2栋组成，建筑面积2万平方米，安置胜利南拆迁户180户。2014年动工建设。

四、滘头渔山桂花公园项目。滘头渔山桂花公园位于胜利南路以西，面积38亩，项目总投资600万元。滘头渔山桂花公园以现状地形及原有植物为基础，通过划分功能区域，规划建设观景平台、榕荫广场、环山散步小径等休闲健身设施，种植以桂花为主，搭配凤凰木、大叶榕、菩提榕、簕杜鹃等植物。

五、滘头中心路升级改造项目。滘头中心路从东至西贯穿街道中心城区，东至盛辉幼儿园，西至胜利大桥，全长1500米、宽8—12米，是街道主要交通道路。工程投入650万元，全路段铺设沥青路面。一期工程（盛辉幼儿园至胜利南路段共400米）于2014年春节前完成改造并使用，二期工程（街道办事处至胜利大桥段共1100米）于2014年12月动工，预计2015年春季前建成通车。

六、胜利南路（五邑路至金瓯路段）建设工程。胜利南路总长1740米，其中胜利南路（江南西路-五邑路段）于2013年竣工通车。2014年，实施胜利南路（五邑路至金瓯路段）建设，道路总长640米，宽40米，道路控制线范围内土地38.4亩，投资金额5132万元，施工单位是中国中铁集团。2013年，完成胜利南路（五邑路—金瓯路段）控制线范围内的38.4亩土地征收工作，施工单位年底进场。至2014年年底，完成桩基础、排水、污水管道等路基工程，完成投资3000万元，路面工程预计2015年春季前建成。

七、永明社区明星居家养老服务站项目。明星居家养老服务站建筑面积450平方米，室外面积350平方米，内设多功能活动室、阅览室、影视室、娱乐棋牌室、医疗服务室、社工办公室等，外设体育健身区、乒乓球活动区，为老年人提供日托照料、文化娱乐、医疗保健、健身休闲、心理咨询等服务。12月，建成投入使用。

八、滘头小学改造工程。对滘头小学校园东边2幢20世纪七八十年代建成的旧教学楼进行拆除重建，新建教学楼规划占地面积761.28平方米，总建筑面积4795平方米，由2栋6层教学楼通过连廊相连接而成，共设教室18间，教师办公室6间。工程开工建设，预计2015年秋季投入使用。

九、滘头电排站加固工程。市、区投入资

金270万元，对电排站入水口进行扩宽工程并加装机械捞草设备。2014年11月，工程动工，预计2015年汛期前竣工并投入使用。

十、滘头辖区公园升级改造工程。2014年，投入资金110万元，改建和升级中心公园、银星公园、建星公园、永星公园，工程项目包括公园绿化、体育场地升级和增设、更换公园器材等。银星公园升级改造工程完工，永星公园完成工程量80%，另外2个公园预计2015年年初完工。

【社区简介】 仁美社区　仁美社区与胜利大桥接壤，毗邻江门河。2008年5月由红星村委会和仁美居委会合并为仁美社区。社区内有管理小区1个、幼儿园1所，有星光老年人之家、青少年活动室、党员活动室、婚育分校、图书室、警务室、计生文化小广场等。面积0.5平方公里，社区公共服务站工作人员8名。区总户数2687户，居住人口8036人，其中户籍人口3287人，流动人口1300人，常住人口3449人；大小厂企35家，商铺132家。

建联社区　建联社区成立于2008年5月，位于顺天里47号首层，面积1.1平方公里。总人口8682人，其中常住人口3871人、1302户，社区党员95人。辖区内有幼儿园1所，厂企80家，商铺90家。有图书阅览室、老年活动室、党员活动室、会议室、社区警务站。

银城社区　银城社区位于五星新村1号之三首层。2008年3月，经区政府批准，原10个“村改居”的居委会和2个纯社区根据人口规模和居民居住地段分布便于居民自治原则进行撤并，银城社区由原来的银星社区、五星社区和永南社区的莲花里127—129合并而成，面积0.9平方公里，社区办公用房面积120平方米，现有居民小组10个，住户4493户，常住人口3473人，流动人口1714人。辖内单位36个，学校1间，医院1间，商会1个，经济股份合作社2个，社区工作人员9名。有图书阅览室、老年活动室、党员活动室、会议室、婚育分校等。银城社区曾获广东省六好平安和谐社区称号。

正南社区　正南社区成立于2008年5月，位于街道办事处西、东海路以东，面积1.2平方公里。现有楼房67栋，平房345间。常住户2800户，人口8650人，其中户籍人口3996人，常住人口2818人，流动人口1836人。内设社区党支部，党代表工作室，社区公共服务站，残疾人协会，社区义工服务站，社区警务室，综治信访维稳工作站，人民调解，安全生产监督管理办公室，妇女之家，关心下一代工作领导小组，新家庭文化屋，星光老人之家，人口和计划生育办公室，广东省农村(社区)党员干部现代远程教育网络接收站点等。正南社区先后被授予广东省“六好平安和谐社区”、广东省宜居社区等称号。

永明社区　永明社区成立于2008年5月，位于东海路旁，面积0.8平方公里，共有居民2325户，总人口7285人，其中户籍人口3808人。辖内企事业单位、商户180家。设有图书阅览室、老年活动室、党员活动室、会议室、婚育分校、家长学校、青少年之家、心理咨询室、民兵营，社区警务站、社区卫生服务站、综治信访维稳工作站、体育文化广场等。社区居委会先后荣获“广东省六好和谐平安社区”“广东省卫生社区”“广东省宜居社区”等称号。

滘北街道

【概述】　滘北街道位于江海区北面，东邻外海街道，南靠白水带风景区，与蓬江区一河之隔，行政区域面积3.7平方公里，户数1722户，户籍人口5354人，常住人口12000人。滘北街道于1995年8月由管理区升格为街道，下辖北湾、富横两个社区，保留滘北经济联社及4个村级经济社等农村集体经济组织。

【基础设施建设】 推进重点项目建设，江门演艺中心、格林春天豪庭2个项目实现超计划投资。其中格林春天豪庭项目累计投资1.2亿元，完成计划投资的100.64%，一期开售；江门演艺中心项目累计投资1.2亿元，完成投资计划111.12%；油湾片区“三旧”改造项目，分别制订整体改造和分片改造2套实施方案，多次与碧桂园、广州恒大等开发商研究推进项目招商。天骄半岛规划调整方案完成公示。

【经济发展】 全年完成规模以上工业增加值8.14亿元，增长24.39%；社会消费品零售总额3.28亿元，增长12.6%；完成固定资产投资5.17亿元，增长157.06%；完成地方公共财政收入3969万元，增长39.61%。

【教育】 年内，滘北小学补强加固工程完成并交付使用。在辖区学校、幼儿园不定期开展消防、防溺水、食品卫生等安全检查，完善幼儿园重大事项报告制度。开展奖学助学，对5名属地居民子弟大学生新生和5名滘北小学毕业生进行资助奖励，共发放奖学助学金17400元。资助家庭经济困难学前儿童、孤儿和残疾儿童3人共450元。

【治安管理】 坚持“打防结合，预防为主”工作方针，以加强创新社会管理为重点，推进条块结合的“平安细胞”创建。全年处理16宗劳资纠纷，协调处理12345政府热线52宗，其中环境卫生类29宗、劳资纠纷5宗、服务咨询12宗、计划生育纠纷2宗、农林类2宗、邻里纠纷3宗、调解52宗，调解率100%。接待信访投诉案件5宗，办结4宗，办结率80%；纠纷类数量上升33%。处理其他轻微纠纷和政策咨询50宗。处理人民调解案件13宗。开展“社会矛盾化解年”工作，解决8宗较大社会矛盾纠纷案。通过创建“无毒街道”“无毒社区”“无毒学校”活动。加强对社区戒毒（康复）吸毒人员掌控并进行社区戒毒和康复工作。

【社会保障】 按照“政务+服务”的创新社会管理新型工作模式，完善街道政务服务中心、街道家庭综合服务中心和公共服务站三位一体服务体系，根据居家养老需求，投入23万元，建成社区饭堂，并投入使用，每日用餐服务200人次。投入18万元，用于购买社会服务，为青少年、残障人、老年人提供个性化、多元化、专业化服务。街道被定位江海区首个大民政“网格化”试点，分别把北湾、富横社区划分为6个和5个服务管理网格，安排社区人员担任网格员、与社工和协警协同工作，提升社区服务管理水平。开展现役军人、涉核参战人员、伤残军人、复员军人等的优抚工作，发动“一元爱心日”和慈善捐款活动。

【卫生和计划生育】 建立完善社区考核机制，完成社区层级动态考核制度的重新修订，新增加政策外多孩率、流动人口清查等考核指标，街道户籍人口符合政策生育95.08%，性别比165.22，流动人口符合政策生育率94.87%，性别比116.67。户籍人口落实“四术”措施25例，当年长效措施落实率80%；流动人口落实“四术”措施57例，2014年长效措施落实率63.64%，全面完成全年计生工作任务，计生率91.82%。对重点人口、监管对象等特殊人群采取定人、定位、动态追踪等有效管控，逐村、逐户、逐企排查登记。

【环境卫生】 投入37万元，推进滘北全民健身文化广场、富田法治文化文体小广场、福利院和格林春天豪庭楼盘绿化建设工作，发动北湾社区创建“2014年江门市生态园林示范村（居）”，栽种树木350棵，新增绿化面积3000平方米。完成垃圾中转站、社区公厕、北街市场升级改造，更新增设垃圾箱140个；排查整治水泥厂、瑞华苑金钻辉等10处坑洼路段；开展双孖围渠整治；开展卫生死角整治11处；在江海二路进行车位划线，增设停车位154个，并联系区交警部门加强宣传与执法；在全区率先建设瑞华苑小区封闭式管理示范点，提升居民住宅小区卫生、绿化、停车、治安等管理水平。

【社会管理】 探索具有滘北街道特色的“政务”+“服务”的社会创新管理模式，投入100多万元，完成滘北街道一站两中心（公共服务站、公共服务中心、家庭综合服务中心）建设和运营。滘北家庭综合服务中心作为江海区唯一的书记项目入选江门市创新观察项目之一，通过市社工委的验收，定为江门市社会创新试点项目，是江海区首个以政府购买服务方式引入专业社工运营，集政务、服务于一体，资源共享的社区综合服务中心。中心分“政务”和“服务”两个板块，“政务”板块由公共服务站完成，居民办理各种行政业务在公共服务站一站式完成。“服务”板块由综合服务中心完成，社工中心专业的队伍团体为辖区居民群众提供居家养老、残疾人康复、青少年教育、心理咨询、便民利民等服务。

【上报十大亮点工程简介】 一、创建“国家卫生镇（街）”。年内投入经费270多万元，完成垃圾中转站升级改造3个、公厕升级改造3个，推进病媒生物防制工作，蚊和蟑螂密度均控制在国家标准2倍以内；对北街农贸市场进行升级改造，加强社区、城管、工商、环卫、派出所等联动执法；8月27日通过市评审，11月20日通过省爱卫办专家组对滘北街道创建国家卫生镇（街）的专项评估调研并获好评。

二、完成瑞华苑封闭小区管理。北湾社区瑞华苑面积18650平方米，住户310户。按照建设封闭式示范小区的要求，在全区率先建成瑞华苑小区封闭式管理示范点，增设围墙、门岗等土建工程，安装监控系统，更换消防器材，修剪、补种绿化工程，并实行24小时保安在岗管理。

三、江海区第一家“广东省一级幼儿园”挂牌。江海区机关幼儿园（滘北街道中心幼儿园 ）占地面积2600平方米，建筑面积2269平方米，户外活动场地面积1700平方米，园内绿化覆盖率60%，在江海区幼儿园年审中连续3年获评优秀等级。近年投入80多万元完善园内规划设置，改善教学设施设备和户外活动场地，充实师资力量。2月11日，通过省一级幼儿园评估组的评估验收，被授予广东省一级幼儿园称号；7月17日，举行揭牌仪式。

四、建成滘北社区饭堂并投入使用。投入23万元，把老人之家原址改造为社区饭堂，委托社工机构负责运营。10月20日试运营以来，吸引大量居民前来用餐。社区饭堂周一至周六提供一日三餐，日均就餐人数80余人次，其中80%为辖区老人、儿童。除了政府供养的服务对象以外，社区饭堂面向服务长者和外来工子女维持最低用餐费用。

五、推进大民政“网格化”试点工作。作为江海区大民政“网格化”服务管理首个试点，通过精细划分服务管理网格、明确社区责任分工，不断优化提升辖内社区的服务管理水平。其中北湾社区划分6个服务管理网格，安排9名社区工作人员担任网格员，2名社工、2名协警协同工作；富横社区划分5个服务管理网格，安排8名社区工作人员担任网格员，2名社工、2名协警协同工作。

六、发挥江门市首个科学育儿示范点辐射带动作用。街道于2013年11月被评为江门市“十大人口文化示范点”（江门市首个科学育儿示范点）以来，改善早教中心配套设施、师资教育水平，以点带面、提升街道整体科学育儿水平。街道早教中心功能活动室一应俱全，0—3岁婴幼儿家长提供科学、规范、形式多样的家教指导服务。

七、完成滘北小学教学楼补强加固工程。滘北小学教学楼于2010年出现沉降，投入70万元对教学楼进行补强加固处理，工程于2013年6月21日开标，2014年7月23日施工，10月底完成，11月26日通过验收交付使用。

八、建成滘北法治文化小广场。滘北富横社区法治文化小广场位于富横社区，占地面积5000平方米。在2013年投入30多万元完成建设的基础上，2014年投入10万元，种植树木200多株，绿化面积600多平方米，完善广场灯光、绿化配套，内设2个羽毛球场、2张乒乓球桌、10站健身器材及健身路径等体育健身文化活动设施，设法制宣传长廊、法制标语休闲石桌石凳。11月，完工并投入使用。

九、格林春天豪庭开盘销售。“格林春天豪庭”住宅小区位于北街村，项目投资5亿元，占地面积147亩，容积率1.6，沿南山路布置低层商铺与西班牙风情别墅（别墅建筑面积3万平方米），地块西侧布置高层洋楼（建筑面积14万平方米），年内102户别墅封顶，基本完成内外墙装饰；1、2号洋楼完成大部分土建工程，首期楼盘于12月开盘销售。

十、完成统计规范化建设工作，成为江门市镇（街）统计规范化建设首批达标单位。按照《中共江门市委江门市人民政府关于进一步加强统计工作的意见》要求，从加强统计机构建设、加强统计队伍建设、健全统计工作制度、保证统计工作经费、改善统计办公条件、提高统计工作能力、加强统计资料管理、提高统计服务水平等8方面进行统计规范化建设，1月通过江门市统计规范化建设首批现场验收工作，9月获评镇（街）统计规范化建设首批达标单位。

【社区简介】 北湾社区　北湾社区是2004年滘北街道实施“村改居”改制后，撤销原北街村、油湾村后设立的社区居委会，面积2.5平方公里，905户，常住人口3038人，流动人口2197户、4082人。辖内有羽毛球馆、文体小广场等休闲文体场所，绿化面积占总面积的50%。2013年，以原居委会场地成立北湾社区公共服务站，形成社区党组织、社区居委会、社区公共服务工作站“三位一体”的社区管理工作新框架。完成辖区油湾里附近山坡“山体滑坡减灾工程”。

富横社区　富横社区设立于2004年，辖区面积1.2平方公里，住户数817户，常住人口2274人，流动人口2600人。2009年，成立富横社区家长学校。是年7月，富横社区进驻家庭综合服务中心，与晨光社工中心携手为群众提供优质服务，合作协办活动达50余场次，并通过开放图书室、举办430学堂、暑假兴趣班，为辖区老、中、青、少不同阶段年龄层提供良好的学习文娱场所。

附录

FU LU

中共江门市委 江门市人民政府关于进一步加快江门高新技术产业开发区发展的决定（2014年7月17日）

江发〔2014〕2号

《为深入贯彻落实国家和省关于高新技术产业开发区建设的部署要求，充分发挥国家级高新区政策优势，推动江门高新技术产业开发区（以下简称“高新区”）进一步加快发展步伐，增强创新能力，根据《中共广东省委、广东省人民政府关于加快高新技术产业开发区发展的意见》（粤发〔2009〕13号）等有关文件精神，作出如下决定。

一、明确目标定位，全力打造珠三角西部科技新城

（一）主要目标。高新区是促进我市技术进步和增强自主创新能力的重要载体，是我市高新技术企业参与国际竞争的服务平台和前沿阵地，是带动全市经济发展的强大引擎，要充分发挥国家级高新区的体制和政策优势，大力实施创新驱动发展战略，加强体制机制创新，不断优化发展环境，实现高新区跨越式发展。到2018年，实现总产值1000亿元，其中工业总产值超过800亿元，显著提升高新区的可持续发展能力、产业竞争力和自主创新能力。到2023年，实现总产值2000亿元，建设成为自主创新的战略高地、战略性新兴产业的核心载体和实现创新驱动、科学发展的示范区，最终建设成为具有较大影响力的珠三角西部科技新城。

二、加强体制机制创新，营造更加宽松的发展环境

（二）赋予市级经济管理权限和相关行政管理职能。除涉及须由市统筹协调、综合平衡及需全市统一规划建设的项目外，高新区管委会在高新区范围内行使市级经济管理权限和相关的行政管理权限。进一步落实《关于进一步理顺江门高新技术产业开发区管理权限的实施方案》和具体目录，根据高新区的需要和承接能力，市政府及其工作部门、直属单位通过依法下放、委托等方式，将相关审批事项和管理职能下放至高新区管委会。其他暂时未能下放或委托的，各有关部门要简化办事程序，采取服务前移、建立绿色通道等方式做好相关服务工作。

（三）建立一级财政管理体制。坚持与市区财政管理体制相衔接、财权与事权相一致的原则，赋予高新区一级财政管理权限，理顺和规范市本级与高新区财政分配关系。由高新区财政局和市税务部门明确高新区税务征收机构，对高新区范围内的征收对象组织实施税收征管。人民银行江门市中心支行明确高新区一级金库，办理预算资金的收入和支出。

（四）创新土地开发及管理模式。市土地储备中心统一负责高新区内的土地收储工作，高新区负责土地开发工作。坚持集约节约利用土地，大力盘活存量土地，提升供地率及亩产效益。高新区核心园区的年度用地指标在市下达给高新区（江海区）年度用地计划指标中统筹解决，市给以适度倾斜。加快建设用地审批，压缩审批时间。

（五）建立科学高效的管理模式。支持高新区、江海区深化相应党政内设机构合署办公

改革的探索，统一管理规范，彻底改变“两张皮”现象，进一步增强体制活力。高新区一级财政管理权限限于高新区现规划范围，市级经济管理权限和相关行政管理职能扩大至江海区全区范围。支持高新区依法进行用人制度、激励机制和运营改革探索。

三、拓展发展空间，进一步优化规划布局

（六）推动产城融合。加快完善基础设施建设，为高新区产业发展提供支撑。支持高新区扩大园区，将江海区其余区域全部纳入高新区发展规划范围，充分发挥国家级高新区的引领、辐射和带动作用。高新区和市有关部门根据发展规划，按有关程序申办扩区工作。

（七）实施“一区多园”。遵循分级管理、互利共赢、“成熟一个，发展一个”的原则，将我市条件成熟的工业园区纳入高新区分园区，形成“一区多园”的共赢发展模式。

四、集聚创新资源，增强创新能力

（八）完善园区技术创新体系。鼓励科研机构、研发中心、工程中心、重点实验室、科技中介机构等相关研发机构向高新区集聚，支持重点企业在高新区设立研发机构、建立创新基地，推进高新区产业技术创新平台体系建设，完善园区高新技术服务体系，促进产学研相结合。市相关部门在资金扶持、项目申报上加大对高新区的支持力度。

（九）实施“人才特区”战略。支持高新区制定吸引和培养高层次人才的政策措施，设立人才专项基金，探索人才公寓及其配套设施的建设和管理，吸引一批科技领军人才到高新区创业、发展。

（十）推进科技金融产业融合发展。支持高新区打造金融科技产业服务平台，创建科技和金融结合示范区。进一步完善园区中小企业信用评级体系，办好各类股权交易场（所）江门地区运营分支机构，鼓励银行机构设立科技支行，组建科技小额贷款公司，积极开展知识产权质押贷款试点工作，推动企业上市、发债，为园区企业提供多样化便利性融资渠道。引进各类创业投资、风险投资、科技融资担保、科技融资租赁机构，丰富融资工具。优化财政资金的投入机制，市科技专项资金和财政扶持资金要向高新区倾斜，支持科技金融产业融合试验。支持高新区借鉴土地资本、金融资本和产业资本相融合（“三资融合”）的建设模式，按照省有关政策要求推进“三资融合”试点工作。

（十一）支持科技企业孵化器发展。加大对科技企业孵化器和入孵企业的扶持力度，支持各类投资主体参与孵化器建设，提升现有孵化器的管理和服务水平。

五、加快产业结构升级，推进产业高端化发展

（十二）强化产业创新发展。实施双轮驱动，大力支持高新区发展先进制造业和现代服务业。加快培育发展以绿色光源为主的战略性新兴产业、以机电一体化为主的先进制造业和以总部经济、科技金融、科技服务、现代物流为主的现代服务业，以及其他战略性新兴产业和新兴业态，积极打造省级、国家级产业示范基地。

（十三）优化招商引资政策环境。建立高新区重大招商项目绿色通道，进一步简化项目审批流程，提升政府扶持政策的审批进度，加快项目引进和建设速度。支持高新区引进主导产业国内外大型企业的总部、行业龙头企业、上市公司，实行重大产业项目“一企一策”的政策。

（十四）完善优化配套基础设施。对高新区范围内的路、水、电、管网、污染治理等基础设施和公共服务设施予以重点支持和资金保障。在加大政府投入的同时，积极引导社会资金投入园区建设，完善城市配套环境，把园区建设成为宜居宜业的科技新城。

（十五）规划建设现代服务业集聚区。有序推进高新区教育、文化、医疗、市政等公共服务设施和商业服务设施的规划建设，优化空间布局，提高设施建设水平，提升居民生活品质，实现现代服务业的有效聚集。

六、加强组织领导，完善加快高新区发展的保障机制

（十六）充分发挥高新区发展联席会议制度的领导协调作用。联席会议由市政府主要领导召集，市直有关部门、高新区及江海区主要负责同志参加，研究和协调解决高新区发展的重大问题。高新区管委会承担联席会议的日常工作。各有关部门要充分发挥职能作用，狠抓工作落实，强化检查督促，及时解决关键问题，全力支持高新区加快发展。

关于印发高新区、江海区2014年深入推进“森林围城、树林进城”绿色行动实施方案的通知

江高办函〔2014〕8号

各街道党工委、办事处，区直有关单位，工业园公司：

《高新区、江海区2014年深入推进“森林围城、树林进城”绿色行动实施方案》业经高新区党工委、管委会和江海区委、区政府同意，现印发给你们，请认真组织实施。实施中遇到的问题，请径向住建水务局反映。

江门高新区党政办公室

中共江门市江海区委办公室

江门市江海区人民政府办公室

2014年2月12日

高新区江海区2014年深入推进“森林围城、树林进城”绿色行动实施方案

2014年是江门市实施绿色行动的第三年，高新区、江海区以深入贯彻市委、市政府“森林围城、树林进城”绿化行动为指导，以全面打造生态宜居城市为目标，2014年园林绿化工作总体思路是：以提升大公园、打造景观路、升级社区公园、发动厂企绿化和送树下乡为五大抓手来构建两区城市绿化体系，全力推进城乡生态园林一体化建设。特制定如下实施方案。

一、指导思想

园林绿化建设是一项长期性的民生工程，需要持之以恒地推进，高新区、江海区以科学发展观为指导，坚持“生态优先、民生优先”战略，实行“政府主导、分片负责，总体推进，分期实施，全民参与”的做法，达到切实改善生态环境，打造宜居城市，促进高新、江海两区经济社会全面协调可持续发展。同时，进一步提高市民热爱绿化、保护环境意识的目的。

二、目标任务

确保完成“出台一个规划、提升四大公园绿化、打造六条景观路、见缝插绿九条主次干道、绿化升级十二个社区公园、发动厂企做好厂区绿化、深入推广义务植树和送树下乡”的建设任务，以营造出生态自然、彰显特色、布局合理和景观优美的城乡园林绿化格局。

（一）“一个”规划

出台高新区绿化总体规划，计划投资约40万元，完成高新区绿化基础资料收集整理、园区概况及现状分析、规划目标和指标、绿地体系的布局、结构和分类、树种的规划以及分期建设规划等。

（二）“四大”公园

1．白水带风景区绿化升级。在市园林局支持下，计划投入约600万元，全面提升白水带风景区的绿化升级，打造4个具有特色的主题公园：建设200亩白水带风景区茶花园、沉香园、杜鹃园（市花园）、桃花园。

2．南湖公园配套绿化。目前，高新区还没有一片较大型的园林绿地，计划投入约975万元，动工建设400亩南湖周边配套绿化工程(含绿化、排水、喷灌)，完成绿化面积约10万平方米，打造一个“四季有花、四季常青”的绿化景观南湖公园。

3．北湖公园绿化。计划投入1500万元，启动规划建设占地面积730亩北湖绿化公园，先实施征地拆迁，并完善绿化专项规划设计。

4．府前公园绿化。计划投入约100万元，完善府前公园绿化设计方案，见缝插绿，加种盘架子、秋枫、美丽异木棉、小叶榄仁等大树。

（三）“六条”景观路

1．行政小区道路绿化。计划投入约200万元，改造行政小区勤政路、富民路的绿化带及人行道绿化。

2．龙光塔—茶庵寺绿道升级。计划投入800万元，对原有绿化进行升级，建造休闲设施。

3．江海路绿化。计划投入约200万元，在原有道路绿化基础上更换或加种乔木。

4．南山路（麻园河—青年河）绿化。计划投入约170万元，建设长约866米的绿化道路。

5．江睦路绿化（中江高速—连港路）。实施中间绿化带工程，计划投入约50万元，对原

有绿化带加种各种绿化植物。

6．连海北路绿化。计划投入700万元，新建道路绿化约3万平方米。

（四）“九条”主次干道

1．中华大道绿化。计划投入约20万元，由外海街道办事处负责道路绿化升级改造。

2．江礼路绿化。计划投入约30万元，由礼乐街道办事处负责道路绿化升级改造。

3．清澜路（光明一路）绿化。计划投入约40万元，对全路段绿化带实施全长约932米绿化。

4．清澜路（46号地）绿化。计划投入约20万元，对全路段绿化带实施全长约650米绿化。

5．彩虹路（连海路¬—临江路段）绿化。计划投入约40万元，对全路段绿化带实施全长约780米绿化。

6．光明二路绿化。计划投入约20万元，对全路段绿化带实施全长约645米绿化。

7．35号地规划一路道路绿化。计划投入约40万元 ，对全路段绿化带实施全长约990米绿化。

8．彩虹路（龙溪路—江睦路、江睦路—连海路）绿化。计划投入约80万元，对原有道路中间绿化带的植被、乔木进行约2000米升级改造。

9．连港路（江睦路—连海路）绿化。计划投入约20万元，对原有绿化带加种绿化植物。

（五）绿化升级“十二个”社区公园

升级改造社区公园绿化使之惠及百姓，计划投入约100万元，改造12个社区公园（其中外海5个、礼乐3个、江南1个、滘头2个、滘北1个），计划加种树木约2000株。将以属地街道、居（村）委为建设单位，融入各自社区的特色文化，打造不同主题的社区公园，为社区群众营造一个身边的绿化休憩场所。

（六）发动厂企做好厂区绿化

调查摸底两区厂企绿化建设情况，对条件成熟可以建设或升级改造的厂企厂区绿化，以属地街道为责任单位广泛发动厂企业主对厂区及门前周边进行绿化建设或实施“见缝插绿”绿化升级改造。

调查摸底两区厂企、新开发楼盘、村（居）边角地、村道边等绿化建设情况，对条件成熟可以建设或升级改造的厂企厂区、新楼盘、村前村后、村道继续大力推动绿化工作，以属地街道为责任单位广泛发动厂企业主、房地产开发商和村（居）委会进行绿化建设或实施“见缝插绿”绿化升级改造。

（七）义务植树“一湖三路”

广泛组织开展江门模式的群众性“种树”造绿活动，重点在植树节前后的黄金时节广泛发动社会群众、机关干部参与认种认养、义务植树等活动，将“种树”工作常态化。今年，财政部分计划投入约40万元，向社会公布认种认养和义务植树点选址：南湖（企业林）东北边、金星路（金瓯路—清澜路）大治厂围墙西边、南山路（五邑路—清澜路）东边人行道至企业围墙空地以及江睦路（中江高速—云沁路）中间绿化带、凌治餐具厂前绿地。

（八）送树下乡。计划投入约30万元。“送树下乡”仍然是今年绿色行动的“重头戏”之一。拟筛选“送树下乡”的10个自然村（居）试点。计划购买约2000棵龙眼、黄皮等适合乡土种植的树种免费赠送给村民用于房前屋后庭院和边角地种植，以此引导村（居）民广泛参与绿化美化家居活动。

三、实施步骤

（一）宣传发动阶段（2014年1月—2014年2月）

召开动员大会，明确任务，落实责任，启动绿色行动。成立专门工作小组，编制规划，发动区直有关单位、各街道办事处、高新工业园公司、有关厂企和广大市民积极投身绿色行动。

（二）工作实施阶段（2014年3月—2014年12月）

各责任单位对照目标任务，认真落实，精心组织，大力开展绿化建设，重点确保“大公园、景观路和社区公园”绿化建设或升级改造工程实施。

（三）检查验收阶段（2014年12月底）。

将绿化种树工作列入区政府考核相关部门的重要内容，对各级责任单位落实目标责任情况进行检查考核，对工作不落实的要进行通报整改，对表现突出的进行评优表彰。

四、保障措施

（一）加强组织领导

在江海区绿化绿建工作领导小组指导下，促进绿化绿建工作的有效开展，加强对各项工作任务的监督、指导、协调，使各项工作落到实处，确保按时完成今年绿化绿建工作目标。

（二）加强责任分工

住建水务局作为绿化绿建主要责任单位，邀请市园林局共同指导各街道、有关单位做好绿化点规划设计等，尽量做到绿化建设科学合理、实用美观；宣传部从2014年1月份开始要加强绿化绿建的宣传报道，提高市民对我区绿化绿建工作的知晓率，发动群众积极参与认种认养；各街道办事处、各有关实施单位要认真按照区绿化行动实施方案抓好贯彻执行，及早制定绿化绿建工作方案，落实建设资金，制定倒逼工作计划，确保依时完成绿化绿建工作任务。

（三）采取“四个一点”方式，保障绿化绿建的资金投入

建立健全“争取上级支持一点、政府财政支出一点、街道自筹一点、社会力量广泛投入一点”的投入机制，加大绿建资金筹措力度。

（四）完善绿化管理体系

一是制定和完善园区园林绿化管理、养护等相关规定，探索建立长效机制和市场化管理模式；二是根据园区总体规划建设方案并结合全市“大园林”规划，科学谋划区域园林绿化建设，为实现“江门高新区梦”奠定绿色基础；三是对新建道路实行同步绿化，实现“绿随路建，有路皆绿”，对原有绿化低层次的道路实施绿化改造升级，做到“有绿皆美，绿美结合”。

关于印发高新区、江海区全面深化基本公共服务均等化综合改革试点方案（2014－2015年）的通知

江开发〔2014〕5号

各街道办事处，区各有关部门：

现将《高新区、江海区全面深化基本公共服务均等化综合改革试点方案（2014—2015年）》印发给你们，请遵照执行。执行中遇到的问题，请径向区财政局反映。

江门高新区管委会

江门市江海区人民政府

2014年10月17日

关于印发《高新区江海区城乡困难群体医疗救助实施办法》的通知

江高办发〔2014〕7号

各街道办事处，区直有关单位：

《高新区江海区城乡困难群体医疗救助实施办法》业经高新区管委会和江海区政府同意，现印发给你们，请认真遵照执行。执行中遇到的问题，请径向社会事务局反映。

江门高新区党政办公室

江门市江海区人民政府办公室

2014年11月14日

高新区 江海区城乡困难群体医疗救助实施办法

第一章 总则

第一条 根据《关于印发〈广东省城乡特困居民医疗救助办法〉的通知》（粤民助〔2010〕1号）和《广东省人民政府关于印发〈关于提高我省底线民生保障水平的实施方案〉的通知》（粤府〔2013〕111号）的精神，为进一步完善两区社会救助体系，体现党和政府对困难群众的关心，切实解决城乡困难群体因病致贫的医疗问题，提高困难群众的医疗保障水平，促进社会稳定和谐发展，根据有关规定，结合两区实际，制订本实施办法。

第二条 医疗救助的原则

（一）发扬人道主义精神，救助困难家庭；

（二）坚持医疗救助水平与我区经济发展水平相适应。

第三条 本办法所称医疗救助，是指对医疗救助对象的医疗费用，在扣除各种医疗政策性补偿、补助、减免及社会指定医疗捐赠后的个人自付部分，给予适当比例的救助。

第四条 城乡困难群体医疗救助办法，是城乡居（村）民最低生活保障制度的完善和补充，与经济、社会发展水平相适应，并遵循医疗救助与法定义务相结合，实行公平、公开、公正、高效的原则。

第二章 医疗救助对象、范围及标准

第五条 医疗救助对象

（一）享受城乡最低生活保障救济的人员（以下简称“低保对象”）；

（二）农村五保供养对象和城镇无经济来源、无劳动能力、无法定赡养人或抚养人的人员（以下简称城镇“三无”人员）；

（三）其他特殊困难人员。

第六条 申请者有下列情况之一的不予批准

（一）因自杀、自残等发生的医疗费用（因精神病人在发病期间发生的自杀、自残行为除外）；

（二）因打架斗殴、吸毒等自身违法行为导致的医疗费用；

（三）交通事故、工伤事故、人身损害赔偿等应当由第三人承担的医疗费用；

（四）产妇分娩、突发公共卫生事故、非疾病治疗项目等所发生的医疗费用；

（五）有擅自伪造涂改医疗凭证或有隐瞒事实、弄虚作假行为的；

（六）违反计划生育政策，未依法缴纳社会抚养费的；

（七）不配合或有意阻扰社会事务工作人员调查事实真相的。

第七条 医疗救助的范围

（一）基本医疗救助

1．低保对象，农村五保供养对象，城镇“三无”人员，低收入家庭中16周岁以下未成年人、60周岁以上的老年人参加城乡居民基本医疗保险的个人缴费部分给予全额资助；

2．低保对象、农村五保供养对象、城镇“三无”人员、其他特殊困难人员在门诊、住院治疗非重特大疾病发生的医疗费用，按本实施办法规定的比例给予救助。

（二）重特大疾病医疗救助

1．本实施办法所称重特大疾病如下：器官移植、慢性肾功能不全（尿毒症期）、长期昏迷（俗称植物人）、慢性阻塞性肺气肿并肺原性心脏病、再生障碍性贫血、肝硬化、I型糖尿病、系统性红斑狼疮、全身型重症肌无力、血友病、慢性心力衰竭（心功能Ⅱ级以上）、儿童白血病、儿童先天性心脏病、耐多药肺结核、艾滋病机会性感染、恶性肿瘤（乳腺癌、宫颈癌、肺癌、食道癌、胃癌、结肠癌等）、慢性粒细胞白血病、急性心肌梗塞、脑血管疾病后遗症（脑栓塞、脑出血和脑梗塞等疾病引起的后遗症）、珠蛋白生成障碍（地中海贫血或海洋性贫血）、高血压病（II期以上）、帕金森综合症。以上疾病的认定以三甲以上医院的医疗鉴定证明为依据。

2．医疗救助对象患特定遗传病、先天性疾病或传染病，国家或省对相关医疗费用的负担有明确规定的，按相关规定办理。

第八条 医疗救助的标准

（一）各类救助对象申请医疗救助取消最低起付线，低保对象、农村五保户、城镇“三无人员”基本医疗救助每人年度累计救助金额不超过50000元，重特大疾病医疗救助每人年度累计救助金额不超过80000元（救助最高限额标准合计不超过80000元）；其他特殊困难人员基本医疗救助和重特大疾病医疗救助两项合计每人年度累计救助金额不超过40000元。

（二）基本医疗救助

1．低保对象因患重特大疾病以外的其他疾病住院，其自付费用给予70%的比例救助；其门诊自付费用每人每月按最低生活保障标准的14%给予救助，超过部分不予救助；

2．农村五保供养对象和城镇“三无”人员因患重特大疾病以外的其他疾病门诊或住院自付费用给予全额资助。

3．其他特殊困难人员因患重特大疾病以外的其他疾病住院，其自付费用给予60%的比例救助。

（三）重特大疾病医疗救助

1．低保对象患重特大疾病门诊或住院，其自付费用给予80%予以救助；

2．农村五保供养对象和城镇“三无”人员

患重特大疾病门诊或住院，其自付费用给予全额资助；

3. 其他特殊困难人员因患重特大疾病门诊或住院，其自付费用给予70%的比例救助。

第九条 救助对象申报的医疗费用（包括用药目录、诊疗项目目录、医疗服务设施目录）、定点医疗机构、转诊等事项，按江门市社会保险相关医疗保险政策的规定执行。

第三章　医疗救助机构及职责分工

第十条 高新区管委会、江海区政府设立高新区 江海区医疗救助工作领导小组，由区政府分管领导任组长，成员由社会事务局、财政局、卫生计生局、监察和审计局、总工会等部门负责人组成，负责两区医疗救助工作的领导和组织协调，研究医疗救助工作中出现的重大问题及其他特殊情况，不断完善医疗救助办法。领导小组下设办公室，具体工作由社会事务局承担，负责两区医疗救助具体实施和管理工作。各街道要指定一名工作人员负责协助医疗救助工作的开展和实施。

第十一条 医疗救助工作的职责和分工

（一）社会事务负责实施医疗救助工作，承担办理、调查核实、审批救助等事务，加强城乡基本医疗保险和困难群体医疗救助之间在政策和工作上的衔接，并做好救助对象医疗费使用范围的审核工作；

（二）财政局负责医疗救助资金预算、筹集和拨付，并对救助资金使用情况进行监督检查；

（三）监察和审计局要适时开展对医疗救助资金的专项审计；

（四）卫生计生局要配合医疗救助工作的组织实施，指导、监督定点医疗机构的服务行为，并引导定点医疗机构降低医疗成本，合理收费，尽可能地为救助对象提供比较低廉的价格和优质的服务；

（五）总工会要进一步完善职工医疗互助保险，并协助做好持《低保证》困难职工申请的审核和医疗救助工作；

（六）各街道负责医疗救助的受理、初审、申报和救助金发放等工作。

第四章　医疗救助资金来源和管理

第十二条 医疗救助资金的来源包括

（一）本级财政每年按当地城乡居（村）民最低生活保障对象每人每月以当地最低生活保障标准14%的比例统筹安排医疗救助金，所需资金按区街财政体系分级负担；

（二）每年在区本级留成的福利彩票公益金中按照20%比例安排医疗救助资金；

（三）上级财政补助的用于医疗救助的资金；

（四）社会各界捐赠的用于医疗救助的资金；

（五）医疗救助资金形成的利息收入；

（六）其他资金。

第十三条 医疗救助资金的管理

（一）救助资金实行专款专用，专项结报，设立医疗救助金科目，如当年实际支付医疗救助资金不足可追加财政预算，结余资金转入下年度使用，但自然年度内结余资金不能超过本年度筹资总额的10%，累计结余不得超过15%，严禁挪用和虚报。

（二）医疗救助资金由财政统一划付到各街道办事处财政账户，本级负担部分通过财政体制将财力划转到各街道办事处，医疗救助所需支出全额在街道办事处财力中支付，财政年终再与各街道办事处进行财力结算。

（三）救助资金的支出按照量入为出，收

支平衡的原则执行。

（四）医疗救助领导小组办公室、各街道要加强对救助对象的档案管理，登记造册的监管，并按要求定期向领导小组组长和领导小组成员组成部门报送辖区内城乡特困人员医疗救助情况。

第五章　医疗救助的申请、审批程序及权限

第十四条　救助对象在辖区内一站式医疗机构就医发生的医疗费用，结算时出示低保证、五保证等，在享受社会医疗保险待遇后，由医疗机构先按本办法救助标准予以减免，其余部分由救助对象支付。

第十五条　救助对象在其他医疗机构诊治疾病的医疗救助申请和审批程序

（一）申请时间：

申请医疗救助每月办理一次，必须在每月20日前提出申请并交到区医疗救助小组办公室，原则上申报上月或当月医疗救助，基本医疗救助超过申请日期3个月、重特大疾病超过申请日期6个月未申请的（以医疗费用单日期为准），视作放弃申请处理，不再予以补发救助。

（二）书面申请：

符合救助条件的人员，应向户籍所在地村委会、社区居委会提出书面申请，填写《高新区 江海区城乡困难人员医疗救助申请表》（一式三份），并需提供如下证明材料：

1. 低保证、五保供养证、低收入家庭证等材料原件及复印件（每年首次申请必须提交上述证件的复印件，年度内再次申请的则无需再提交上述证件复印件）；

2. 其他城乡特殊困难人员需提交身份证或户口簿原件及复印件；

3. 医疗卫生机构出具的疾病证明、诊断结果、用药或诊疗项目清单、转诊证明、转院通知及医疗费用的有效票据原件；

4. 城乡居民（职工）基本医疗保险等政策性补偿、补助的凭证；

5. 未纳入低保救济范围的要出具家庭成员的有关收入情况证明；

6. 单位、社会救助帮困的情况证明材料；

7. 其他应提交的资料。

（三）初审：村委会、社区居委会接到申请后进行初审，符合医疗救助对象条件的，由村委会、社区居委会加具调查意见后将初审表及有关证明材料报所在地街道办事处。

（四）审核与审批：街道办事处民政部门对申请人上报的有关材料进行逐项审核，对不符合条件的，应将有关材料退回村委会、社区居委会，并告知申请人、说明理由；对符合条件的，提出救助意见，报区医疗救助办公室审批。区医疗救助办公室复核同意，确定救助额度后，回复街道，由所在村委会、社区居委会公示七天，接受群众监督。

（五）发放：经公示无异议后，由街道办事处通过银行按月划拨到救助对象的银行账户或社会保障卡金融账户。

第十六条　申请者无法进行申请的，可由申请者委托熟悉其情况的人员按申请者的意愿代为申请。

第十七条　基本医疗救助必须在医疗费用产生的下一季度凭票据报销，逾期不予办理。特殊医疗救助凭票据经审批后按批准额度进行救助。

第十八条　一站式医疗救助金，协议医疗机构对城乡特困居民的医疗救助费用先行垫付。协议医疗机构每月10日前需收取上月医疗费用有效票据原件，对救助对象就医记账结算情况进行汇总，并报送社会事务局。每个季度

由社会事务局审核同意后，由相应街道办事处将资金划拨到各医院。

第六章　法律责任

第十九条　从事医疗救助管理审批工作的人员必须坚持公平、公开、公正的原则，实事求是、严格把关，严禁优亲厚友。如有玩忽职守、滥用职权、徇私舞弊或贪污、挪用、扣压、拖欠医疗救助资金的，视情节予以党纪、政纪处分，构成犯罪的，依法追究刑事责任。

第二十条　救助对象以隐瞒、造假等手段骗取医疗救助待遇，不配合或有意阻挠社会事务工作人员调查事实真相的，一经发现，审批机关应给予批评教育，并追回其冒领的救助金，情节严重的要追究法律责任。

第七章　附则

第二十一条　本实施办法自2014年11月30日起施行。此前制定关于医疗救助的有关文件、办法与本实施办法不一致的，以本实施办法为准。

关于印发《高新区 江海区“大民政”工作方案》的通知

江高办〔2014〕9号

各街道党工委、办事处，区直各单位：

根据市委办的审查意见，并经高新区党工委、管委会和江门区委、区政府同意，现将经修改的《高新区 江海区“大民政”工作方案》印发给你们，请认真贯彻落实。

江门高新区党政办公室

中共江门市江海区委办公室

江门市江海区人民政府办公室

2014年11月23日

高新区 江海区“大民政”工作方案

为适应“小政府、大社会”的社会发展要求，全面提升民生服务管理水平，着力发挥民政工作在保障民生、发展民主和维护稳定中的重要作用，促进两区经济社会又好又快发展，现按照市委、市政府对“大民政”工作的部署和要求，制定如下工作方案：

一、总体要求

以邓小平理论、“三个代表”重要思想和科学发展观为指导，认真贯彻落实党的十八大和十八届三中全会精神，紧紧围绕“加快转型发展、建设幸福江海”的核心任务，进一步创新体制机制，整合、共享资源，以“四个体系”和“两个项目”为抓手开展“大民政”工作，形成“各级党委政府领导、相关部门负责督导、基层贯彻实施、社会广泛参与”的“大民政”工作格局，促使两区民生保障事业向更深、更广、更宽的领域发展。合理调配、充分利用政府的行政资源和办公资源，加大力度充分利用社会资源、发动社会组织积极参与社会管理，实现城乡社会管理、社会保障、公共服务的协调发展，切实有效解决各种民生问题。

二、主要任务

（一）建立多元化养老服务体系，大幅提升老年人的幸福指数

构建以居家为基础、社区为依托、机构为支撑的适度普惠型社会养老服务格局。到2015年，本辖区内每千名老年人拥有养老床位数达到40张（含市福利院）；居家和日间照料服务基本覆盖城市社区和半数以上的农村社区。（牵头单位：社会事务局、各街道；责任单位：财政局、国土规划环保局、卫生计生局、残联）

具体工作任务：

1. 科学编制社会养老服务场所布点和设施配套的规划。统筹考虑、科学规划养老机构和社区养老服务配套设施的建设和发展，使其与城市建设、市政基础设施建设、公共服务设施建设等规划相衔接。

2. 加大居家养老服务建设力度。积极构建以居家养老服务为主体的养老服务体系，进一步完善居家养老服务设施，丰富服务功能，提高服务覆盖率和服务水平；大力建设有利于老年人享受就近便捷优质服务的居家养老和日间照料活动中心。

3. 充分利用现有资源兴办养老服务设施。梳理两区面积达300平方米以上的闲置国有资产，并根据养老服务布点规划综合考虑和合理选址，通过把闲置物业改造或资产置换等方式建设成为各种养老服务设施，发展城乡养老服务业。

4. 加快完善城乡养老机构设施。一方面，加大对现有城乡公办养老服务设施的整合改造力度，增加养老床位，丰富服务内容，强化服务能力；另一方面，切实落实优惠扶持政策，鼓励民间资本投入养老事业，并支持其做大、做强。

5. 推动医养融合发展。探索医疗机构与养老机构合作新模式，支持有条件的养老机构设置医疗机构，逐步把养老机构提供的符合条件的医疗服务纳入医保定点范围；逐步扩大家庭病床服务的覆盖面，同步引入有资质的医疗机构和社工机构参与家庭病床服务，充分运用政

府购买服务的方式逐步探索扩大家庭医生服务的覆盖面，提升家庭医生的服务质量；同步引入有资质的医疗机构和养老机构合作，为养老机构的老人提供医疗服务。

6．鼓励养老机构探索多元化的管理模式。支持和引入社会公益组织和社工机构参与养老机构的运营管理，提供专业和有针对性的养老服务。

7．加强养老服务人才队伍建设。加大对养老机构护理人员的培训力度，依托市职业训练指导中心等培训机构举办养老护理员培训班，壮大养老护理员专业队伍，提高护理员的综合素质。

（二）建立和完善社会组织参与社会管理工作体系，引导社会组织积极参与社会管理和提供公共服务

用3至5年时间，加快形成政社分开、权责明确、依法自治的现代社会组织体系，大部分社会组织能够承担政府转移、委托、授权的职能，能够提供相应的公共产品和公共服务。到2020年，进一步完善社会组织参与社会管理工作体系，使社会组织成为两区社会建设的主体之一。（牵头单位：社工委、社会事务局；责任单位：组织部、经济科技局、财政局、总工会、团区委、妇联、残联、地税局、各相关高职学校、义工联、各街道）

具体工作任务：

1．加大培育和发展社会组织工作力度。建立和完善社会组织孵化基地，设立扶持发展专项资金，重点培育发展工商经济类、公益慈善类、社会服务类、群众生活类社会组织，推动政府职能转移，发挥社会组织在两区经济社会发展和管理中的积极作用。到2015 年，实现平均每万人拥有社会组织8 个以上的目标。

2．广泛开展专业社会工作和志愿服务。重点培育民办社会工作服务机构，落实税收优惠、鼓励创业等各项扶持政策。加大社工人才培养力度，推动岗位设置、薪酬待遇、培训教育等政策落实。推广“社工+义工”联动机制。力争实现到2015年每万人拥有持证社工（社工员、助理社工师、社工师）人数5人以上的目标任务。

3．不断完善群团组织社会服务管理职能。以扶持培育枢纽型社会组织为抓手，加强工青妇、残联等人民团体的骨干引领和核心纽带作用，打造一批示范性强的公益服务项目和便民服务品牌。

4．加强对社会组织的规范管理。建立社会组织综合监管机制，配合做好建立全市统一的社会组织登记管理信息系统的工作。加大社会组织评估力度，到2015年，力争实现符合参评条件的社会组织全部参加等级评估。加强社会组织年度检查工作，到2015年，社会组织年检参检率要达到97%以上。

（三）建设功能完善的社区服务体系，提高城乡社会管理水平

以群众需求为出发点，创新城乡社区管理服务方式，实施网格化管理，切实推动社区管理服务的精细化、专业化和信息化发展，形成城乡统筹、主体多元、功能完善的社区网格化管理服务体系。［牵头单位：社会事务局、各街道；责任单位：纪委（监察审计局）、区人大办、区政协办、组织部、社工委、政法委（司法局）、经济科技局、宣传部（教育局）、公安分局、财政局、国土规划环保局、住建水务局、卫生计生局、总工会、区团委、妇联、残联］

具体工作任务：

1．创新社区管理方式。深化基层社会管理体制改革，基层政府与社区的职责明晰，

2013—2015年，在辖区内开展社区网格化管理试点工作，并逐步推开，实现社区管理精细化、信息化。到2020年，全区全面建立城市社区网格化管理机制。

2．拓展社区服务范畴。到2015年，实现社区公共服务全覆盖，社区便民服务、志愿服务蓬勃发展，服务方式多元化，服务对象覆盖社区各类群体，实现城乡统筹协调发展。

3．增强社区自治功能。提高居民群众参与社区事务的积极性，逐步推行社区居委会直接选举。到2015年，力争平均每个社区拥有5个社区社会组织。基本实现社区物业管理服务全覆盖，形成社区和小区双层自治体系。

4．完善社区服务设施。合理规划社区服务设施的布局和数量，2013年底，全区所有村（社区）全面完成公共服务站建设；到2015年，有条件的村（社区）要配套完成建设文体活动中心、健康计生服务中心、家庭服务中心、综治信访维稳工作站、小广场或公园。

5．加强社区服务队伍建设。到2015年，力争全区的社区专职工作人员与社区常住人口户数的配比基本达到1∶300，社区专职人员的待遇、素质显著提升，社区社工专业人才大幅度增长。重点鼓励社区专职工作人员参加社工培训、考试，对持社工证的村（社区）专职人员给予适当的补贴。

（四）建设综合型社会救助体系，切实保障困难群众的合法权益

建立两区社会救助工作联席会议制度，并以此为依托，建立救助申请家庭经济状况核对机制，进一步提高低保五保生活保障水平。通过整合分散于各职能部门的救助资源，建立起以城乡低保、农村五保供养以及医疗、教育、住房、就业、司法、残疾人等救助制度为支撑，以临时救助、慈善援助等为补充的全方位、多层次、广覆盖的社会救助体系。［牵头单位：社会事务局、各街道；责任单位：法院、检察院、组织部、宣传部（教育局）、政法委（司法局）、发改统计局、经济科技局、财政局、住建水务局、卫生计生局、公安分局、外侨局、总工会、区团委、妇联、红十字会、残联、地税局、区慈善会］

具体工作任务：

1．提高低保五保生活保障水平。每年按市的要求对低保五保标准进行调整，确保低保补差水平达到省的要求，五保供养标准不低于当地上年度农民纯收入的60%。

2．构建社会救助工作协调互动机制。建立全区社会救助工作联席会议制度，并以此为依托，建立救助申请家庭经济状况核对机制，完善低保监管工作机制，确保困难家庭认定和救助审批的科学性、准确性和规范性。

3．合理整合利用各类社会救助资源。整合各部门的救助资源，实行一口管理。通过社会保障卡实现低保金、临时救助、高龄津贴等社会保障服务“一卡通”，使全区城乡社会保障资金基本做到全部社会化发放，并在此基础上，合理利用市建立的社会救助信息共享平台，避免重复救助、多头救助和遗漏救助等现象发生，确保社会救助公平公正。

4．全面提升医疗救助管理服务水平。进一步完善医疗救助政策，与市统一医疗救助标准。协助市建立全市医疗救助和医疗保险同步结算平台，将医疗救助即时结算纳入医疗保险系统管理，实现医疗保险和医疗救助即时结算服务。

5．加强慈善组织网络建设。发挥全社会力量加强慈善网络建设，鼓励有条件的村（社区）建立慈善组织，构建区、街、村（社区）三级慈善组织体系，并以慈善超市为载体，拓

宽募捐渠道，创新慈善救助模式。

6．进一步提高残疾人社会保障水平。加大残疾人生活保障、康复、教育等方面的救助扶持力度，加强政策保障。提高重度残疾人护理补贴和低保残疾人生活津贴发放标准。大力推进残疾人居家康复、居家养护、居家无障碍改造、居家职业训练工作。2014年，实现残疾学生高中阶段免费教育。

（五）实施政府购买服务制度化建设项目，加大政府职能转移力度

逐步拓宽政府购买服务领域范畴，放权让社会组织去承接，构建多层次、广覆盖的政府购买服务体系。［牵头单位：财政局；责任单位：纪委（监察审计局）、组织部、社工委、社会事务局、各街道］

具体工作任务：

1．进一步研究合理界定政府事权，属于基本公共服务范围、应当由政府提供的，由购买主体将具体项目和需求列入部门预算，项目申报材料报财政部门汇总审核，根据具体服务项目和需求研究资金安排。

2．完善政府购买服务项目管理，对行政事业单位管理事项中符合购买服务目录范围的，应全面推行购买服务，并加强绩效管理。

3．逐步将政府购买服务纳入公共资源交易平台管理，实行公平、公正、公开运行和管理。购买主体应按规定公开购买服务的相关信息，提高透明度，主动接受财政、监察和审计等部门的监督及社会监督。

4．研究制定政府向社会组织购买服务实施方案，开展对承接政府购买服务机构和组织的服务质量考评。对违法违规行为，按规定予以处罚、处分或移交司法机关处理。

（六）实施“大民政”信息化建设项目，强化信息共享、业务协同和互联互通

通过建立统一的“大民政”数据库、数据分析中心、综合的管理服务平台和各类应用系统，进一步整合社会保障和社会管理信息资源，构建社会保障管理服务多层次架构体系。（牵头单位：社会事务局、经济科技局；责任单位：法院、检察院、组织部、财政局、住建水务局、卫生计生局、公安分局、教育局、司法局、外侨局、总工会、区团委、妇联、红十字会、残联、各街道）

具体工作任务：

1．建立民生信息管理平台，整合“大民政”各项业务信息，进一步提升数据收集、查询、汇总、分析、统计和应用等水平，提高“大民政”信息化建设和数据资源共享程度。

2．进一步整合“大民政”信息资源，构建统一管理、统一服务的“大民政”基础数据库，实现与其他部门的信息资源整合和共享，实现“一数一源，一源多用”。

3．以网上办事大厅为依托，加大对政府网站群、政务服务中心、政府服务热线、街道社区服务中心、档案服务中心、社会保障卡、公共服务终端等便民服务渠道的整合力度，规范网上行政办事服务流程，不断提升电子政务服务水平。

三、保障措施

（一）加强组织领导

成立两区推进 “大民政”工作领导小组，负责组织、协调和推进工作，审议工作中的重大事项，研究制定综合改革方案和社会政策。领导小组办公室设在社会事务局，负责日常工作。领导小组成员要各司其职、相互配合，形成强大的工作合力，真正把工作落到实处。各街道要把推进“大民政”工作作为服务经济社会又好又快发展的一项全局性工作，列入重要议事日程，做到思想到位、组织到位、措施到

位。

（二）创新体制机制

各级各有关部门要进一步解放思想，围绕“大民政”的工作理念，深入开展调查研究，进一步做好各项社会保障制度和福利救助政策的衔接，在养老服务、社区建设、公共服务设施运营等方面积极引入市场机制，打破城乡二元政策界限，大力推进基本公共服务均等化，实现城乡统筹布局、优势互补、联动发展，促进覆盖城乡居民的“大民政”保障格局的形成。

（三）加大资金保障

充分发挥政府投入的主渠道作用，公共财政向“大民政”倾斜，建立健全民间资本、慈善捐赠、社会互助等多渠道的筹资机制，确保“大民政”各项政策、措施落到实处，把群众最关心、涉及面最广的问题解决好。同时，研究出台扶持政策，通过税收优惠、实施财政补贴等方式广泛吸纳社会资金依法投入社会福利、社会公益服务以及其他民政事业领域。